面向"中国制造2025"汽车类专业培养计划
"十三五"职业教育规划教材

汽车车身修复技术
（第2版）

陈 勇 主编

西安交通大学出版社
XI'AN JIAOTONG UNIVERSITY PRESS

内 容 简 介

本书主要以小型轿车为对象，详细介绍了车身维修的主要理论与当前生产实践中普遍使用的碰撞修理工艺。全书共分六个模块，模块1：车身结构与附件拆装；模块2：车身钢板的焊接；模块3：钢质车身轻微损坏的修理；模块4：钢质车身严重损坏的修理；模块5：塑料件的修理；模块6：铝合金车身的修理，共21个典型工作任务。在编排上，每个项目都是一名车身维修人员在工作中碰到的典型任务或必须掌握的某项技能，而且每个模块自成体系，学完一个模块，就能从事部分车身维修工作。

本书可作为高职院校汽车车身维修技术及相关专业的教材，也可作为从事车身维修人员、事故车评估人员的自学参考书。

图书在版编目(CIP)数据

汽车车身修复技术 / 陈勇主编 −2版．—西安：西安交通大学出版社，2018.5
ISBN 978-7-5693-0629-3

Ⅰ．①汽… Ⅱ．①陈… Ⅲ．①汽车－车体－车辆修理
Ⅳ．①U472.4

中国版本图书馆CIP数据核字(2018)第104918号

书　　　名	汽车车身修复技术（第2版）
主　　　编	陈勇
责任编辑	贺彦峰

出版发行　西安交通大学出版社
　　　　　（西安市兴庆南路10号　邮政编码710049）
网　　址　http://www.xjtupress.com
电　　话　(029)82668357　82667874（发行中心）
　　　　　(029)82668315（总编办）
传　　真　(029)82668280
印　　刷　陕西元盛印务有限公司

开　　本　787mm×1092mm　1/16　印张21.75　字数525千字
版次印次　2018年7月第2版　2018年7月第1次印刷
书　　号　ISBN 978-7-5693-0629-3
定　　价　45.00元

读者购书、书店添货、如发现印装质量问题，请与本社发行中心联系、调换。
订购热线：(029)82665248　　(029)82665249
投稿热线：(029)82668284

版权所有　侵权必究

前言

　　车身维修也称为事故车维修,是汽车维修行业的一个热门专业。在欧美等发达国家,车身维修技师的收入水平不亚于一般的白领阶层,而且越来越受到社会的认可和尊重。随着汽车工业的迅猛发展,我国的汽车保有量不断增长,车身维修工作已经逐渐成为汽车维修的重点内容,对相关技术人员的需求非常旺盛,车身维修专门人才在今后的工作中有着光明的前景。

　　近几年与车身维修相关的专业也在迅速发展,而教材建设才刚刚起步。当前以典型任务驱动的项目化课程是职业学校教材的建设方向,因此本书做了有益的尝试。本书主要以小型轿车为对象,详细介绍了车身维修的主要理论与当前生产实践中普遍使用的碰撞修理工艺。全书共分六个模块,模块1:车身结构与附件拆装;模块2:车身钢板的焊接;模块3:钢质车身轻微损坏的修理;模块4:钢质车身严重损坏的修理;模块5:塑料件的修理;模块6:铝合金车身的修理,共21个典型工作任务。在编排上,每个项目都是一名车身维修人员在工作中碰到的典型任务或必须掌握的某项技能,而且每个模块自成体系,学完一个模块,就能从事部分车身维修工作。在教法上,以实训为主,理实一体,着重培养学生车身实际维修能力。

　　另外,本书还注重突出新技术和新工艺的应用。针对当前出现的铝合金板和增强型塑料件的修理也专门安排了项目进行介绍。

　　本书由陈勇主编,韩星副主编。其中,南京交通职业技术学院陈勇编写模块1、模块2、模块3、模块4、模块6,南京交通职业技术学院韩星编写模块5。编写过程中得到了南京交通职业技术学院汽车车身维修技术教研室的汤其国、朱帅、燕寒三位老师的大力支持,在此表示感谢。

　　在本书的编写过程中参考了国内外有关论著和资料,在此向这些论著和资料的作者表示最诚挚的谢意!

　　由于编者水平有限,加之经验不足,书中难免有谬误和疏漏之处,敬请广大读者批评指正。

编　者

模块1　车身结构与附件拆装　/1

任务1.1　轿车车身结构认识　/1
学习目标　/1
一、轿车车身　/1
二、设备、工具和材料准备　/29
三、轿车车身结构认识步骤　/30
四、技能考核表　/30
课后练习题　/30

任务1.2　汽车保险杠的拆装与调整　/34
学习目标　/34
一、汽车保险杠介绍　/34
二、设备、工具和材料准备　/36
三、汽车保险杠拆装的技术要求　/36
四、汽车保险杠拆装调整步骤　/36
五、技能考核表　/38
课后练习题　/38

任务1.3　发动机罩、前翼子板、行李厢盖的拆装与调整　/39
学习目标　/39
一、设备、工具和材料准备　/39
二、车身覆盖件调整的技术要求　/39
三、子任务1：发动机罩的拆卸、安装与调整　/40
四、子任务2：前翼子板的拆卸、安装与调整　/45
五、子任务3：行李厢盖的拆卸、安装与调整　/47
六、技能考核表　/49
课后练习题　/49

任务1.4　车门及附件的拆装与调整　/50
学习目标　/50
一、轿车车门介绍　/51
二、设备、工具和材料准备　/56

三、车门及附件拆装调整技术要求 ／56

四、车门及附件拆装与调整步骤 ／57

五、技能考核表 ／65

课后练习题 ／65

任务1.5 汽车玻璃的拆装及车身密封性的检查 ／66

学习目标 ／66

一、设备、工具和材料准备 ／66

二、技术标准及要求 ／66

三、子任务1：汽车密封条的拆装 ／67

四、子任务2：汽车玻璃的拆装 ／71

五、子任务3：车身密封性检查与修理 ／79

六、技能考核表 ／85

课后练习题 ／86

任务1.6 乘客舱主要部件与车身装饰条的拆装 ／87

学习目标 ／87

一、乘客舱的各个总成 ／87

二、设备、工具和材料准备 ／88

三、技术标准及要求 ／89

四、子任务1：汽车座椅的拆装与座罩的维护 ／89

五、子任务2：仪表板的拆装 ／92

六、子任务3：车身装饰条的拆装 ／93

七、技能考核表 ／96

课后练习题 ／96

任务1.7 客车车身结构认识 ／97

学习目标 ／97

一、客车车身 ／97

二、设备、工具和材料准备 ／103

三、客车车身结构认识步骤 ／103

四、技能考核表 ／103

课后练习题 ／103

任务1.8 载货汽车车身认识 ／104

学习目标 ／104

一、载货汽车车身的构造 ／105

二、设备、工具和材料准备 ／112

三、载货汽车车身结构认识步骤 ／112

四、技能考核表 / 112
课后练习题 / 112

模块2　车身钢板的焊接 / 114

任务 2.1　气体保护焊 / 114

学习目标 / 114

一、焊接概述 / 114

二、气体保护焊的原理和特性 / 118

三、气体保护焊设备 / 120

四、焊接工艺参数 / 121

五、焊接方法 / 126

六、设备、工具和材料准备 / 127

七、技术标准及要求 / 127

八、操作步骤 / 128

九、技能考核表 / 135

课后练习题 / 136

任务 2.2　电阻点焊 / 137

学习目标 / 137

一、电阻点焊原理和特性 / 137

二、电阻点焊工艺参数 / 138

三、电阻点焊设备 / 141

四、设备、工具和材料准备 / 142

五、技术标准及要求 / 142

六、操作步骤 / 144

七、技能考核表 / 151

课后练习题 / 151

模块3　钢质车身轻微损坏的修理 / 153

任务 3.1　钢质前翼子板的修理 / 154

学习目标 / 154

一、金属材料的特性 / 154

二、车身用钢板 / 156

三、车身金属板损伤的类型 / 159

四、车身钢板的锤击法修复 / 165

五、设备、工具和材料准备 / 171

六、技术标准及要求 / 171

七、操作步骤 / 171

八、考核技能表 / 174

课后练习题 / 174

任务3.2 钢质车门面板的修理 / 175

学习目标 / 175

一、拉拔法修复钢板的原理和方法 / 175

二、收缩法 / 177

三、设备、工具和材料准备 / 180

四、技术标准及要求 / 181

五、操作步骤 / 181

六、技能考核表 / 186

课后练习题 / 187

模块4 钢质车身严重损坏的修理 / 189

任务4.1 损伤诊断 / 189

学习目标 / 189

一、车身碰撞的受力分析与损伤种类 / 189

二、碰撞对车身的影响 / 196

三、设备、工具和材料准备 / 204

四、技术标准及要求 / 204

五、操作步骤 / 204

六、技能考核表 / 208

课后练习题 / 208

任务4.2 车身尺寸测量 / 209

学习目标 / 209

一、车身测量的重要性 / 209

二、车身测量的主要工作 / 210

三、车身尺寸图 / 210

四、车身测量方法 / 213

五、设备、工具和材料准备 / 215

六、技术标准及要求 / 215

七、子任务1：利用测距尺测量车身尺寸 / 216

八、子任务2：利用机械测量系统测量车身尺寸 / 218

九、子任务3：利用电子测量系统测量车身尺寸 / 221

十、技能考核表 / 222

课后练习题 / 223

任务4.3　车身变形的矫正 / 224

学习目标 / 224

一、车身矫正的作用和原理 / 224

二、车身矫正设备 / 227

三、车身矫正过程 / 241

四、设备、工具和材料准备 / 246

五、技术标准及要求 / 246

六、子任务1：承载式轿车车身前端碰撞损坏的矫正修复 / 246

七、子任务2：承载式轿车车身后端碰撞损坏的矫正修复 / 248

八、子任务3：承载式轿车车身侧面碰撞损坏的矫正修复 / 250

九、技能考核表 / 252

课后练习题 / 252

任务4.4　车身焊接外板件的更换 / 254

学习目标 / 254

一、车身外板件更换概述 / 255

二、车身板件的拆卸方法 / 257

三、常用切割工具 / 260

四、设备、工具和材料准备 / 264

五、技术标准及要求 / 264

六、子任务1：后翼子板的更换 / 264

七、子任务2：承载式轿车车身车门中柱和门槛外板的更换 / 269

八、技能考核表 / 271

课后练习题 / 272

任务4.5　车身焊接内板件的更换 / 274

学习目标 / 274

一、结构性板件的整体更换的主要步骤 / 274

二、结构件的分割更换技术 / 279

三、设备、工具和材料准备 / 284

四、技术标准及要求 / 285

五、前纵梁更换操作步骤 / 285

六、技能考核表 / 289
课后练习题 / 290

模块5　塑料件的修理 / 292

任务5.1　塑料保险杠面罩的修复 / 292
学习目标 / 292
一、塑料的种类与鉴别 / 292
二、塑料的修理方法 / 296
三、设备、工具和材料准备 / 300
四、技术标准及要求 / 300
五、子任务1：塑料保险杠面罩的粘结修理 / 300
六、子任务2：塑料保险杠面罩的焊接修理 / 302
七、技能考核表 / 304
课后练习题 / 305

任务5.2　加强型塑料板件的修理 / 305
学习目标 / 305
一、加强型塑料件简介 / 305
二、加强型塑料件的修理 / 307
三、设备、工具和材料准备 / 309
四、技术标准及要求 / 309
五、子任务1：单面修理 / 309
六、子任务2：两面修理 / 310
七、子任务3：板件分割更换 / 312
八、子任务4：整块板件更换 / 314
九、技能考核表 / 315
课后练习题 / 315

模块6　铝合金车身的修理 / 316

任务6.1　铝合金面板的修理 / 316
学习目标 / 316
一、铝合金简介 / 316
二、铝合金车身修理应具备的条件和注意事项 / 319
三、设备、工具和材料准备 / 321

四、技术标准及要求 / 321

五、操作步骤 / 321

六、技能考核表 / 324

课后练习题 / 325

任务6.2 铝合金内板的矫正与更换 / 325

学习目标 / 325

一、铝合金车身结构简介 / 326

二、铝合金内板件的粘结和铆接 / 326

三、铝合金内板件的更换工艺 / 328

四、设备、工具和材料准备 / 329

五、技术标准及要求 / 329

六、子任务1：铝合金车身的矫正作业 / 329

七、子任务2：铝合金内板的切割与更换 / 331

八、技能考核表 / 334

课后练习题 / 335

参考文献 / 336

模块 1

车身结构与附件拆装

任务 1.1　轿车车身结构认识

> **学习目标**
>
> 1. 了解车身的发展与结构类型。
> 2. 叙述承载式轿车车身和非承载式轿车车身的特点。
> 3. 了解轿车车身的具体结构、构件安装和连接关系。
> 4. 了解现代轿车的抗撞性能。

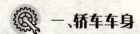

一、轿车车身

（一）车身的发展

1886 年，德国工程师卡尔·本茨和戈特利勃·戴姆勒分别发明了三轮和四轮汽油机汽车，如图 1-1、图 1-2 所示。当时的轿车几乎没有车身，这是因为研究发明者把全部的精力集中在新的动力机构、传动装置以及机械操纵方面。

图 1-1　1886 年德国人卡尔·本茨
发明的三轮汽车

图 1-2　1886 年德国人戈特利勃·戴姆勒
发明的四轮汽车

进入20世纪,设计人员日益重视车身设计。这一时期的轿车车身基本沿用了马车车身结构,所不同的就是把马辕去掉,而且制作得更加豪华,车身多为木结构形式,如图1-3所示。

真正确立完整轿车车身概念的应当是1915年生产的福特T型车(图1-4),该车是典型的箱型轿车,它确立了以后轿车的基本车身造型,其车身覆盖件开始采用了薄钢板冲压成型。

20世纪20年代,由于材料和冶炼、成型、焊接等方面技术的进步,轿车车身出现了整体式车身结构的设计思想,即用薄壁结构制成硬壳式金属整体车身。汽车车身由以敞篷为主转变为以封闭的箱式车身为主。1925年,在整体式车身结构的基础上发明了承载式车身,车身由钢板冲压成型的金属结构件和大型覆盖件组成,这种金属结构的车身一直沿用至今,如图1-5所示。

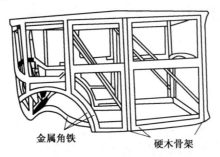

图1-3　早期木制车身

图1-4　1915年美国生产的福特T型车

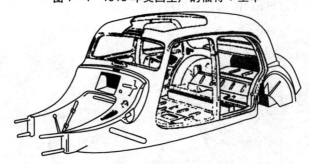

图1-5　第一个成批生产的承载式车身

20世纪50年代到70年代是轿车车身发展的黄金时期,承载式轿车车身得到广泛的应用并出现了"车身力学"这一新概念,为轿车车身设计开发建立了较为完整的框架。很多新型材料应用于车身,诸如复合材料、铝合金材料以及工程塑料等。车身内装饰已开始广泛采用人造材料,车身外表涂料则采用具有弹性和高度光泽的合成涂料。随着高速公路的发展,车身空气动力学试验也逐渐成为轿车车身设计的必要程序,轿车车身的安全性和人体防护也成为汽车设计需要考虑的问题。

20世纪80年代以后,轿车车身各分支技术朝着更深入、更系统的方向发展。在车身材料方面,就金属材料而言,应用于轿车车身高韧性的超高强度钢不断问世,并大量采用良好的防腐蚀性镀锌钢板。这种钢板制作工艺简单,价格仅比普通钢板高10%左右,但耐锈蚀能力大为提高。大量的非金属材料已广泛应用于轿车车身,所占整个车身材料的比例也逐年增加,出现了全铝车身和全塑料复合材料车身等。相关的加工工艺方法(如冷冲压,特种材料成型加工,各种形式的焊接、喷漆、电镀、塑料成形等)也日新月异且不断完善。在轿车主动安全性和被动安全性的试验与计算机仿真、轿车车身虚拟造型与图形显示、空气动力学试验与计算模拟、车身电子化设施与装备、轿车车身刚度、强度、车身结构优化以及实验技术与装备等领域都取得了长足发展。技术发展与应用使得现代轿车车身在各方面产生了飞跃。

(二)车身的承载类型

出于各种不同的目的和要求,汽车的品种很多,车身的形式各异,特别是随着时间的推移和科学技术的不断进步,设计经验和使用实践日益丰富,结构上不断推陈出新,虽然它离不开结构的继承性,但是新老结构交织在一起,难以确切下定义和予以统一命名,往往造成混淆,给人们分门别类去认识它和研究它带来一定的困难。尽管也可按用途(例如:轿车、大客车、货车和专用汽车车身等)和所用材料(如金属和非金属等)来进行分类,但从结构和设计观点上按车身承载形式来分类,认为是较为明确而合理的。

按承载形式的不同,可将车身分为非承载式、半承载式和承载式三大类。

1. 非承载式

货车(除微型货车外)或在货车的三类或二类底盘基础上改装成的大客车和专用汽车以及大部分高级轿车(出于对舒适性的要求),都装有单独的车架,此时车身系统通过多个橡胶垫安装在车架上,当汽车在崎岖不平的路面上行驶时,车架产生的变形由橡胶垫的挠性所吸收,载荷主要由车架来承担,因此,这种车身应是不承载的。但实际上,由于车架并非绝对刚性,所以车身仍在一定程度上承受着由车架弯曲和扭转变形所引起的载荷。非承载式也称为有车架式。相当一部分类型的客车、载货汽车和传统轿车,均采用有车架非承载式车身结构(图1-6)。

非承载式车身的优点:

(1)减振性能好。发动机和底盘各主要总成,直接装配在介于车身主体的车架上,可以较好地吸收来自各方面的冲击与振动。除轮胎与悬架系统对整车的缓冲吸振作用外,挠性橡胶垫还可以起到辅助缓冲、适当吸收车架的扭转变形和降低噪声的作用,既延长了车身的使用寿命,又提高了乘坐舒适性,所以,目前此种车身结构形式仍较广泛地被用于高级轿车上。

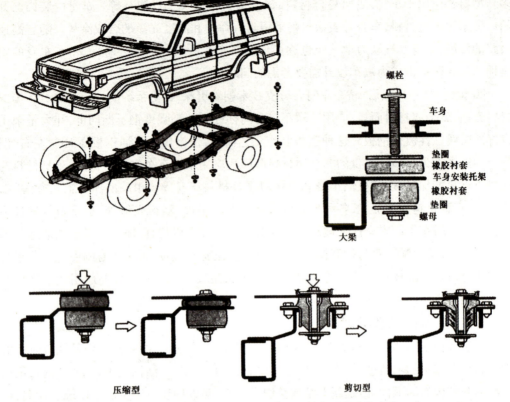

图1-6 典型的非承载式车身及车身和车架的连接方式

（2）工艺简单。壳体与底架共同组成车身主体,它与底盘可以分开制造、装配,然后再组装到一起,总装工艺因而简化。

（3）易于改型。由于以车架作为车身的基础,易于按使用要求对车身进行改装、改型和改造。

另外,车身的维修也比较方便。

非承载式车身的缺点：

（1）质量大。由于车身壳体不参与承载或很少承载,故要求车架应有足够的强度与刚度,从而导致整车质量增加。

（2）承载面高。由于车架介于车身主体与底盘之间,给降低整车高度带来一定困难。

2. 半承载式车身

半承载式车身的结构与非承载式车身的结构基本相同,也是属于有车架式的。它们之间的区别在于半承载式车身与车架的连接不是柔性的而是刚性连接,即车架与车身焊接或螺栓固定。

由于是刚性连接,所以车身只是部分地参与承载,车架是主承载体。

3. 承载式车身

承载式车身的一个突出特征是没有独立的车架,车身由底板、骨架、内外蒙皮、车顶等组焊成刚性框架结构，整个车身构件全部参与承载，所以称为承载式车身。由于无车架因此也称为无车架式车身(图1-7)。

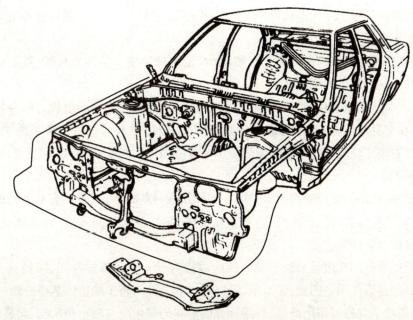

图1-7 典型的承载式车身

对承载式车身而言，由于整个车身参与承载，强度条件好，有利于减轻自重并使结构优化。这不仅是当前客车车身发展的主流，而且已经形成了一边倒的设计趋势。

承载式车身优越性主要体现在以下几方面：

(1) 质量小。由于车身是由薄钢板冲压成型的构件组焊而成，因而具有质量小、刚性好、抗变扭能力强等优点。

(2) 生产性好。车身采用容易成型的薄钢板冲压，并且采用点焊和多工位自动焊接等现代化生产方式，使车身组焊后的整体变形小，且生产效率高、质量保障性好，适合大批量生产。

(3) 结构紧凑。由于没有独立的车架，使汽车整体高度、重心高度、承载面高度都有所降低，可利用空间也相应增大。

(4) 安全性好。由薄板冲压成型后组焊而成的车身，具有均匀承受载荷并加以扩散的功能，对冲击能量的吸收性好，使汽车的安全保障性得到改善与提高。

承载式车身的缺点：底盘部件与车身结合部在汽车运动载荷的冲击下，极易发生疲劳损伤；乘客舱也更容易受到来自汽车底盘的振动与噪声的影响；车身损坏后修复难度大。

(三) 轿车车身的组成

轿车车身由车身本体(俗称白车身)、车身外装件、内装件和车身电气附件等四部分组成，车身各零部件的名词及定义可参见相关标准：《GB/T 4780—2000 汽车车身术语》《QC/T 514—1999 轿车车身名词术语》。

1. 车身本体

车身本体是轿车承载的主体,它由梁、支柱、加强板等车身结构件和车身覆盖件组合而成,并包括翼子板、车门、发动机罩和行李厢盖等,它是车身内、外装饰件和电气附件的装载基体。

梁和支柱等车身结构件焊接成框架结构,使车身形成一整体式结构,具有一定的强度和合适的刚度,起主体承载作用。

车身覆盖件是指车身上各种具有不同曲面形状及大小尺寸的薄板。车身覆盖件是覆盖安装在车身本体上,使车身成为完整封闭体,通过它来满足室内乘员乘坐的要求。同时,通过它来体现轿车的外形并增强轿车车身的强度和刚度。

2. 车身外装件

车身外装件是指车身外部起保护或装饰作用的一些部件,以及具有某种功能的车外附件。主要外装件有:前、后保险杠;各种车身外部装饰条;密封条;车外后视镜;散热器罩;车门机构及附件等。

前、后保险杠的作用是当轿车发生纵向碰撞时起一定的保护作用,减轻汽车的破坏程度;二是起装饰作用。因此,轿车前、后保险杠的外型与轿车的整体造型协调一致。

密封条除了起密封作用外,其外露部分的形状与颜色应与整车相匹配,起装饰作用。

其他外装件除了完成车身应具有的功能外,都应对整车起装饰和点缀的作用。

3. 车身内装件

车身内装件是指车内对人体起保护作用的或起内装饰作用的部件,以及具有某种功能的车内附件。主要内装件有:仪表板;座椅及安全带、安全垫、安全气囊;遮阳板;车内后视镜;车门、底板及轿车内饰等。

4. 车身电气附件

车身电气附件指除用于轿车底盘以外的所有电气及电子装置;如:各种仪表及开关;前照灯、尾灯、指示灯、雾灯、照明灯;音响、收视装置及设备;空调装置;刮水器;洗涤器;除霜装置,以及只有某些功能的电气、电子装置,例如全球定位系统(GPS)、集成安全系统(ISS)等。

(四)轿车车身的分类

1. 按标准分类

根据中国汽车分类标准(GB 9417—89),轿车按其发动机排量的大小分为五类,见表1-1。排量在0.65L以下的称为超微型轿车。

表1-1 轿车的分类标准

发动机排量 V/L	$V \leq 1$	$1 < V \leq 1.6$	$1.6 < V \leq 2.5$	$2.5 < V \leq 4$	$V > 4$
种类	微型轿车	普通轿车	中级轿车	中高级轿车	高级轿车

此外,世界各国的轿车分类标准不尽相同。如德国大众公司按发动机排量、轴距、整备质量和总长将轿车分为六类,见表1-2。

表1-2 大众公司和福特公司的轿车分类标准

分类标准	A₀₀	A₀	A	B	C	D
发动机排量/L	<1.0	1.0~1.3	1.3~1.6	1.6~2.4	2.4~3.0	>3.0
轴距/m	2.0~2.2	2.2~2.3	2.3~2.45	2.45~2.6	2.6~2.8	>2.8
整备质量/kg	<680	680~800	800~970	970~1150	1150~1380	>1380
总长/m	3.3~3.7	3.7~4.0	4.0~4.2	4.2~4.45	4.45~4.8	>4.8
代表车型	奥拓	两厢夏利	捷达、POLO	奥迪A4	奥迪A6	奥迪A8

2. 按整车构成方式

在现代轿车中,发动机及传动系统的驱动方式主要有以下几种布置形式,如图1-8所示。表1-3列出了这些布置的特征、优缺点及适用范围。不同的发动机及传动系统的驱动方式将影响到车内活动空间、驾驶姿势、行李厢的空间以及直接与用户相关的空间尺寸。

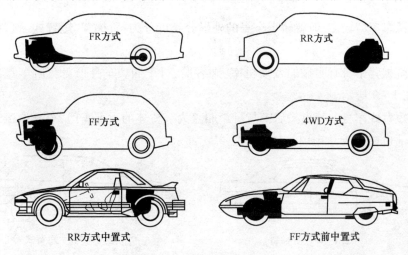

图1-8 轿车的构成方式

表1-3 发动机位置及驱动方式比较

驱动方式	前置发动机后轮驱动(FR)	前(中)置发动机前轮驱动(FF、MF)	后(中)置发动机后轮驱动(RR、MR)	四轮驱动(4WD)
结构特点	发动机、离合器、变速器结成一个整体安装于车辆前部;主减速器、差速器安装于车辆后部,两者用传动轴连接	前桥为转向驱动桥,由装于车辆前部(中前部)的发动机和动力传动系统直接驱动,无传动轴。发动机可以横置,减少空间	发动机和动力传动系统安装于车辆后部(中后部),直接驱动后桥,无传动轴。发动机可以为横置,减少空间	发动机、离合器、变速器等结成整体安装在车辆前部,通过分动器和传动轴同时驱动4个车轮
优点	①发动机等动力系统安装于车辆前部,靠近驾驶员,操纵机构简化;②整车质量分配均匀,基本各占50%	①减轻整车质量,简化传动;②车厢内的空间得以加大;③整车质量接近车辆质心,行驶稳定性提高	①车厢内空间加大,底板平直,可有效降低车辆质心;②有利于减轻整车质量	越野性能强,整车通过能力增加

(续表)

驱动方式	前置发动机后轮驱动(FR)	前(中)置发动机前轮驱动(FF、MF)	后(中)置发动机后轮驱动(RR、MR)	四轮驱动(4WD)
缺点	①由于发动机纵置,变速器延伸入驾驶舱,另外,由于有传动轴贯穿整个车厢,车厢内空间局促;②整车质量加大	①前桥结构复杂,操纵和结构安排布置困难;②前桥负荷加大	①驾驶员与发动机等动力系统距离远,操纵性差;②发动机散热困难;③后桥负荷大	①整车质量大,动力传动复杂,车辆质心高;②长时间四轮驱动时能量浪费严重
应用范围	中大型轿车、载重汽车和客车	中小型轿车	大型城市客车和小型、微型轿车	对越野性能要求高的车辆、赛车

注:中置发动机前驱或后驱车型较少,多用于赛车,因此传动布置示意图中未收录

3. 按外形分

现代轿车车型较多,但就轿车车身的外形分类可分为:阶梯背、短背式、斜背式、平背式四种。

(1) 阶梯背车身有明显的发动机室、乘客舱、行李厢。车身顶盖与后车身部呈折线连接,如图1-9所示。

(2) 短背式车身的特点是后窗与行李厢盖为一整体的后部车门,车身顶盖向后延伸与车身后部也成折线,如图1-10所示。

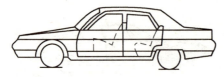
图1-9 阶梯背

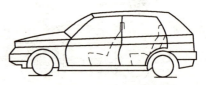
图1-10 短背式

(3) 斜背式车身的特点是后风窗与行李厢连接线近似平直线,车身形状呈流线型,能较好地满足空气动力学要求,如图1-11所示。

(4) 平背式车身的后背近似于直线,多用于越野车或其他有特种用途的汽车,如图1-12所示。

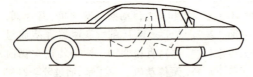
图1-11 斜背式

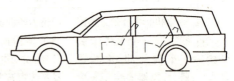
图1-12 平背式

(五)非承载式轿车结构

如前所述,非承载式车身是由坚固的车架作为汽车的底座,车身和汽车所有的零部件、总成等都安装固定在车架上。所以车架必须具有足够的强度和刚度,既能保证车辆其他总成的安装定位要求,在车辆正常行驶时保持其正确的安装位置,又能保证在发生碰撞事故时承受足够的冲击力,保证车上人员和主要总成部件的安全。在对这类车身进行修理时,车架往往是最重要的部位。

现代车辆的车架通常采用 U 形截面梁或盒型截面梁结构来增强其强度(图 1-13)。在材料上多采用高强度钢。常见车架多为边梁式结构,即车架的主体是两根沿车身方向纵向排列的侧梁,两侧梁之间辅以横梁。横梁用来加强车架并作为车轮、发动机和悬架系统的支撑。车架上与车身和其他总成相应的安装位置都设计有各种支架、托架或打孔等用于安装这些总成和零部件。

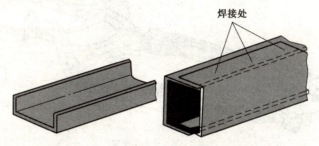

图 1-13　U 形车架截面(左)和盒型车架截面(右)

大多数的轿车车架中部比较宽,前、后部较窄,称为"框式车架",如图 1-14 所示。

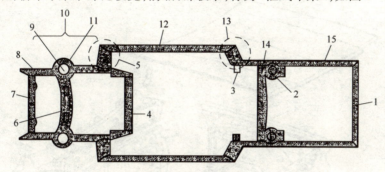

图 1-14　框式车架

1—后横梁;2—后弹簧槽;3—稳定器座;4—传动系统支架;5、13—扭力箱;6—主横梁;7—前横梁;8—车架角;
9—上操纵臂垫片槽;10—前车架梁;11—弹簧槽;12—侧梁;14—后悬架横梁;15—后车架侧梁

宽阔的中部可以为汽车提供更好的支撑,而前部较窄则便于车辆的行驶转向,后部窄一些可以为后轮留出安装空间,使车身的总体高度得以降低。如图 1-15 所示是装有中心车架横梁的框式车架,该车架的特点是在地板构件的内边有一个中心横梁(中心车架梁),因此其抵抗侧向撞击的能力更强。在前轮的后面和后轮的前面的扭力箱结构(图示中的黑色部分)可以更好地吸收车辆行驶时产生的振动,使乘坐更加舒适,同时在车辆发生纵向撞击时,扭力箱结构可以更好地吸收碰撞能量。大多数的非承载式车身的车架都采用这种形式。

非承载式车辆的车身基本上可以分为前部车身和主车身两部分。前部车身的组成有散热器支架、前翼子板和前挡泥板等,如图 1-16 所示,这些部件通常用螺栓固定在一起,易于分解。散热器支架是由上下支架和左右支架焊接在一起的单体结构。有些非承载式车身的前翼子板安装与承载式车身的前翼子板安装稍有区别,其上边的内部和后端采用点焊连接,而非螺栓连接,这样做既可以加强翼子板的刚度和强度,又可以与前挡泥板一起来降低传到驾驶室的振动和噪声,还有助于抵抗侧向的撞击,保护悬架系统和发动机等部件总成。该种车身的前翼子板的内板(挡泥板)结构与承载式车身也不同,因为非承载式车身的前悬架是安装在车架梁上,所以它只是一个起密封隔尘作用的挡板,结构要简单得多。而承载式车身的翼子板内板则兼为前悬架的安装支撑。其结构和受力等要复杂许多。

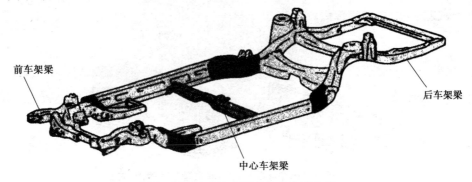

图1-15 中心车架梁结构的框式车架

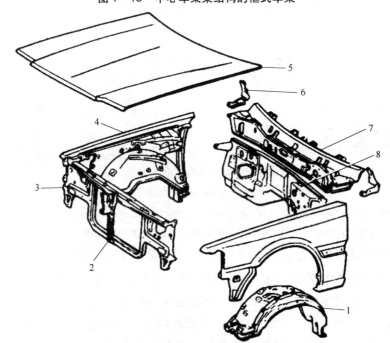

图1-16 非承载式车身的前车身结构

1—前挡泥板(前翼子板内板);2—机罩锁;3—散热器支架;4—前翼子板;
5—发动机罩;6—机罩铰链;7—盖板;8—前围板

主车身由前围板、下车身、顶板和车身侧板等组成,形成驾驶室和后备厢,其结构与承载式车身相似,如图1-17所示,前围板由左右前车身立柱(A柱)、内板、外板和前盖板等组成,它将发动机舱和驾驶室分隔开。下车身主要是主车身地板和后备厢地板,在主车身地板上纵贯一传动轴槽,形成一个槽型截面通道,这对加强车身纵向的刚度很有帮助。在主车身地板的下面一般有横向的加强横梁,加强横梁与主车身地板焊接在一起,再连接到车架,这样使乘客舱、顶边梁、车门和车身的侧面强度得到加强。主车身的顶板和侧板结构与承载式车身基本一致,其结构将在承载式车身结构中加以介绍。

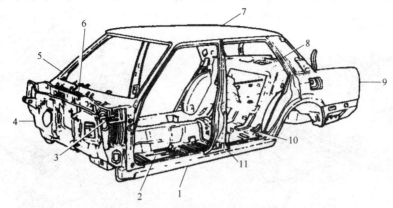

图1-17 非承载式车身的主车身

1—门槛外板;2—前地板;3—盖板侧外板;4—前围板;5—前柱(A柱);6—前盖板;7—顶盖;
8—后盖板;9—后翼子板(后侧围板);10—中部地板;11—车身中柱(B柱)

(六)承载式轿车结构

1. 前置发动机前轮驱动(FF)轿车车身结构

(1) 发动机支撑方式

1) 副车架式。如图1-18所示,副车架不是和车身焊接成一体,而是用螺栓固定的方式安装在车身上。因为将发动机悬架系统、传动桥、转向系统固定于副梁上,上述机构所产生的振动不会直接传递到车身,这种方式的静肃性优于其他固定方式(例如在雷克萨斯等中高档车辆应用较多)。

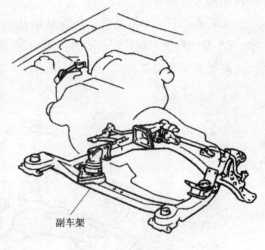

图1-18 副车架式

2) 中间梁式。如图1-19所示,中间梁是安装于发动机中央的下方,和发动机成垂直角,是用来固定发动机前后方的支座,而发动机的左右方向则是以前侧梁来固定。目前从丰田卡罗拉等级到凯美瑞等级的部分车辆都采用中间梁式。

3) 直接固定式。如图1-20所示,直接固定式取代副梁式和中间梁式,将发动机直接固定于加强梁上,如:前横梁、前侧梁、方向机齿轮箱支撑梁。目前,丰田威驰等级的小型车都采用此种方式。

(2) FF车辆前车身结构

承载式车身的车身前部结构形式和刚度非常关键。车身的前部不仅装有前悬架部件和转向操纵装置,而且装有车辆的动力系统发动机、变速器、驱动轴等。另外,当汽车受到正向冲击时,也靠前车身来有效地吸收冲击能量。因此,车身前部受力相当复杂。要保证车辆的正常行驶,前部车身在构造上不仅要求合理的布置,也要确保足够的强度、刚度,对位置准确度和耐久性、可靠性的要求也十分严格。

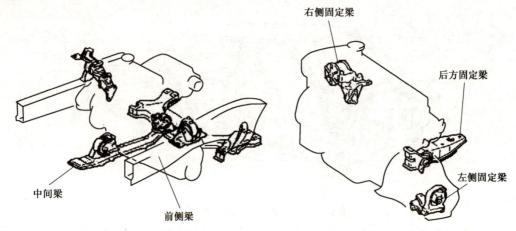

图1-19 中间梁式　　　　　图1-20 直接固定式

前车身主要由翼子板、前侧梁、前围板、散热器支架(部分现代轿车已用塑料散热器支架代替原来的金属散热器支架,通过螺栓连接在前侧梁上)、发动机罩和前保险杠等构件组成,这些部件除发动机罩、前翼子板和保险杠采用螺栓连接以外,其他部件多采用焊接以加强车身的强度。

前轮驱动和后轮驱动汽车的前悬架几乎是相同的,两种汽车都使用滑柱式独立前悬架,前车身的精度对前轮定位有直接影响,在完成前车身修理后,一定要检查前轮的定位。

副梁式前车身结构如图1-21所示。

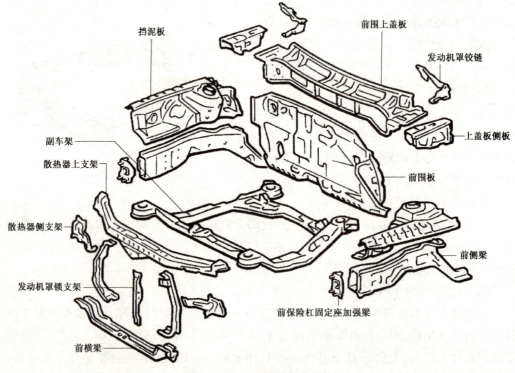

图1-21 副梁式前车身结构

发动机罩由内、外板组合而成(图1-22),外板为空间曲面板,其外表形状与整车造型协调一致,体现轿车的外形特征。内板由薄钢板经整体拉延后成型,内板筋条网格布置,凸筋的布局既增加美感、提高刚度,又考虑到它们在发动机罩上的位置避让诸如铰链、锁机构等零件的需要。

内、外板组合后用环氧树脂胶粘接,粘接时需在咬合模中进行两次咬合。第一次咬合,将外板翻边45°;第二次咬合,将翻边咬死。也有的内外板用点焊连接。

为了吸振和减少噪声,在内板筋条翻边处与外板内表面还留有2～5mm间隙,将吸振、隔音填料充入其内。

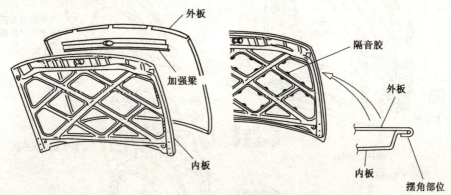

图1-22 发动机罩

前翼子板是轿车前部的大型盖件之一,其表面形状与车身侧面造型协调一致,是车身侧面外表的一部分。前翼子板一般由0.6～0.8mm厚高强度钢板拉延成型。其外表形状由车身造型确定,周围边界的形状,前部取决于灯具的形式和布置,后部取决于前部和后部覆盖件的形状,上部取决于发动机罩的尺寸和布置,下部与车轮相配合。前翼子板前板大多是用螺钉与车身壳体相连接,后端通过中间板和前围支柱连接,前端和散热器框延长部分及灯具相连接,侧面与挡泥板连接。

(3) FF车辆侧车身结构(车身中部)

图1-23是最近几年做成整体式的侧车身,侧车身与前车身和车顶钢板结合而形成乘坐空间。在行驶中这些钢板分散来自下车身的负荷到车辆上侧并防止左右两侧弯曲。此外,侧车身也提供了车门支撑以及万一车辆倾覆时,维持乘坐空间的完整性。因此,为增加刚性,将外板、加强梁和内板组合成一个箱形结构。

轿车顶盖是轮廓尺寸较大的大型覆盖件,其作用不只是遮风避雨,提高零件的刚性也是至关重要的,轿车翻车时可起到保护乘员安全的作用,如图1-24所示。

车门(图1-25)包含了外板、内板、加强梁、侧防撞钢梁和门框。其中内板、加强梁和侧防撞钢梁以点焊结合在一起,而内板和外板通常是以摺边连接。另外,车门窗框通常是由点焊和铜焊结合而成,车门形式大致分为窗框车门、冲压成型车门和无窗框车门三种。

(4) FF车辆后车身

轿车车身后部是指乘客舱后侧用于放置行李、物品的那一部分(图1-26)。三厢式车有与乘客舱分开的行李厢(图1-26(a)),而两厢式车的行李厢则与乘客舱相通合为一体(图1-26(b))。主要有后翼子板、后窗柱、后门槛、后侧梁及其后部覆盖件。

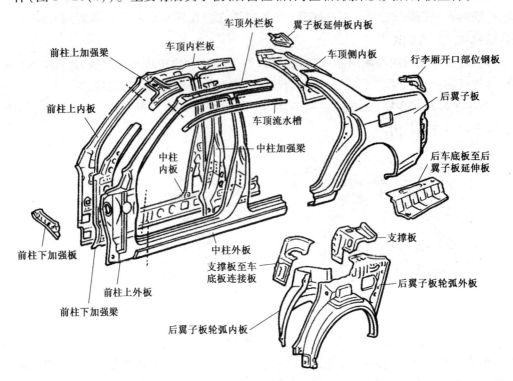

图1-23 侧面车身结构

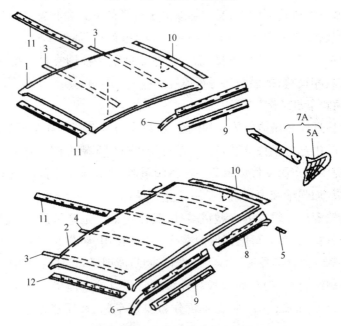

图1-24 上海桑塔纳车身顶盖

1、2—顶盖;3、4—顶盖加强板;5—支撑板;5A—角板;6、9—顶盖内侧框;
7A、8—内侧框延长板;10—后横梁;11、12—顶盖前横梁

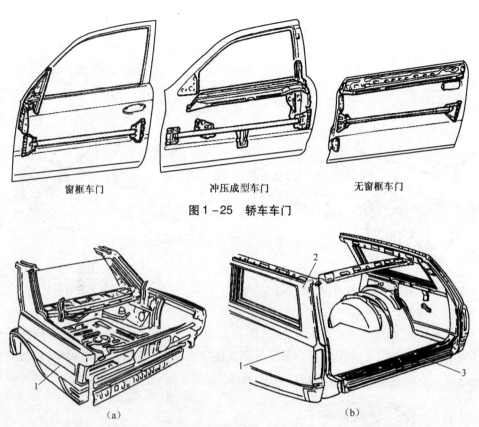

图1-25 轿车车门

图1-26 轿车车身后部
(a)三箱式轿车车身后部；(b)两箱式轿车车身后部
1—后翼子板；2—窗柱；3—后门槛

行李厢盖由上、下外板及内板组成，如图1-27所示，安装形式如图1-28所示，上外板的形状取决于车身整体造型，它与后翼子板（即后侧围板）形成车身尾部的上表面和左、右侧表面。下外板与后保险杠、后车灯具组成车身后端面外表，同车身的"脸部"一样，与整车造型协调一致，体现造型特色。内板形状复杂，有纵向、横向、交叉和环状筋条，以增加其刚度。

后翼子板是车身后部侧面的外表，它与后侧围内板连接或后舱加连接（两厢式）。

(5) FF车辆下车身结构

1) 前侧下车身。

前侧下车身是由前侧梁、前横梁、转向机齿轮箱支撑梁（有的车型没有）等加强梁所构成，以确保足够的强度和刚性。前侧梁与车底板加强梁及主车底板侧梁相连接，以利于撞击时能将撞击力分散至车身的各个部位，如图1-29所示。

发动机的支撑形式不一样，前侧梁的构造有差异，下面以丰田车系的典型车型为例进行介绍。

LEXUS ES300-VCV10系列（副梁式）由于没有转向机齿轮箱支撑梁，故前侧梁是直接焊接于主车底板侧梁和下加强梁上。为了确保接合区域的刚性，此种方式的点焊点数有67点,如图1-30所示。

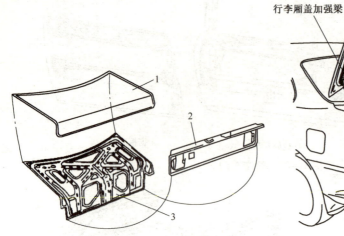

图1-27 行李厢盖的构造(奥迪100)
1—上外板；2—下外板；3—内板

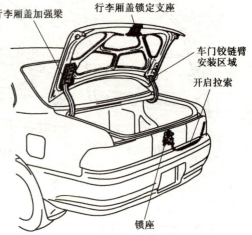

图1-28 车上安装形式

COROLLA-AE100系列(中间梁式)因前侧梁和转向机齿轮箱支撑梁连接在一起,而转向机齿轮箱支撑梁又和左右主车底板侧梁连接在一起,所以前侧梁和车门槛板也有效地连接。点焊点数约40点,如图1-31所示。

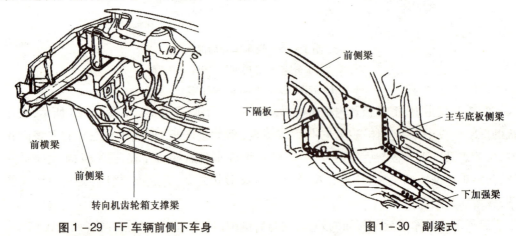

图1-29 FF车辆前侧下车身　　　　　　图1-30 副梁式

TERCEL-EL40系列(直接固定式)形式类似中间梁式,前侧梁连接于转向机齿轮箱支撑梁上。其点焊焊点约34点,如图1-32所示。

2) 中部下车身。

中部下车身(图1-33)由主车底板侧梁、前车底板下加强梁、车底板横梁、前车底板所组成。主车底板侧梁使用高强度钢板,位于乘客舱两侧下端,又称为车门槛板内板。车底板下加强梁和车底板横梁使用加强件来增强车底板强度和中部下车身的刚性。

FF和FR车辆中部下车身的最大差别在于车底板拱起的高度。因为没有后轮驱动组件,所以FF车辆所需要车底板拱起空间没有FR车辆大,因此,能够提供较大的腿部活动空间,如图1-34所示。

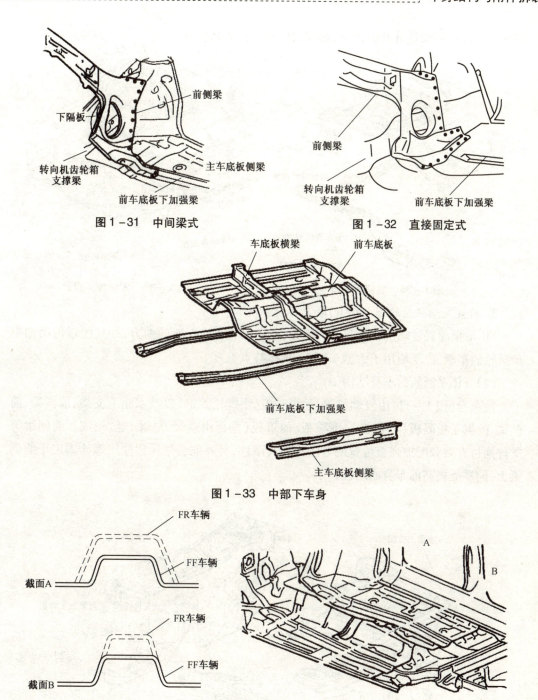

图1-31 中间梁式

图1-32 直接固定式

图1-33 中部下车身

图1-34 FF车辆和FR车辆底部拱起结构的比较

3)后侧下车身。

后侧下车身由后车底板侧梁、后车底板横梁、后车底板所组成,如图1-35所示。因为FF车辆燃油箱放置于后座的下方,所以可降低后车底板,而提供既宽敞又深的行李厢空间。当发生后方撞击事故时,大部分的撞击力就可由后行李厢空间吸收。因此后车底板侧梁的后段都经过波纹加工,以提高吸收撞击的效果(图1-36)。后车底板侧梁的后段和后车底板侧梁是分开的,以提高车身维修时的更换作业。

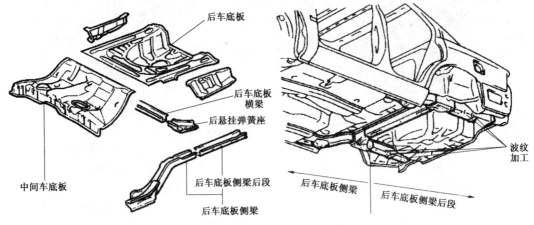

图1-35 后侧下车身　　　　　图1-36 波纹加工设计

2. 前置发动机后轮驱动(FR)轿车车身结构

FR是指前置发动机后轮驱动的汽车,发动机放置在车辆的前方,并且经过传动轴驱动后轮的车辆,广泛使用于大型车辆上,具体特点见表1-3。

(1) FR车辆的前车身结构

前车身(图1-37)由发动机罩、前翼子板(由螺栓固定)以及水箱上支架、前横梁、前侧梁、前翼子板隔板(挡泥板)、下隔板、前罩板(全部由点焊焊接固定)组成。前侧梁等梁件通过有效分配加强板位置的方法提高其刚性,另外前悬架横梁使用螺栓固定于前侧梁上,同样能提高前车身的刚性。

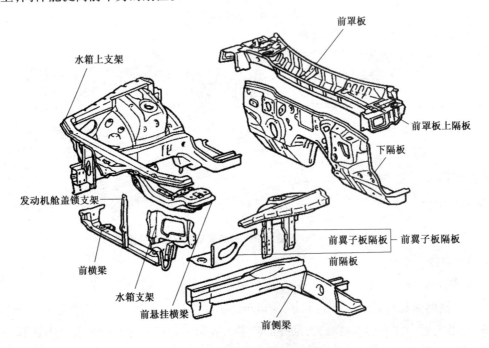

图1-37 FR车辆前车身结构

（2）下车身结构

典型的下车身结构如图1-38所示。

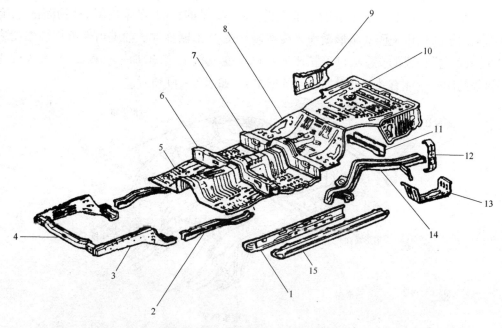

图1-38 FR车辆的下车身结构

1—地板主侧梁；2—前地板下加强梁；3—前侧梁；4—前横梁；5—前地板；6—前地板1号横梁；
7—中部地板前板；8—中部地板；9—后地板侧板；10—后地板；11—后地板1号横梁；12—后侧板支架；
13—后侧板下部延长板；14—后地板纵梁；15—门槛外板

1）前侧下车身。

前侧下车身由加强梁组成，如前侧梁、前横梁，以确保前侧下车身具有足够的强度与刚性。

如图1-39所示，前侧梁有一部分由车底板、侧梁车底板下加强梁等加强梁连接。由于车身底部前段的前侧梁和前横梁直接影响车轮的定位，所以它们由高强度钢制造并

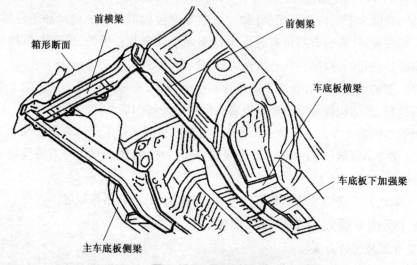

图1-39 前侧下车身

形成箱形截面,为防止迎面碰撞时乘客舱的损毁,前侧梁均为上弯式,在碰撞时所有构件将弯曲并吸收能量。

近几年,车身为了达到高刚性、安全性、减轻重量的目的,已采用新的钢板结构。有些车型前横梁已由坚固的箱形断面式变成较轻的U形断面式。前端由保险杠加强梁来提高刚性。前侧梁的支撑梁已经从车底板横梁变成扭力箱,增加了接触面积,大大改进了钢板的刚性并能有效地分散撞击时的撞击力,如图1-40所示。

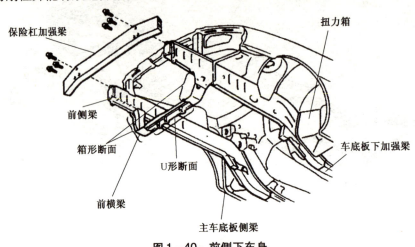

图1-40 前侧下车身

2) 中部下车身。

FR车辆中部下车身和FF车辆结构基本一致,只是FR车辆因为变速器纵向放置,并且有传动轴传递动力至后方,故需要较大的车底拱起空间。因此,FR车辆不能提供像FF车辆一样大的腿部活动空间,综上原因,FR车型一般适用于大中型具有较大车身的轿车上。

3) 后侧下车身。

后侧下车身包含后车底板侧梁、后车底板横梁、后底板,如图1-41所示。后车底板侧梁给后车身提供足够强度,同时后悬架亦安装于此。

当燃油箱固定于后椅背后面(脊背式),后车底板侧梁后段的设计必须容易折损,因此发生后部碰撞时,撞击力便可有效地由行李厢空间吸收。另外,后车底板侧梁后段和后底板侧梁是分开的,以提高车身维修时的更换作业效率。

车身底部的后侧梁从后排座下边延伸到接近后桥,在那里形成一个大的上弯结构并延伸到后地板,此结构像前梁一样可以吸收后端碰撞时的能量。

当燃油箱固定于车底板下侧(悬浮式),后车底板侧梁后半部具有强韧而不易弯曲的特性,不过在弯角区域(向上弯曲)设计成较容易折损,如此当发生后方碰撞时可保护燃油箱,如图1-42所示。

FR车辆的侧车身以及外部覆盖件与FF车辆类似,此处不再叙述。

(七) 现代承载式轿车车身抗撞性

1. 车身抗撞性的由来

汽车碰撞通常分为正面碰撞、侧面碰撞、后面碰撞,还有滚翻和撞行人的情况等。在交通事故中,发生不同形式碰撞的比例和人员死亡率是不同的。从图1-43和图1-44中可见,正面碰撞事故占总数的67%,但由于设计上对此已采取了很多成功的措施,所以导致人员死亡数只占碰撞事故死亡总人数的31%。侧面碰撞事故占总数的28%,但由于侧撞中对乘员的保护更困难,因此人员死亡率较高(占事故死亡总人数的34%)。有时事故发生后汽车会滚翻,虽然发生这种情况的概率较低,但死亡率很高(占事故死亡总人数的33%),其中多数是由于乘员被甩出乘客舱造成的。后面碰撞事故发生的比例也很小,而且通常是低速碰撞,死亡比例也很低,颈部的鞭梢型伤害是经常出现的伤害形式。

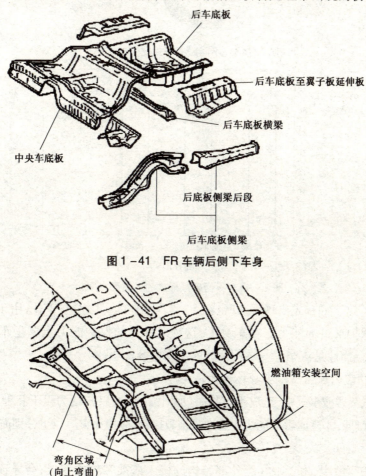

图1-41 FR车辆后侧下车身

图1-42 悬浮式钢板结构

与乘员相比,行人在交通事故中也常受到伤害。过去,汽车被动安全研究中的乘员保护一直是核心内容,而行人安全技术却发展较慢。现在,这个问题已经引起了普遍的重视。

汽车安全性分为主动安全性和被动安全性。汽车主动安全性指汽车所具有的减少交通事故发生概率的能力,其研究内容包括汽车操纵稳定性、制动性、灯光系统和驾驶员视野性能等;汽车被动安全性指汽车所具有的在交通事故中保护乘员免受伤害的能力,其研究内容包括车身抗撞性(Crashworthiness)、乘员约束系统性能以及转向系统防伤性能等。

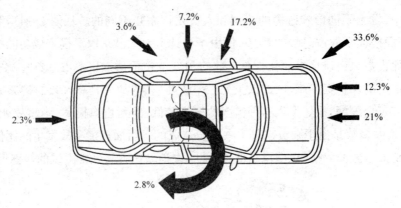

图1-43 不同碰撞形式发生的比例

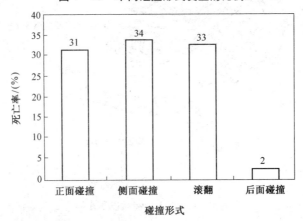

图1-44 不同碰撞形式的人员死亡率

"抗撞性"这个词首先出现于20世纪50年代早期的美国航空工业,用于描述某一结构在碰撞中保护乘员的能力。在车身上,这种对乘员的保护能力主要是车身结构提供的,因此车身抗撞性是汽车车身结构性能的主要内容之一。

2. 乘员伤害的原因与车身抗撞性的定义

在各种汽车碰撞事故中,造成乘员伤害的原因主要可以归结为以下几种:①生存空间丧失;②二次碰撞;③碰撞后不能快速逃逸与被救援;④碰撞火灾。以下分别简要说明。

(1) 生存空间丧失

汽车碰撞事故中,由于乘客舱外部结构的侵入或乘客舱的变形,会导致乘员生存空间的丧失,使乘员受到挤压或撞击。比较典型的情况有,在正面碰撞中,转向盘将乘员挤在座椅靠背上;在侧面碰撞中,受撞击后侵入乘客舱的侧门直接撞击乘员;滚翻事故中,车顶结构严重挤压变形使乘员头部受到挤压等。另外,在正面碰撞和滚翻事故中,如果有车门打开,乘员的生存空间也被破坏了,也会成为导致乘员伤害的原因。

(2) 二次碰撞

碰撞中,在乘员生存空间未丧失的情况下,乘员与汽车内部结构(包括安全带和安全气囊)的碰撞或被抛出车外,被称为二次碰撞,这也是造成乘员伤害的主要原因。在车身设计中,主要通过座椅和安全带对乘员的约束来减轻二次碰撞对乘员的伤害。通过内部吸能装置,如吸能式转向柱、吸能式仪表板和内饰、安全气囊等,也可以起到减轻二次碰撞对乘员伤害的作用。

(3) 碰撞后不能快速逃逸或被救援

汽车发生碰撞事故后,如果乘员不能及时逃逸或获救,也会使伤害加重。例如,碰撞后,如果乘员有失血发生,且不能及时逃逸或被救,就可能由于失血过多而导致死亡。碰撞后不能快速逃逸或被救援的主要结构原因可以归结为两类,一类是乘员的逃逸空间丧失,如驾驶员被挤住或被安全带卡住;另一类是碰撞后乘员逃逸或被救援时车门难以打开。

(4) 碰撞火灾

如果碰撞后燃油系统发生泄漏,就可能导致火灾,这也会造成对乘员的伤害。

(5) 车身抗撞性的定义

车身抗撞性是指车身结构在碰撞过程中保证乘员免受伤害和碰撞之后安全逃逸的能力。

3. 承载式轿车车身抗撞性良好的特征

试验证明,在纵向碰撞事故中,车身各不同部位的刚性对其安全性的影响如图1-45所示,图1-45中是4种不同的方案,剖面线部分表示刚性结构,无剖面线部分表示弹性结构。这是在理想的状态下,没有任何偏斜角度而碰撞的情况。从图1-45中可以看出,第4种方案在车身前部和后部均为弹性结构而中部为刚性结构的情况下,能保护乘员安全。第4种方案,可以利用车身的前、后部有效地吸收撞击能量,而中间车室要坚固可靠,确保乘员的有效生存空间。这里包括了两个方面,一是汽车的前、后部结构,尤其是前部结构要尽可能地吸收撞击能量,使作用于乘员上的力和加速度降到规定的范围内;二是控制受压各部件的变形形式,防止有关部件或总成等刚性部件侵入驾驶室。

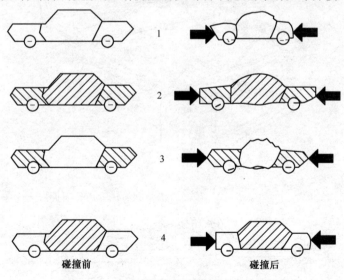

图1-45 车身不同部位刚性对安全性的影响

所以具备良好车身抗撞性的承载式轿车车身前、中、后三部分刚度是分级的,中部乘坐舱刚度最高,前部发动机室、后部行李厢室,具有较大的韧性。一般汽车正面碰撞试验(50km/h),前部压缩30%~40%,而中部仅收缩1%~2%。为了实现车身前部和后部具有比较低的刚度,在车身前部和后部应设计碰撞吸能区。

碰撞吸能区是承载式车身中特意做得比较薄弱的区域,以便在碰撞中溃缩。碰撞吸能区对连带损坏有一些控制作用,并使乘客舱更加安全,因为它们被设计成按照预定的方式溃缩。

如图1-46所示,箭头表明了在承载式车身中能量是如何分散开的。吸能区是用于在高速碰撞中减缓乘客舱冲击的前后部段。厚重的箱形立柱和车门梁件用来避免在侧面碰撞中乘客舱被侵入变形。

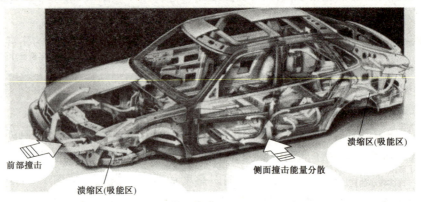

图1-46 现代承载式轿车吸能示意图

吸能区(图1-47)的特征主要表现为如下形式:截面突然变窄、截面突然弯曲、梁上有孔洞(非安装孔)、折皱的设计等。维修时,吸能区不能被加强,不能被分割,最好整体更换。

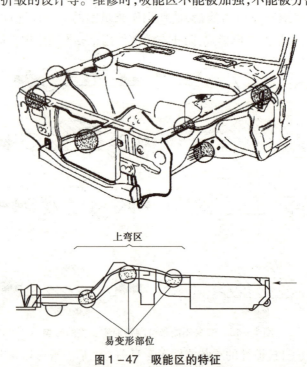

图1-47 吸能区的特征

4. 承载式轿车车身与非承载式车身安全性的区别

承载式车身没有单独的车架,车身结构件与覆盖件都采用焊接的形式连接在一起,这种设计有助于在发生碰撞事故时保护车内的乘员。

承载式车身与非承载式车身的安全性意义是有区别的,非承载式车身用重型低碳钢制成的车架依靠其弧度和刚度抵抗、减弱和限制碰撞损伤,从而起到保护车内成员的作用,碰撞损伤也常局限于碰撞部位周围;而承载式车身依靠全车身的构件和覆盖件整体承受碰撞力,其刚性较大的构件可以将碰撞力传递和分散到车身的各个部位,再由各个部位分别吸收撞击能量。这种结构可能会引起远离碰撞点的车身部件发生损伤变形,因此,在进行承载式车身的检查和修复作业时,要特别注意整个车身总体结构尺寸的变化和各个主要部件的连接状况。

5. 整车碰撞性试验

整车碰撞试验是对汽车被动安全性的综合评价,不仅可用于评价碰撞过程中的乘员保护,也可用于评价车身结构的抗撞性。

整车碰撞试验,按照碰撞形式可分为正面碰撞、侧面碰撞、后面碰撞和滚翻等。

用于整车被动安全性检验或认证的试验,一般都有相关的技术规范;而开发性质的整车碰撞试验,则可根据试验目的自主组织,但一般也都参照相应技术规范规定的试验方法。下面将简单介绍欧美和我国规定的一些整车碰撞试验。

(1) 正面碰撞试验

正面碰撞试验有多种形式,按照碰撞对象可分为与壁障的碰撞和与实车的碰撞。对于与壁障的正面碰撞,按照碰撞角度可分为汽车与垂直于汽车行驶方向壁障的碰撞和汽车与壁障的角度碰撞。通常碰撞角度是指壁障平面与垂直于汽车行驶方向的平面的夹角,因此,汽车与垂直于汽车行驶方向壁障的碰撞也可称为0°角碰撞。图1-48(a)、图1-48(b)分别为汽车与刚性固定壁障的0°和30°角碰撞的示意图。按照汽车正面与壁障的重叠率,可分为100%重叠率的碰撞和偏置碰撞。通常重叠侧为驾驶员侧,但各国试验重叠的侧面也会不同。按照壁障刚度的不同,可分为与刚性壁障的碰撞和与可变性壁障的碰撞。不同技术规范规定的可变性壁障的刚度特性是不同的。图1-48(c)为汽车与可变性壁障40%偏置碰撞的示意图。对于汽车与汽车的碰撞试验,也有不同重叠率或碰撞角度之分。

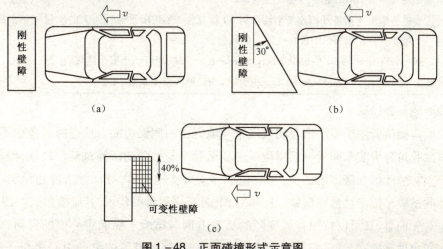

图1-48 正面碰撞形式示意图

各国的被动安全法规和NCAP(New Car Assessment Program,新车评价规程)都规定了正面碰撞的试验方法,而且试验方法之间有时会存在较大差别,具体情况见表1-4。

表1-4 一些国家正面碰撞试验方法的对比

碰撞形式		技术规范名称	碰撞车速/(km/h)	试验车质量
对刚性固定壁障0°角100%重叠率正面碰撞	美国	FWVSS208	48.3	③
		FWVSS301	48.3	③
		US-NCAP	56.3	③
	欧洲	ECE R34	48.3~53.1	①
		ECE R33	50±2	①
	中国	GB 11551 CMVDR 294	50_{-2}^{0}	②
		C-NCAP	50_{0}^{+1}	⑤
对刚性固定壁障30°角正面碰撞	美国	FWVSS208	48.3	③
		FWVSS301	48.3	③
对可变性固定壁障0°角40%重叠率正面碰撞	欧洲	ECE R94	56	②
		EuroNCAP	64±1	④
	中国	C-NCAP	50_{0}^{+1}	⑥

注:①表示整备质量。
②表示整备质量+前排外侧座椅上两个第50百分位HYBRIDⅢ男性假人的质量。
③表示整备质量+额定行李质量+前排外侧座椅上两个第50百分位HYBRIDⅢ男性假人的质量。
④表示整备质量+36kg行李质量+前排外侧座椅上两个第50百分位HYBRIDⅢ男性假人的质量。
⑤表示整备质量+前排座椅上两个第50百分位HYBRIDⅢ男性假人的质量+第二排座椅最右侧一个第5百分位HYBRIDⅢ女性假人的质量。
⑥代表整备质量+前排外侧座椅上两个第50百分位HYBRIDⅢ男性假人的质量+第二排座椅最左侧一个第5百分位HYBRIDⅢ女性假人的质量。
FMVSS——Federal Motor Vehicle Safety Standards,美国联邦机动车安全法规。
ECE——Economic Commission for Europe,联合国欧洲经济委员会

(2)侧面碰撞试验

侧面碰撞试验用于模仿汽车间或汽车与障碍物的侧面碰撞。按碰撞对象的不同,侧面碰撞试验可分为实车间的侧面碰撞试验和试验车与壁障的碰撞试验。目前,经常采用的试验车与壁障侧面碰撞的试验,主要包括移动可变性壁障MBD撞击静止试验车和横向移动的试验车撞击柱形障碍物。EuroNCAP是采用后者的代表,其碰撞形式如图1-49所示。对于前者,又可以按照移动壁障的运动方向与试验车纵向中心面的夹角,分为垂直碰撞和角度碰撞;但是它们都要求撞击试验车时,移动壁障的纵向中心面与试验车的

纵向中心面垂直。在侧面碰撞试验中,采用移动壁障与试验车侧面垂直碰撞形式的比较多,图1-50(a)是其示意图。美国FMVSS 214规定的侧面碰撞试验是移动壁障与静止试验车侧面角度碰撞试验的代表,它要求移动壁障的运动方向与试验车纵向中心面的夹角为63°,图1-50(b)是其示意图。

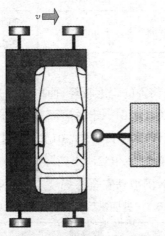

图1-49 横向移动试验车侧面撞击柱形障碍物

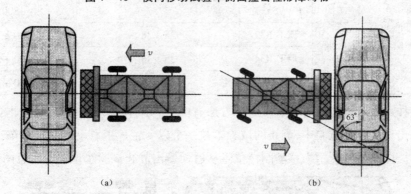

图1-50 移动壁障与静止试验车侧面碰撞
(a)垂直碰撞;(b)角度碰撞

不同技术规范规定的用于侧面碰撞试验的移动可变性壁障的几何尺寸、质量、壁障刚度特性等是不同的,表1-5列出了对MBD质量的要求。

各国NCAP、被动安全性法规和标准中规定的侧面碰撞试验是不同的,见表1-5。

表1-5 一些国家侧面碰撞试验方法的对比

碰撞形式		技术规范名称	MBD车速/(km/h)	MBD质量/kg
移动刚性壁障与静止试验车侧面垂直碰撞	美国	FWVSS208	32.2	1800
		FWVSS301	48.3	1800
移动可变性壁障与静止试验车侧面垂直碰撞	欧洲	ECE R95	50 ± 1	950 ± 20
		EuroNCAP	50 ± 1	950 ± 20
	中国	GB 20071	50 ± 1	950 ± 20
		C-NCAP	50_0^{+1}	950 ± 20

(续表)

碰撞形式	技术规范名称		MBD 车速/(km/h)	MBD 质量/kg
移动可变性壁障与静止试验车侧面角度碰撞	美国	FWVSS214	53.9	1367.6
		US-NCAP	61.9	1367.6
横向移动试验车侧面撞击刚性柱形障碍物	欧洲	EuroNCAP	试验车横向运动速度:29±10.5	—

(3) 后面碰撞试验

由于后面碰撞事故中乘员伤害的程度较轻,而由燃油系统泄漏引起的火灾却会引起严重的乘员伤害,因此各国相关规范中规定的后面碰撞试验多用作考核碰撞中燃油系统完整性。这样的技术规范包括美国的 FMVSS 301、欧洲的 ECE R34 和我国 2006 年开始实施的 GB 20072。另外,欧洲的 ECE R32 规定了 M1 类汽车后面碰撞试验时对乘客舱结构抗撞性的要求。表 1-6 是各国被动安全法规规定的后面碰撞试验方法的一些情况。

表 1-6 一些国家后面碰撞试验方法的对比

碰撞形式	技术规范名称		壁障或摆锤的速度/(km/h)	壁障或摆锤的质量/kg
移动刚性壁障与静止试验车后面垂直碰撞	美国	FWVSS301	32.2	1800
	欧洲	ECE R32	35~38	1100±20
		ECE R34	35~38	1100±20
	中国	GB 20072	50±2	1100±20

以上技术规范规定的后面碰撞试验方法有两种,分别是移动壁障后部撞击试验和摆锤后部撞击试验。在试验中,静止的试验车被一个以一定速度移动的刚性壁障或摆锤从后面撞击。图 1-51 所示为移动刚性壁障从后面撞击静止试验车试验的示意图。

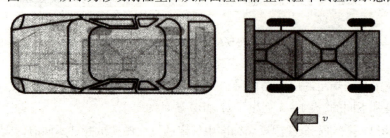

图 1-51 后面移动刚性壁障撞击试验

(4) 滚翻试验

滚翻事故的再现比较困难,虽然试验方法很多,但是已成文的法规很少。目前,只有美国 FMVSS 208 中规定了滚翻的台车试验方法,美国的 SAE J2114 也规定了这种方法。这种试验方法重复性好并容易进行,因而很多国家都把这个试验作为翻车试验的一个规定项目。

FMVSS 208 中的台车滚翻试验规定,试验车被放置在一个与水平面成 23°角的平台上,平台下缘有一高 100mm 且与平台垂直的凸缘,凸缘长度要足以挡住与其相靠的轮胎,如图 1-52 所示。试验时,平台沿垂直于汽车纵轴的水平方向以 48.3km/h 的速度匀速平移一段时间后,在不大于 0.915m 的距离内急剧减速为零(减速度至少为 20g,持续时间至少为 0.04s),使试验车滚翻。

图 1-52 美国 FMVSS208 台车滚翻试验

(5)低速碰撞试验

美国 CFR581 和欧洲 ECE R42 都从汽车前、后端碰撞保护的角度,定义了汽车的低速碰撞试验。其中,ECE R42 中分别定义了纵向碰撞试验和角度碰撞试验。在纵向碰撞试验中,质量等于被撞试验车整备质量的移动刚性壁障,以 4km/h 的速度分别从前面和后面撞击静止的试验车,要求碰撞时壁障表面与汽车纵向中心面垂直。在角度碰撞试验中,移动刚性壁障以 2.5km/h 的速度分别从前面和后面撞击静止的试验车,要求碰撞时壁障表面与汽车纵向中心面成 60°角。

在企业进行产品开发时,也经常使用移动刚性壁障速度为 15 km/h 的低速碰撞试验。

(6)行人保护试验

欧共体的行人保护法规于 1998 年开始生效。该法规规定的试验方法使用代替行人下肢和头部的冲击锤撞击汽车的前保险杠、发动机舱盖的前端和上表面,主要试验包括腿部模块与保险杠的碰撞试验、大腿模块与发动用机舱盖前端的碰撞试验、头部模块与发动机舱盖上表面的碰撞试验,如图 1-53 所示。另外,EuroNCAP 中也规定了行人保护试验。

图 1-53 行人保护的试验方法

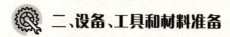

二、设备、工具和材料准备

1)承载式轿车车身一辆。
2)非承载式轿车车身一辆。

3) 举升机及必要的拆装工具。

4) 与车辆对应的车身修理手册。

三、轿车车身结构认识步骤

(一) 非承载式轿车车身结构认识

(1) 写出该非承载式车身的结构特征。

(2) 查找车身修理手册,写出所有板件的名称。

(3) 查看各板件之间的连接关系。

(二) 承载式轿车车身结构认识

(1) 写出与非承载式车身相比,该结构有何不同。

(2) 查找车身修理手册,写出所有板件的名称。

(3) 指出所有车身结构件和车身覆盖件。

(4) 查看各板件之间的连接关系。

(5) 指出该车身防碰撞的措施有哪些。

(6) 指出该车身在发生追尾碰撞事故中保护燃油箱的措施。

四、技能考核表

序号	考核内容	配分	评分标准	考核记录	扣分	得分
1	分别指出考核两车型承载类型	10	判断正确得10分,否则扣10分			
2	指出承载式轿车所有板件的名称	40	指错一处板件扣2分			
3	指出主要板件之间的连接关系	20	指错一处板件扣4分			
4	指出承载式轿车所有的碰撞吸能区	30	指错一处、少指一处都扣5分			
	教师签字				年 月 日	

课后练习题

1. 名词术语

空气阻力系数(风阻系数)、非承载式车身、承载式车身、整体式车身、车身覆盖件、车身结构件、车身本体、副车架、车身抗撞性、吸能区。

2. 选择题

(1) 后顶盖侧板总成位于(　　)。
　A. 车身前部　　　　B. 车身底部　　　　C. 顶盖　　　　D. 车身后部

(2) 传统车身结构中,采用下面何种零件来调整和紧固车身和车架零部件,防止摩擦发出尖叫声。(　　)
　A. 铆钉和螺丝　　　　　　　　　B. 螺栓和装饰件
　C. 铆钉和橡胶垫圈　　　　　　　D. 螺栓和橡胶垫圈

(3) 汽车车身面积最大的板件(　　)。
　A. 发动机罩　　　　B. 车门　　　　C. 顶盖　　　　D. 后备厢盖

(4) 壳体式车身肯定是(　　)车身。
　A. 非承载式　　　　B. 半承载式　　　　C. 承载式

(5) 汽车车身的哪一部分用来吸收碰撞时的冲击(　　)。
　A. 乘客车厢　　　　B. 凹陷区　　　　C. 防撞吸能区　　　　D. 发动机组

(6) 整体式车身的强度来自(　　)。
　A. 部件的质量　　　　　　　　　B. 部件的刚度和厚度
　C. 部件的形状和设计　　　　　　D. 以上各项

(7) 下面哪些不是无架式整体车身的优点?(　　)
　A. 增加乘客舱的安全性　　　　　B. 使碰撞损坏局限在某些部件上
　C. 较高的燃油效率　　　　　　　D. 减少汽车总质量

(8) 非承载式车身承载面高的原因(　　)。
　A. 车轮大　　　　　　　　　　　B. 车厢高
　C. 底盘与车身间有钢板弹簧　　　D. 底盘和车身间有车架

(9) 承载式车身维修困难的原因(　　)。
　A. 车身构件较多　　　　　　　　B. 车身构件尺寸小
　C. 车身参数多　　　　　　　　　D. 车身整体尺寸变形较复杂

(10) 车身的(　　)刚性最大。
　A. 前部　　　　B. 中部　　　　C. 后部　　　　D. 上部

(11) 下列哪项不是整体式车辆结构的优点?(　　)
　A. 乘客舱安全性增大　　　　　　B. 车辆自重降低
　C. 较高的燃油效率　　　　　　　D. 部件的碰撞损伤局部化

(12) 技师甲对承载式车辆所做的损伤分析要比传统的车架式车辆彻底;技师乙说传统的车架式车辆需要更彻底的检查。谁正确?(　　)
　A. 技师甲　　　　　　　　　　　B. 技师乙
　C. 技师甲和乙都对　　　　　　　D. 技师甲和乙都不对

(13) 技师甲在修理后车身段时会检查后轮定位。技师乙说这样做不是必须的。谁正确?(　　)

A. 技师甲 B. 技师乙
C. 技师甲和乙都对 D. 技师甲和乙都不对

(14) 请选择图示中"A"部件的名称。（   ）

A. 车底板横梁 B. 前车底板
C. 前车底板下加强梁 D. 主车底板侧梁

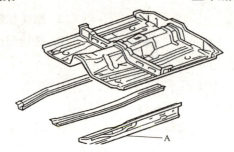

(15) 请选择图示中"A"部件的名称。（   ）

A. 后车底板侧梁后段 B. 后车底板侧梁
C. 后底板 D. 后车底板加强梁

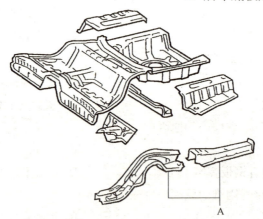

(16) 如果一个外力施加在下图所示的雷门结构上,该结构将如何变形？（   ）

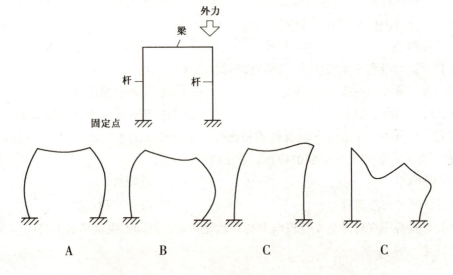

(17) 后侧梁上的撞击吸收区域的作用是什么？（　　）
A. 减轻对后悬架的损伤　　　　　　　B. 减轻对燃油箱的损伤
C. 减轻对行李厢的损伤　　　　　　　D. 碰撞发生时，增加减速度

(18) 下列关于FF整体式车身的叙述，哪一项是错误的？（　　）
A. 车辆总质量增加
B. FF型车辆的前轴负重比FR型车辆大
C. 当发生正面碰撞时，车辆更易受损
D. 由于没有后轮驱动的组件，所以腿部空间更大

(19) 以下哪种发动机的支撑方式最安静？（　　）
A. 直接固定式　　　B. 中间梁式　　　C. 副梁式　　　D. 横梁式

(20) 下列关于整体式车身的特征的叙述，哪一项是错误的？（　　）
A. 整体式车身很轻，但其一体式的构造使它具备足够的强度可以抗弯曲和扭曲
B. 整体式车身是由冲压成各种形状的薄钢板点焊在一起组合而成的
C. 因为广泛使用了薄钢板，所以修理车身时有必要采取措施防生锈
D. 由于不同种类的钢板组合一起，一旦受损，整体式车身在修理中不需要额外的工时

(21) 下列关于"碰撞冲击力吸收"的叙述，哪一项是错误的？（　　）
A. 车辆前部有应力集中区
B. 车辆后部有应力集中区
C. 车辆中部有应力集中区
D. 前侧梁和后车底板侧梁的凸起，目的是使其更加坚固，以吸收碰撞冲击力

(22) 下图中A处表示前侧梁的褶皱区域，请在以下表述其作用的选项中选择正确的一项。（　　）
A. 改善外观　　　　　　　　　　　　B. 增加抗拉强度
C. 保护其他零件　　　　　　　　　　D. 吸收冲击能量

3. 判断题
(1) 整体式车身结构采用飞机的制造模式，我们称为应力薄壳结构。（　　）
(2) 现在常见的两种车身结构是车架式车身和整体式车身。（　　）

(3) 车架式车身在碰撞时,大量的能量被车架吸收。　　　　　　　　(　　)
(4) 整体式车身中,碰撞引起的振动大部分被车身壳体吸收掉。　　　(　　)
(5) 现在轿车车身用钢板普遍采用低碳钢冷轧钢板。　　　　　　　　(　　)
(6) 在以后的几年里高强度钢板、铝合金材和非金属等材料在车身中的
比重将增加。　　　　　　　　　　　　　　　　　　　　　　　(　　)
(7) 热轧钢板的表面精度比冷轧钢板高。　　　　　　　　　　　　　(　　)
(8) 高抗拉强度钢板必须更换,不能修理。　　　　　　　　　　　　(　　)
(9) 非承载式轿车有尺寸较大的车架。　　　　　　　　　　　　　　(　　)
(10) 承载式车身由于结构件尺寸比车架小,所以在碰撞后易产生
永久性变形。　　　　　　　　　　　　　　　　　　　　　　　(　　)
(11) 与非承载式车身相比,承载式车身乘客舱噪声较大。　　　　　(　　)

4. 思考题

(1) 怎样判断轿车是承载式车身还是非承载式车身？如果是承载式车身一般有哪些结构件和覆盖件,分别又是怎么连接的？

(2) 承载式车身的防撞吸能区的作用是什么？位于车身的什么部位？其结构特点是什么？

任务1.2　汽车保险杠的拆装与调整

学习目标

1. 了解汽车保险杠的作用、类型与结构。
2. 能够拆卸、安装调整保险杠。
3. 能够列出更换保险杠吸能器时应遵循的注意事项。
4. 熟悉车身零件的常用安装方法。
5. 能够初步掌握常用拆装工具的使用技能。

一、汽车保险杠介绍

汽车保险杠的主要功能是当车辆前后端与其他物体相撞时对车身进行保护。另外,保险杠还作为车身外部装饰件,起到美化轿车外形的作用。

轿车保险杠基本上都安装于车辆的前、后侧梁上,在车辆发生碰撞事故时,碰撞点的冲击能量可以被保险杠分别传递给两侧的侧梁,从而分散了撞击力,对减少车身的变形具有一定的作用。现代轿车的保险杠结构可以分为两层,内部衬板由高强度钢制造,主要用于分散碰撞力和抵抗车身变形；外部面板由吸能效果良好的工程塑料制成,在发生

碰撞时可以发生较大的变形来吸收碰撞能量,对车身起到保护作用。另外,这种变形吸收碰撞能量的设计还有利于减轻被撞人或物的伤害程度,也更容易与车身线条相融合,因此得到广泛应用。

保险杠可以分为普通型和吸能型两类,普通型保险杠的结构简单、质量小,而吸能型保险杠的安全保护性能好,且与车身造型协调性好,因此吸能型保险杠多应用于高级轿车。

(一)普通型保险杠

普通型保险杠也称为刚性保险杠,常以2mm厚的钢板冲压成型,外表面镀铬或喷涂进行美化,通过支撑柱安装在车身框架上。刚性保险杠的所谓刚性仅相对于吸能型保险杠而言,因为碰撞时保险杠要首先变形来吸收碰撞能量,所以杠身并不能被制造得十分坚固。很多刚性保险杠出于安全性考虑,在钢制支架外侧还设计有合成树脂材料制成的保险杠面罩,如图1-54所示。

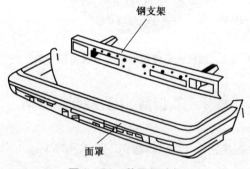

图1-54 普通保险杠

(二)吸能型保险杠

吸能型保险杠的设计结构在发生碰撞时吸收碰撞能量的能力比较强,可以有效地降低碰撞时车身的变形量。吸能型保险杠按照其吸收能量的方式,分为以下几种类型。

1. 橡胶吸能型保险杠

橡胶吸能型保险杠结构最简单,如图1-55(a)所示,它与普通保险杠的不同之处在于钢支架与面罩之间夹有多孔橡胶块,三者之间的连接及断面如图1-55(b)所示。汽车碰撞时,多孔橡胶块起缓冲、吸收冲击能量的作用。

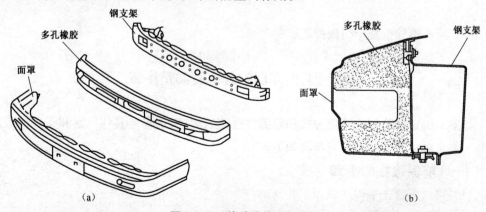

图1-55 橡胶吸能型保险杠

2. 吸能单元保险杠

吸能单元保险杠的特点是在保险杠骨架的后端装有吸能装置(吸能单元)吸收碰撞时的动能。现代轿车采用的压溃箱形式的吸能单元如图 1-56 所示。

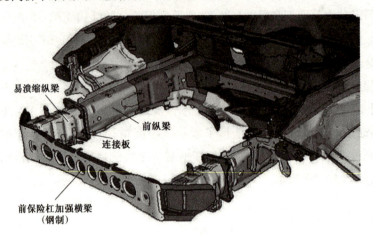

图 1-56 现代轿车保险杠吸能装置采用压溃箱的形式

二、设备、工具和材料准备

(1) 带保险杠的承载式轿车车身两辆。
(2) 移动式千斤顶。
(3) 各种扳手。
(4) 对应车型的车身修理手册。
(5) 安全防护用品：工作帽、工作服、安全鞋、棉手套、护耳器。

三、汽车保险杠拆装的技术要求

(1) 调整好保险杠的位置度，使其到翼子板和前格栅的距离相等，顶部间隙必须平齐。
(2) 所有螺栓按规定扭矩拧紧。

四、汽车保险杠拆装调整步骤

如果不确定保险杠的固定方式和零部件拆卸的顺序，请参考具体厂商和车型的维修信息。常见保险杠的基本拆装步骤如下。

(一) 前保险杠的拆卸

(1) 将汽车置于平坦的地面上并制动。
(2) 撑起发动机罩。

(3) 拔掉前部所有灯的线束。

(4) 有些保险杠拆除前,必须先拆卸下前照灯清洗器软管等部件。图 1-57 为某汽车前保险杠的装配连接图。

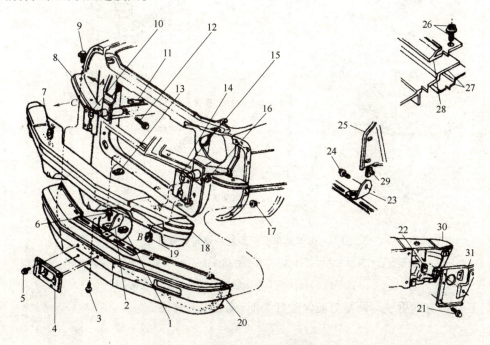

图 1-57 典型汽车前保险杠的连接方法

1、7、13、17、19、22、29—螺母;2—保险杠盖支架;3—螺钉;4—牌照座;5—铆钉;
6、12、16、21、24—螺栓;8、14、28—格栅板口;9、26—螺钉与垫圈组件;10、15—隔离器和托架组件;
11—J 型螺母;18、30—保险杠组件;20—保险杠面罩组件;23—保险杠盖支撑;
25—动机罩锁支架;27—前盖组件;31—保险杠端拉条

(5) 按照装配连接图拆卸前保险杠上、下边固定螺栓;有些车保险杠很重,拆卸最后一个固定螺栓前,将保险杠支撑在移动式千斤顶上。

(6) 当拆下最后的紧固件时,应找个助手将保险杠固定在千斤顶上。如果保险杠要被修理或重新使用,那么在千斤顶的承座上放上一块木块或厚泡沫橡胶垫,以防损坏漆面。

(7) 最后将保险杆和千斤顶从汽车上移开。

(二)前保险杠的安装

前保险杠的安装顺序与拆装顺序大致相反。只是用螺栓将保险杠固定后,必须对其进行调整。使其到翼子板和前格栅的距离相等,顶部间隙应均匀一致。图 1-58 列出了某一车型特定间隙的测量点,可供选择测量部位时参考。不符合技术要求时应调整装配螺栓,装配托架允许保险杠作上、下、左、右及进、出量的调整。必要时也可在保险杠和装配托架之间加设垫片,以调整保险杠的位置度,最后将所有螺栓按规定扭矩拧紧。

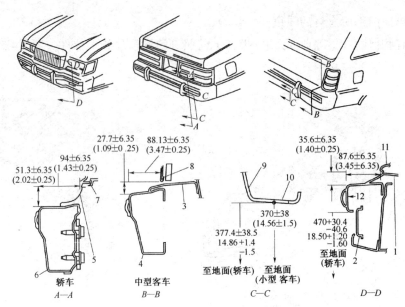

图 1-58 某车型保险杠检查与调整部位

1—前保险杠挡板；2—防雾灯；3、5—后保险杠挡板；4、6、9—后保险杠；7—后灯透镜；
8—后灯透镜升降门；10—U形拉槽；11—装饰条；12—前保险杠

后保险杠的拆装与调整与前保险杠类似，此处不再赘述。

五、技能考核表

序号	考核内容	配分	评分标准	考核记录	扣分	得分
1	描述所拆装保险杠的类型和特点	20	类型不正确扣10分；特点描述错误一次扣5分			
2	拆装汽车的前后保险杠	80	拆装使用工具不当每次扣5分；拆装不规范每次扣5分；安装不到位，每个扣10分			
	教师签字				年 月 日	

课后练习题

1. 名词术语

普通型保险杠、吸能保险杠、单元吸能保险杠。

2. 选择题

（1）绝大多数保险杠通过（　　）与汽车紧固。

A. 胶水　　　　B. 焊接　　　　C. 铆钉　　　　D. 螺栓

（2）保险杠面罩常用的材料是（　　）。
A. 钢板　　　　　　B. FRP　　　　　　C. PP　　　　　　D. ABS

3. 思考题

（1）请描述一个典型的保险杠的组成以及各部件的作用。

（2）发生碰撞时，不同类型的保险杠是怎样吸收碰撞能量的。

任务1.3　发动机罩、前翼子板、行李厢盖的拆装与调整

学习目标

1. 能够拆卸、安装发动机罩。
2. 能够进行发动机罩与铰链、发动机罩高度以及发动机罩锁扣的调整。
3. 能够拆卸、安装调整前翼子板。
4. 能够拆卸、安装调整行李厢盖。

一、设备、工具和材料准备

（1）两厢式和三厢式承载式轿车车身各一辆。

（2）常用拆装工具。

（3）对应车型的车身修理手册。

（4）安全防护用品：工作帽、工作服、安全鞋、棉手套、护耳器。

二、车身覆盖件调整的技术要求

车身装上外部板件后，要确保部件之间的间隙均匀。如图1-59所示，所有板件周围的间隙必须符合规范，所有板件的表面应彼此平齐。

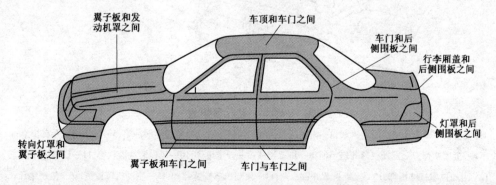

图1-59　车身外部板件之间的间隙

三、子任务1：发动机罩的拆卸、安装与调整

发动机罩位于发动机舱两侧翼子板之间，用于保护发动机免受灰尘和湿气侵袭，也能吸收发动机噪声。发动机罩通常由冷轧板材制成，现代车辆上也用铝制、玻璃纤维和塑料罩。

典型的发动机罩(图1-60)由一块外板和内板构成，内外板外部边缘通过点焊连接，内外板的结合面用黏合剂粘接到一起。一个枢轴或闩眼固定在发动机罩前缘的下面，发动机罩关闭时起到锁止作用。在大多数车辆上，这个锁扣安装在散热器支架上。

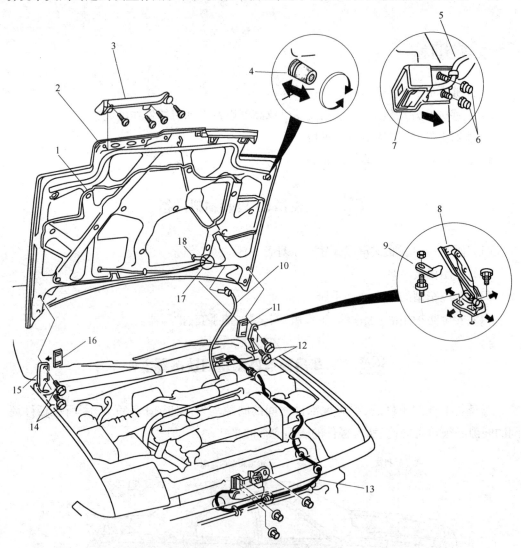

图1-60 发动机罩构造

1—发动机罩消声层；2—发动机罩；3—发动机罩边缘护条；4—发动机罩边缘缓冲垫；5—发动机罩开启拉索；6—紧固螺母；7—发动机罩开启手柄；8—机罩铰链；9—固定组件；10—风窗清洗液软管；11—铰链垫片；12—发动机罩铰链螺杆；13—发动机罩开启拉索；14—发动机罩铰链螺杆；15—发动机罩铰链；16—铰链垫片；17—Y形接头；18—风窗清洗液喷嘴

当从驾驶室内拉动操纵缆索时,枢轴或闩眼从锁扣上脱开。发动机罩装备安全锁扣,如果锁扣突然与闩眼脱开,安全锁扣可防止发动机罩开启。发动机罩用两个铰链安装在前围板或挡泥板内裙上。当发动机罩开启时,铰链利用弹簧或扭杆维持发动机罩向上开启。有些发动机罩利用分离连杆开启。许多发动机罩内侧涂有降噪层;降噪层由人造纤维制成,有助于减少发动机噪声,也隔绝发动机罩板与发动机舱内的高温。发动机罩配备许多嵌条、车标、进气口、装饰条等。

双板结构发动机罩的变形很难校正。当发动机罩必须予以更换时,原厂件、修复件配件或同类同品质配件皆可。除了明显的费用优势外,同时装有铰链、嵌条和闩眼的旧发动机罩还可作为总成使用。

(一)发动机罩的拆卸与安装

(1)开启发动机罩并用发动机罩支撑杆撑住。

(2)将前风窗玻璃的清洗器喷嘴及软管线束拆离发动机盖。

(3)拆除发动机罩铰链螺栓。在修理工作中,如果发动机罩损坏不严重并可继续使用,则将铰链的位置做好标记。将铰链侧面接触发动机罩的位置周围划出定位标志,有时还需将铰链在车身上的安装位置做上标记。在重新安装时,可以利用这些标记大致调整铰链和发动机罩。另外,为了避免发动机罩滑落损伤其他零部件,应找个助手固定住发动机罩。

注意:拆卸发动机罩螺栓时,一定要牢牢地支撑住发动机罩。

(4)按拆卸的相反顺序装上新的或修好的发动机罩。同样安装螺栓时,找个助手帮你固定住发动机罩。装上铰链和发动机罩之间的螺栓,但不完全拧紧它们,需调整发动机罩的位置。

(二)发动机罩的调整

图1-61中显示了一个定位不当的发动机罩。为了使发动机罩与翼子板和盖板相对中,应使发动机罩作上下、前后方向的移动调整。发动机罩应与翼子板边对边的对正,其间隙约为4mm。发动机罩的前边应与翼子板的前边对齐,其后边与盖板间应有足够的间隙,以便于清洗盖板。

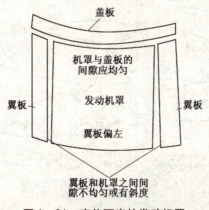

图1-61 定位不当的发动机罩

一般汽车发动机罩的铰链上开了槽孔,允许铰链在盖板或翼子板上升降,并允许发动机罩在铰链上前后移动。发动机罩的前部由发动机罩锁扣固定在适当位置。发动机罩锁扣使发动机罩的前部固定并与两侧的翼板对中。为了对中,通常在锁扣上开有槽孔。

1. 发动机罩铰链的调节

将发动机罩固定到铰链上的螺栓稍微松开,然后关上发动机罩,用手移动发动机罩,直到所有侧面周围的间隙相等。

调整好后,小心地把发动机罩提升到足够高度,以便另一个人能拧紧螺栓。

发动机罩的前部必须与翼板的前部对齐,发动机罩和盖板之间应有足够的间隙,使发动机罩提升时不会磨蹭盖板。

如果不能将翼子板和发动机罩之间的间隙调整正确,则可能是翼子板位置不正确。

2. 发动机罩高度的调整

稍微松开铰链至翼子板或盖板的固定螺栓,然后慢慢地关闭发动机罩,并根据需要升高或降低发动机罩的后部。当发动机罩的后部与翼子板和盖板成水平时,慢慢地提升发动机罩并且拧紧螺栓。

一旦发动机罩的后部调节到正确高度时,必须调节缓冲垫。有些车辆只有两个缓冲垫,位于每个前角部位。后部的缓冲垫必须调节到能轻轻地抵着发动机罩,这样可消除发动机罩的移动和振动。前部缓冲垫控制发动机罩前部的高度。转动缓冲垫,直至发动机罩的前部与翼子板的顶部齐平。调整完后,一定要重新拧紧在缓冲垫上的锁紧螺钉。

记住,在铰链、可调缓冲垫和发动机罩锁扣处对发动机罩进行调整。可以向上下、两侧和前后调整发动机罩,使发动机罩在垂直和水平方向上与翼子板和前围板对齐。发动机罩的调整工作如图 1-62 所示。学习调整发动机罩的基本方法,如图 1-63 所示。

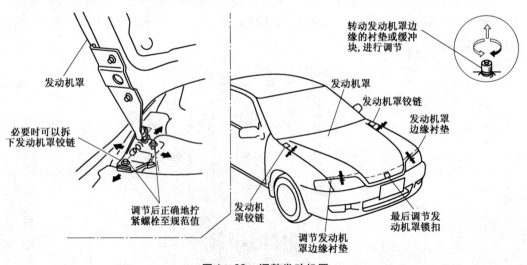

图 1-62 调整发动机罩

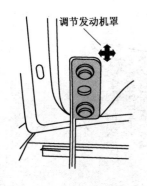 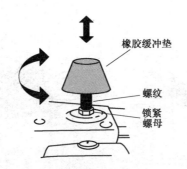 

图1-63 调整发动机罩的基本方法

3. 发动机罩锁扣的调整

发动机罩锁扣的主要零部件如图1-64所示,该机构用来锁住发动机罩,发动机罩开启机构通常在锁扣和乘客舱内的开启手柄之间使用一个长的钢拉索,它可能会在严重碰撞中损坏。拉索发动机罩开启装置包括四个主要组成部件:①发动机罩开启手柄,在乘客舱内,扳动它可以将拉索从发动机罩锁扣中向外拉,通常安装在乘客舱左下侧,在仪表板下面;②发动机罩开启拉索是一根在塑料壳体内部滑动的钢缆,一端与开启手柄相连,另一端与发动机罩锁扣相连;③发动机罩锁扣中有一个固定住发动机罩锁门的金属臂,当发动机罩关闭时,簧压金属臂锁住发动机罩锁闩,拉动拉索时,金属臂松开锁闩,发动机罩就可以打开了;④发动机罩锁闩固定在发动机罩上,当发动机罩关闭时与发动机罩锁扣卡合,如图1-65(a)所示。

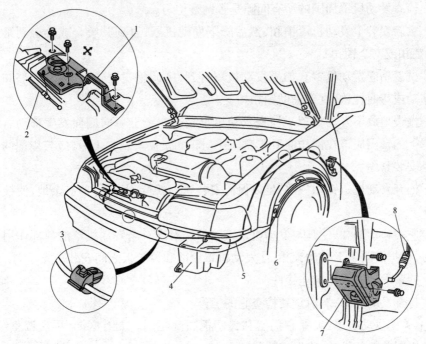

图1-64 发动机罩锁扣

1—发动机罩锁闩;2—发动机罩开启拉索;3—卡夹;4—清洗器水壶;5—开启拉索;6—翼子板内板;
7—发动罩开启手柄;8—开启拉索

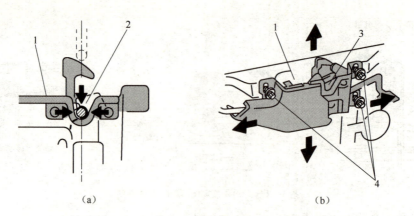

图 1-65 调整发动机罩或行李厢盖的锁扣要求

(a) 调整完发动机罩的对齐和高度后,调整锁扣,直到锁闩在锁扣中对中;
(b) 当发动机罩锁扣与锁闩完全结合时,在发动机罩上应作用一个轻轻向下的拉力

1—发动机罩锁闩;2—锁扣;3—锁扣接合点;4—调节时松开螺栓

拆下发动机罩锁扣时,根据需要将它的位置画上标记。拆下它的固定螺栓,然后断开所有拉线。利用锁扣支座上的槽可以进行上下和侧向调整。

发动机罩经过高度和横向的调整以后,要试验发动机罩是否能正确的锁定。如果发动机罩与锁扣需猛烈地撞击才能扣上,应提升锁扣。当锁住时,如果发动机罩不接触前缓冲器,应降低锁扣。调节发动机罩的锁扣要求如图 1-65 所示,具体步骤如下:

(1) 从散热器固定框上拆下发动机罩锁扣组件并降下发动机罩。

(2) 检查发动机罩周围的所有间隙是否调整均匀。

(3) 重新安装上发动机罩锁扣,然后降下发动机罩,直到其咬合或接触到第一道锁扣(辅助锁扣或安全锁扣)。

(4) 试着抬起发动机罩。如果发动机罩打开,则调整安全锁扣,使其能够扣上。有时可以移动或弯曲挂钩,直到辅助锁扣扣上。

(5) 慢慢地放下发动机罩。检查发动机罩是否在锁上后向侧面发生移动。固定在发动机罩上的锁闩应该在锁扣的 U 形部位中对正。发动机罩扣上后,应与周围的金属板平齐并且安装紧固。

(6) 松开发动机罩锁扣一些,足以保持安装紧固就行,但是得留有余地,使锁扣可以移动。

(7) 左右移动锁扣,使其与发动机罩锁扣吊钩对准。当发动机罩的前部作用了向上的压力时,根据需要上下移动锁扣,使发动机罩顶部和翼子板之间安装平齐。

(8) 拧紧发动机罩锁扣连接件。

(9) 打开发动机罩,然后重新检查它的工作。

(10) 关闭发动机罩,确保它仍然和翼子板高度相同。如有必要,再次调整缓冲垫,消除发动机罩前部的松动,确保安装紧固。

(11) 拧紧缓冲垫上的连接件。

(12) 查看侧面的缓冲垫位置是否正确并且状态良好。

(13) 确定安全锁扣工作正常。

发动机罩锁扣调整决定了发动机罩锁门与锁扣机械装置接合得好不好。基本上在发动机罩对正且调整到正确高度的情况下,调整锁扣正常关闭一边慢慢地放下发动机罩,一边查看锁闩是否自动在锁扣中对正。当锁扣接合后,发动机罩不应左右偏转。如果发动机罩在关闭后向一旁偏移,则根据需要左右移动锁扣。

发动机罩还应轻轻地压在橡胶缓冲垫上,这可以防止发动机罩上下跳振。记住,如果必须猛地用力放下发动机罩才能接合锁扣,那么需要升高锁扣。如果发动机罩在锁上后可以上下移动,则要降低锁扣。

调整完后,拧紧锁扣螺栓。确保锁扣正常地打开发动机罩。另外,一定要查看汽车维修手册中的具体发动机罩调整程序。

四、子任务 2:前翼子板的拆卸、安装与调整

(一)前翼子板的拆卸与安装

翼子板用螺栓连接到散热器支架、发动机室内部的挡泥板件以及门后和汽车底下的盖板上。

(1) 找到并拆下所有将翼子板固定到车身上的螺栓(图 1-66),并拆下装在翼子板上的灯的所有线束。

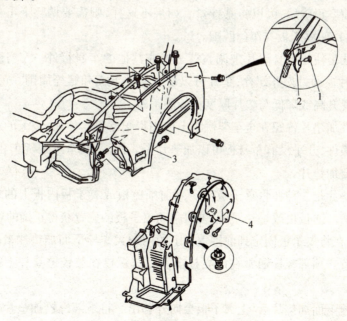

图 1-66 前翼子板的连接图

1—夹子;2—密封条;3—前翼子板;4—翼子板内板

如果旧的翼子板有厂家安装的垫片或隔垫,则在分解时记下它们的位置。如果没有严重的车身或车架损坏,那么将翼子板垫片重新装回原位会有助于在维修后更快地重新

对齐翼子板。

（2）在所有螺栓都拆下的情况下,小心地抬出翼子板。将所有必需的零件(装饰件、车身卡夹等)从旧的翼子板转移到新的翼子板上。

在修理过程中,通常要将翼子板送到表面整修工位进行安装前的喷漆处理。在喷漆处理期间,翼子板的所有末端、拐角、边缘,还有后部都应打磨、上底漆和喷漆。翼子板表面通常要在其装到汽车上以前进行喷漆。当翼子板被螺栓固定到汽车上后,这些区域将很难或不可能进行喷漆了。

（3）按拆卸的相反顺序装上更换的翼子板。如果车门或前围板未受损伤,那么在安装翼子板时,将它们的边缘包上蒙带。安装翼子板时,用手拧上所有的翼子板螺栓,但不要拧紧它们。将螺栓保持足够松的状态,以便进行调整。

（二）前翼子板的调整

翼子板上的螺栓被松开后,可以移动翼子板进行调整。

从车门后部开始调整和拧紧翼子板螺栓,然后是车门顶部。将翼子板到车门之间的间隙以及翼子板和发动机罩之间的间隙调整正确,然后朝着汽车前部,拧紧翼子板螺栓。

在螺栓上移动翼子板,使它与其他车身部件正确地对准。前后移动翼子板,直到翼子板、车门和前围板获得正确的间隙。还要内外调整翼子板,使其与车门平齐并与发动机罩平行。只有在翼子板已经对准后才能拧紧固定螺栓。

必须确定翼子板的曲率与前门边缘的形状匹配。有时,在翼子板的中后部安装一个固定螺栓。当曲率正确后,可以将其拧紧。如果不这样,则需要调整上下部的后部安装孔的位置(上下),使翼子板与车门匹配。

另一种方法是使用车身垫片来调整翼子板或其他的车身板件。车身垫片是一片薄薄的U形金属片。通过松开螺栓,垫片可以滑到板件下面和螺栓周围。重新拧紧后,被连接的板件位置升高或降低与垫片厚度相等的距离。

将车身板件加垫片曾经在全车架汽车上使用得很常见。然而,今天的承载式车身结构使用了焊接板件,几乎没有车身板可以加垫片了。然而,在全车架货车和顶级轿车上,车身板件仍然要加垫片。

翼子板加垫片是一种在将翼子板固定到前围盖板或翼子板内板上的螺栓下面使用衬垫的调整方法。通过更改垫片厚度,可以移动翼子板的位置获得正确的定位。

有时,可以在将翼子板固定到前围盖板上的两颗大螺栓下面加垫片来调整翼子板与车门的相对位置。顶部螺栓通常在门立柱上。底部螺栓在装铰链立柱上或汽车下面的门槛上。

将顶部螺栓下面加垫片后,上翼子板会向外移出。将下部螺栓加垫片会向外移出下部分翼子板。如果翼子板偏离得太远并且与车门不平齐,那么汽车行驶时,露出的车门边缘会导致风噪。

许多翼子板上不必使用垫片就可以达到完全调整。只有在必需的时候才使用垫片。

这些调整使翼子板、发动机罩和车门被正确定位。翼子板和发动机罩的调整常常必须同时进行,以便获得满意的效果。翼子板和发动机罩之间的间隙应符合工厂规范。调整后,翼子板周围的所有间隙应相等。

五、子任务3:行李厢盖的拆卸、安装与调整

在结构上,行李厢盖与发动机罩非常相似。两个铰链将行李厢盖连接到后部车身板件上,后缘用锁扣固定。

两厢式轿车一般使用的是后背舱门,如图1-67所示,三厢轿车一般使用行李厢盖。

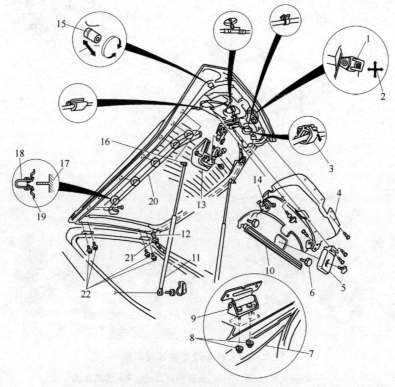

图1-67 后背舱门及其连接调整件

1—锁扣;2—锁闩调节:通过移动锁扣调节背门与门框的配合;3—夹子;4—背门内衬;5—盖子;
6—固定螺栓;7—车顶内衬;8—铰链固定螺母;9—铰链;10—后护板;11—背门支撑;12—线束拆卸方向;
13—高位制动灯;14—支架;15—背门边缘衬垫:根据需要移动以使背门与车身后部和侧面平齐;
16—支撑杆固定螺栓;17—装饰件;18—夹子;19—背门;20—车架装饰;21—线束管;22—背门固定螺栓

密封条是一根橡胶条,用来防止活动部件(行李厢盖、后背舱门或车门)和车身之间的连接处渗漏。为了防止漏气和漏水,行李厢盖在关闭时必须均匀地与密封条紧密接触。必须将锁扣调整到使它能够将行李厢盖或后背舱盖紧紧闭合在密封条上。

行李厢盖和后背舱盖通常没有外部或内部把手,而是通过钥匙(对于电动门锁,用的是仪表板开关)和门锁机构进行操纵的。

锁芯中有一个扣合钥匙的转臂机构,因此可以通过转动钥匙打开锁扣。当钥匙插入车门或行李厢盖时,它就接合锁芯,锁芯再将转动传到锁门上。行李厢盖扭杆是一根弹

簧钢杆,用来帮助升起行李厢盖。它们水平地穿过车身,与固定支架相连。一些扭杆支架有调整槽,在这些槽内移动扭杆就可以改变它们的张力(图1-68)。拆卸这些扭杆时一定要小心,因为它们处于压力之下,会从槽中飞出来。

许多铰链都是滑入行李厢盖板的箱形部位的。不要丢失任何小隔垫或其他零件,将它们在托盘中摆好或放在塑料袋内。

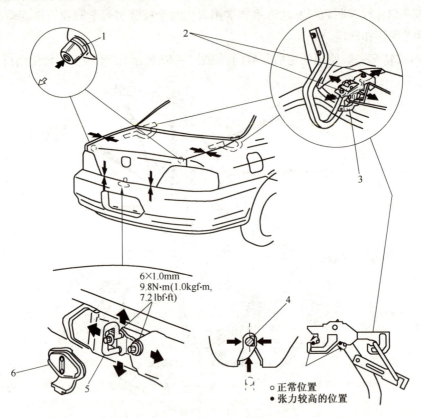

图1-68 行李厢盖的连接调整件

1—可调式橡胶缓冲垫;2—铰链螺栓;3—行李厢铰链总成;
4—检查锁扣是否正确接合;5—将锁扣调到锁门的中间位置;6—罩盖

行李厢盖或后背舱门的拆卸与更换与发动机罩类似,此处不再赘述。行李厢盖或后背舱门的调整如下:

行李厢盖必须均匀地放置在相邻的板件之间。铰链上的槽孔和行李厢盖上的固定板允许将行李箱盖前后左右移动。

为了前后调整行李厢盖,将两根铰链上的连接件都稍微松开一些。根据需要关闭并调整行李厢盖,然后慢慢地抬起行李厢盖并拧紧连接件。

有时,必须在螺栓和行李厢盖之间使用垫片来升高或降低前缘。如果必须升高前缘,则在铰链和行李厢盖之间的前部螺栓部位增加垫片。为了降低行李厢盖的前缘,在铰链的后部增加垫片。

具有后背舱门的车辆,由于它们的尺寸较大,很难进行调整。在很大程度上,许多这种类型的后背舱门差不多是水平设计的,这样做更易于水和砂尘的渗漏。有些形式采用可调节的铰链,而另一些则用焊接的铰链。后背舱门也有的采用充气式车门举升组件,或者在盖的每一个上角都装有弹簧。门的举升支座上的某些余隙也可以利用,以便对后背舱门进行调节。

六、技能考核表

序号	考核内容	配分	评分标准	考核记录	扣分	得分
1	描述拆装发动机罩的特点	10	描述错误一次扣5分			
2	描述拆装行李厢盖的特点	10	描述错误一次扣5分			
3	前翼子板、行李厢盖、发动机罩的拆装与调整	80	拆装使用工具不当每次扣5分;拆装不规范每次扣5分;安装、调整不到位,每个板件扣10分			
	教师签字				年　月　日	

课后练习题

1. 名词术语

发动机罩、行李厢盖、前翼子板、发动机罩开启拉索、发动机罩锁二道锁紧装置。

2. 选择题

(1) 发动机罩两侧有时冲压有两条前后通长的凸起棱线,其主要目的是(　　)。

A. 引导气流　　　　　　　　　　B. 加强机罩整体刚度

C. 美观　　　　　　　　　　　　D. 作为管线的通道

(2) 下列叙述中,(　　)不正确。

A. 发动机罩内外板在周边采用翻边咬合工艺

B. 内板冲压为网格状可以提高整体刚度

C. 内板筋条与外板间填充有机填料

D. 内外板边缘处采用点焊连接

(3) 下列(　　)不是发动机罩多采用向后开启的原因。

A. 可以用挡风玻璃支撑　　　　　B. 维修发动机方便

C. 机罩安装调整容易　　　　　　D. 整体刚性好

(4) 下列(　　)是最佳配合。

A. 发动机罩采用合页式铰链,支撑采用普通支杆

B. 发动机罩采用合页式铰链,支撑采用气动杆

C. 发动机罩采用臂式铰链,支撑采用气动支杆

D. 发动机罩采用平面连杆式铰链,支撑采用气动支杆

(5) 散热器面罩不具有(　　)功能。

A. 支撑　　　　　　B. 装饰　　　　　　C. 防护　　　　　　D. 通风

(6) 前翼子板的形状与下列(　　)无关。

A. 发动机罩的形状及尺寸　　　　　　B. 车身的造型

C. 前照灯的形式及布置　　　　　　　D. 轮胎的宽度

(7) 技师甲说,我可以一个人拆下发动机罩。技师乙说,拆卸或安装发动机罩时找个帮手更明智。谁正确?(　　)

A. 技师甲　　　　　　　　　　　　　B. 技师乙

C. 技师甲和乙都正确　　　　　　　　D. 技师甲和乙都不正确

(8) 技师甲说:一定要在拆卸发动机罩之前做好标记。技师乙说:当前部受到严重损坏时,不必这样做。谁正确?(　　)

A. 技师甲　　　　　　　　　　　　　B. 技师乙

C. 技师甲和乙都正确　　　　　　　　D. 技师甲和乙都不正确

(9) 技师甲说,在铰链上、可调缓冲垫和发动机罩锁扣处对发动机罩进行调整。技师乙说,在前围板处对发动机罩进行调整。谁正确?(　　)

A. 技师甲　　　　　　　　　　　　　B. 技师乙

C. 技师甲和乙都正确　　　　　　　　D. 技师甲和乙都不正确

(10) 汽车的发动机罩可以自由开闭,是因为它通过(　　)与车身相连。

A. 螺栓　　　　　B. 铆钉　　　　　C. 车门槛板　　　　　D. 铰链

3. 思考题

(1) 发动机罩拆卸、安装调整过程中应注意哪些问题?

(2) 后背舱门一般怎样进行调整?

任务1.4　车门及附件的拆装与调整

学习目标

1. 了解常见车门的类型与结构形式。
2. 熟悉车门常用铰链与限位器的结构与原理。
3. 能够拆卸、安装调整车门。
4. 能够拆卸和安装车门的密封条、车门内部装饰板、玻璃升降机构、门锁、车门玻璃等附件。

一、轿车车门介绍

车门是汽车上使用次数最多又最不被爱护的部件。在汽车的使用寿命范围以内,它们成千上万次地打开关闭。它们的强度必须足够大,且在汽车受到碰撞时保持关闭以保护驾驶员和乘客不受伤害。

另外,车门必须将水和风噪密封在外面以保持汽车内部干燥和安静。受到碰撞时,车门往往会损坏。

车门的开度一般在60°～70°之间,以保证乘员上下车时方便。

(一)车门的分类

根据车门的开闭方式,车门可分为旋转式(又称直开式)、滑动式(也称为推拉式)、飞翼式、折叠式、外摆式。应用最广泛的为旋转式车门。

1. 旋转式车门

顾名思义,旋转式车门在开关门时,车门大致在水平面内绕着某一个轴线旋转。根据铰链布置在车门前端与后端,又分为顺开式车门、逆开式车门以及对开式车门。

(1)顺开式车门(图1-69)。顺开式车门的车门铰链布置在车门前端,车门的开启方向与汽车的前进方向一致,即使在汽车行驶时还可以顺着气流关上车门,比较安全稳妥,而且便于驾驶员倒车,故被广泛采用。但其缺点是减小了入座的通道,特别是在载货汽车的平头驾驶室上。

(2)逆开式车门。逆开式车门的车门铰链布置在车门后部,与顺开式车门正好相反。因此,当汽车行驶中如车门发生松开时,迎面气流将会使车门大开,以致破坏汽车的稳定性并易使车门铰链遭到损坏。所以,只是在平头驾驶室为了方便上下车或者有一些特殊需要时才被采用。

(3)对开式车门(图1-70)。对开式车门前车门的铰链布置在车门的前端,而后车门的铰链布置在车门的后端,两门开启时是相对而开的。对开门的后门铰链是紧固在后支柱上的,车门开启时是向后旋转,这种布置便于三排座轿车的中排座椅和后排座椅的乘员上下车。对开门轿车现在运用较少。

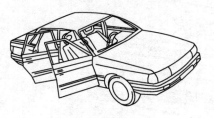

图1-69 顺开式

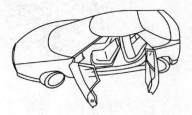

图1-70 对开式

2. 推拉式车门

推拉式车门的支撑与滑动主要依靠安装在车门上、中、下的三个导轨及与之配合的滚柱。在开始打开车门时,车门稍向外倾移动后,再向车身后方水平滑动,因此,车门占用面积很小,可以相应增大车内空间。

3. 飞翼式车门

飞翼式车门(图1-71、图1-72)大多用于运动车,这是一种车身低、流线型好、为了方便下车而采用的结构形式。飞翼式车门向上方弹起,车门打开后的形态像正在飞翔中的海鸥翅膀,所以称为飞翼式。普通的铰链机构很难承受将车门举起的重量,因此门铰链部位采用封入高压气体的托杆,可利用气体的反弹力轻易地举起车门。开启车门的方法有两种:一种是将铰链装于车顶,车门横向打开的方式;另一种是铰链装于车门前方,车门向上举起的方式。

图1-71 飞翼式(1)

图1-72 飞翼式(2)

(二)对车门的基本要求

(1)车门开、关灵活,运动自如,并不与任何零部件相碰撞。

(2)车门在关闭时,不允许因振动、碰撞等原因而自行打开。

(3)车门的开、关应可靠,当轿车侧翻后仍能打开车门。为此,车门应有足够的强度和刚度。

(4)车门与门框应有良好的密封性,使雨水、灰尘等不能浸入。

(5)轿车在行驶过程中,车门不允许产生敲击声和噪声。

(三)车门的结构

车门结构及主要附件如图1-73、图1-74所示。

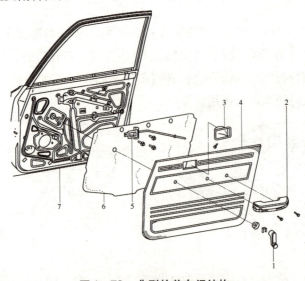

图1-73 典型的前车门结构

1—车门玻璃升降手柄;2—扶手;3—内手柄安装盒;4—内装饰板;5—内手柄;6—维修孔盖板;7—外板

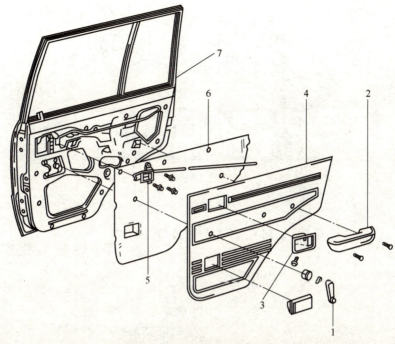

图 1-74 典型的后车门结构
1—车门玻璃升降手柄；2—扶手；3—内手柄安装盒；4—内装饰板；5—内手柄；6—维修孔盖板；7—外板

1. 车门本体

车门本体的骨架部分包括内板、外板、窗框加强板等。

车门外板一般用 0.6~0.8mm 厚的薄钢板冲压而成（目前也有用铝、玻璃纤维或塑料等材料制成），其形状取决于车身侧围的造型和门框的尺寸，一般为空间曲面。

车门附件大都装在内板上，所以对强度和刚度的要求较高，重要位置处还焊上加强板，以提高强度和刚度。

内板和外板一般采用焊接并通过四周的咬合，形成封闭的箱体，内装门锁和玻璃升降机构等。

2. 车门铰链与开度限位器

铰链是车门连接车身的重要支撑件，用螺栓将车身与车门组装在一起（图1-75）。使用专用工具可以拆装车门铰链，也可向上、下、前、后4个方向调整车门与车身的相对位置。

为了限制车门开度过大而与车身发生干涉，在固定车门铰链的门框上还装有开度限位器（图1-76），由图还可以看出，车门开启至半开位置时限位器开始起作用。当车门进一步开大时，限位器弹片被压缩产生阻尼作用。这样，不仅可以有效抵抗车门开启时的惯性力，还能使车门在半开至全开行程的任一位置上停留。

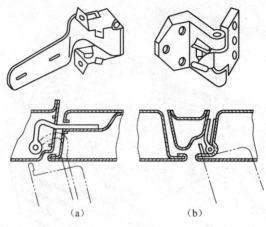

图 1-75 直开式车门铰链
(a)臂式铰链;(b)合页式铰链

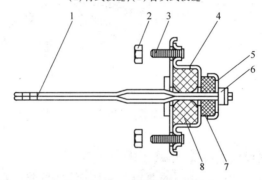

图 1-76 车门开度限位器
1—拉杆;2—螺母;3—螺栓;4—外壳;5—挡板;6—调整装置;7—缓冲块;8—阻尼橡胶块

3. 车门锁

门锁的种类有很多,机械式门锁中有:舌簧式、钩簧式、卡板式、齿轮齿条式、凸轮式等几种。

在各类机械式门锁中,卡板式(又称为叉销式)门锁受力平稳、冲击性小,零件多为钢板冲压、加工后装配而成,结构紧凑,生产工艺性、可靠性、耐久性和维修性好,强度高、定位准,由于锁体部件也可用增强树脂制造,既轻巧、启闭噪声又低,可适用于各种类型的汽车,并逐渐取代其他类型的门锁,占据了车门锁结构的主导地位。

4. 玻璃升降器

玻璃升降器是调节风窗玻璃开度大小的专用部件,其功能是保证车门玻璃平衡升降,门窗玻璃能随时并顺利地开启和关闭;当摇手柄不转动时,玻璃应能停在任意位置上,既不能向下滑,也不能由于汽车的颠簸而上下跳动;锁上车门后,能防止外人将玻璃降下而进入车内。

其大致由支撑、导向构件和升降机构组成。前者包括窗架和导轨,后者为车窗升降器。另外,车窗升降器也因形式而异,有的升降器本身带有部分支撑功能,如图 1-77 所示。交叉臂式升降器适用于带窗框架的车门,窗框本身即为支撑和导向的机构,由玻璃升降器保持玻璃的倾斜。

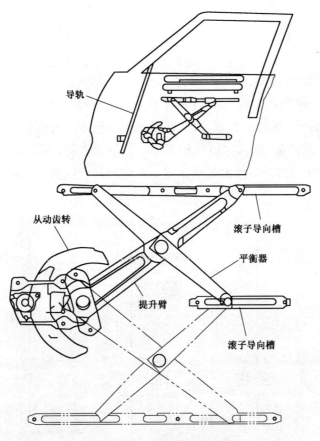

图 1-77 交叉臂式升降器

汽车玻璃升降器按传动机构的结构分为臂式玻璃升降器、钢绳式玻璃升降器等。图 1-78 为典型的钢绳式玻璃升降器结构,其动力传递路线为:摇手柄—小齿轮—扇形齿轮—卷筒—钢丝绳—运动托架—玻璃升降。

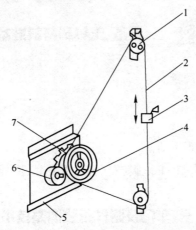

图 1-78 钢绳式玻璃升降器
1—滑轮;2—钢绳;3—运动托架;4—钢绳卷筒;5—座板;6—小齿轮;7—扇形齿轮

其主要优点:手柄位置可自由布置;钢丝绳的松紧度可利用张紧轮进行调节;结构简单、加工容易、体积小、质量小;由于玻璃装配在运动托架上,故玻璃的质量重力线始终能与钢绳平行,升降过程十分平顺。但由于这种升降机对自身倾斜没有保持能力,有必要设置玻璃导轨。

(四)车门可调整原理

车门常见的、可调节的紧固件如图1-79所示,是一个装在盒形结构内部的厚钢盘,上有内螺纹,能根据连接螺栓的数目,接受两个或更多螺栓。它放置在点焊到支撑板上的、由金属薄板组成的"盒"中,如图1-80所示。盒比盘大些,因此盘能够在盒中移动,但盒使盘不致从盒中掉落。板件上超尺寸的孔允许板件向任何方向调节。盒盘结构常用于门和门立柱上。

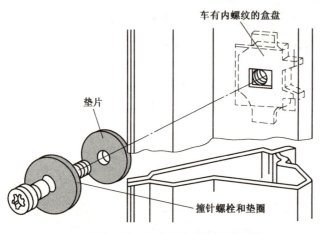
图1-79 盒中的盘允许撞针调节

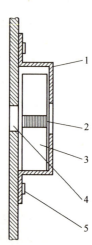
图1-80 盒盘结构横截面
1—金属板盒;2—钢盘上的螺孔;
3—钢盘;4—车门上的大孔;
5—将金属板盒焊到车门内面的焊点

二、设备、工具和材料准备

(1)承载式轿车车身各两辆。
(2)常用拆装工具。
(3)千斤顶。
(4)对应车型的车身修理手册。
(5)安全防护用品:工作帽、工作服、安全鞋、棉手套、护耳器。

三、车门及附件拆装调整技术要求

(1)必须保证车门与车门之间,车门与四周板件之间的所有间隙均匀一致。

(2) 车门锁闩与锁扣能平顺啮合。
(3) 所有螺栓按规定扭矩拧紧。

四、车门及附件拆装与调整步骤

(一) 车门拆卸及门内附件的拆装

1. 检查车门的工作

拆卸车门以前,检查车门和其相关部件是否工作正常。检查车门总成、车门铰链以及车身上的车门开口。查看车门边缘的所有间隙是否不均匀或不平行。车身间隙不平行表示板件由于结构损坏、固定件移动或机械部件(铰链或锁闩)磨损而发生了错位。

(1) 与周围板件的间隙检查

查看翼子板和车门之间、门槛和车门之间、后侧围板或后门和前门之间以及顶盖纵梁和车门顶部之间间隙。如果发现间隙没有对准,表示车门、铰链和车身上的开口需要维修。

通过检查间隙,可能会发现前翼子板被挤压到车门内。为了使车门打开,必须将翼子板调整回去。间隙不均匀可能是由于A柱或门槛在碰撞中发生了变形。这会提示去测量车门开口以及车身是否损坏。这些问题必须在拆卸车门之前找出,这样可以在维修车门时将其修正。

(2) 车门铰链检查

当车门后部比前部低时会导致车门下垂,这是一种常见问题,通常由于铰销严重磨损而造成。如果不定期润滑,铰销会磨损,从而使铰链上产生游隙。这种游隙使车门未装铰链的一端下垂。

应设法在铰链位置上下移动车门总成。对于较轻的车门,可以用手试着抬升或下按车门。对于较重的车门,用移动式千斤顶向上移动车门,同时观察铰链。

当铰链的两部分移动,使车门上下活动时,表明车门铰链磨损了。当铰销和铰链体之间的游隙很小或没有时,很明显车门铰链是好的。重新安装车门总成以前应更换磨损的车门铰链。

(3) 车门工作检查

慢慢地打开和关闭车门以检查锁扣、门锁、铰链的动作以及其他因素(松动零件发出"咔嗒"声、未润滑的零件发出"吱吱"声或错位的板件发生粘连)。上下摇动车窗,检查其是否粘连或有其他故障。对于电动车窗,打开点火钥匙,激活所有的电动车窗按钮。如果电动车窗不动,可以在车门分开时对其进行修理。

2. 车门的拆卸

进行更换车门和许多相关修理操作时必须拆卸车门,例如车门板的更换或门框的矫正。拆卸典型的车门时,必须拆下两个车门铰链螺栓或起出焊上的铰销,如图1-81所示。

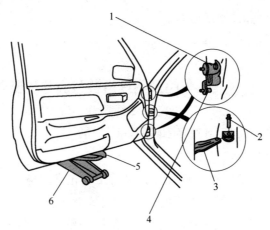

图 1-81 车门的拆卸

1—铰链固定螺栓；2—销子；3—车门限位器；4—车门固定螺栓；5—抹布；6—千斤顶

具体步骤如下：

1）断开进入门框的线束,然后断开车门铰链。车门外部的一些线束很容易断开,而其他一些线束需要完全分解车门,如图 1-82 所示。

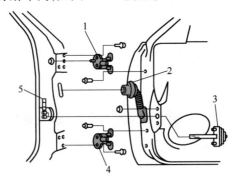

图 1-82 车门与车身的连接图

1—上部铰链；2—套管；3—车门限位器；4—下部铰链；5—销子

2）将车门打开大约一半。将移动式千斤顶放至车门下面。将护罩、抹布、带切口的木块或车门固定工具放到千斤顶支承座上以保护车门的油漆边缘。车门固定工具是一个橡胶的千斤顶支承座衬垫,上面有长长的槽以啮合车门凸缘的底部。将支承座靠近车门中部,将千斤顶升到刚好支承住铰链上的大部分重量。

注意：不要过度升起千斤顶,因为液压千斤顶的力量很容易损坏车门。

3）拆卸螺栓。当拆卸最后一个螺栓之前,让同事帮助固定住车门,防止其从千斤顶上掉落。然后,两个人可以将车门移动到工作台上或不碍事的地方。通常,将车门板或外板向下放到工作表面上。如果车门不必进行重新喷漆,一定要在工作表面包一块毯子以防擦伤漆面。

3. 车门密封条的检查

在拆下车门的情况下,检查橡胶密封条是否老化或损坏。密封条可能被切断或磨损。如果发现了任何小孔、裂口或裂缝,则拆下并更换车门密封条以防空气和水进入乘客舱。

4. 车门内部装饰板的拆卸

为了修理或拆卸车门内部的部件,必须拆下内部车门装饰板和相关部件。拆下固定在肘靠及其他装饰件上的所有螺钉。可能必须拆下一些螺钉上面的小装饰塞。如有不清楚具体步骤应参考维修手册。车门总成的各种部件如图1-83所示。

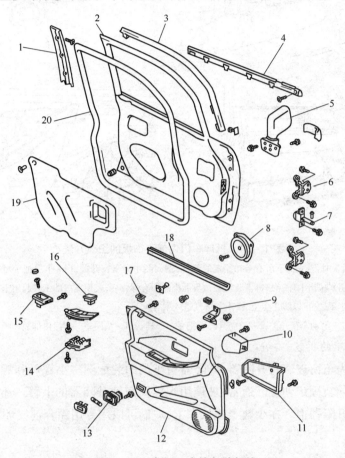

图1-83 车门总成的各种部件

1—窗框装饰;2—车门;3—外侧密封条;4—外侧嵌条;5—电动后视镜;6—铰链;7—限位器;8—扬声器;
9—支架;10—车门保护装置;11—车门储物盒;12—车门板;13—迎宾灯;14—电动三窗开关;
15—扶手储物盒;16—电动后视镜;17—门锁按钮盖;18—内侧嵌条;19—塑料盖;20—内侧密封条

拆卸步骤如下:

(1) 拆卸车窗摇把和车门把手。它们可能由螺钉或卡夹从后面固定。

(2) 在所有螺栓从车门内部装饰板上拆下后,通常必须取下一系列塑料卡夹。它们安装在装饰板的边界周围。使用一个专门设计用来拆下装饰件上的卡夹的叉装工具,将其在车门和板件之间滑动,取出所有塑料卡夹,这样做不会损坏装饰板。

(3) 抬出车门内部装饰板后,断开所有通往板件的线束,将线束穿过装饰板。

(4) 拆下车门板后,剥下车门上的所有纸或塑料材料慢慢地拉,这样不会对其造成损坏。拉下后,就可以看到固定车窗玻璃升降器的螺栓和螺母了。拆卸车门内装饰板的具体方法和要求如图1-84所示。

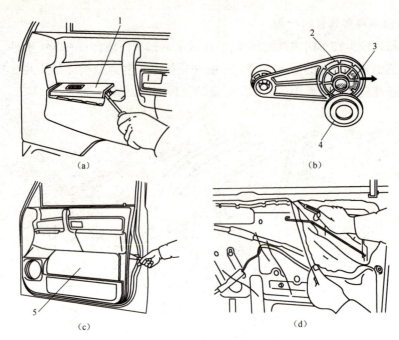

图1-84 拆卸车门内部装饰板的正确方法

(a)拆卸内部车门面板时,首先拆下所有卡扣固定的部件,例如图中的车窗开关;(b)车门把手可以用卡环或螺钉固定。一个挂钩可以用来拉出卡环;(c)拆下装饰板边界周围的所有螺钉后,使用宽些的工具起出卡夹;(d)不要试图撕扯车门板下面的防尘罩,它可以防止尘土、噪声和湿气进入乘客舱

1—电动车窗开关;2—玻璃升降器把手;3—挂钩;4—垫圈;5—车门内部装饰板

5. 车窗玻璃的拆装

图1-85为车窗玻璃与升降器、升降器与车门的装配图。小螺母和螺栓将车窗玻璃升降器和玻璃导轨固定到位。通常,玻璃用螺栓固定到升降器的上臂。还可以使用铆钉将玻璃固定到升降器上。在少数老式汽车上,玻璃可以用专用黏合剂或环氧树脂固定。

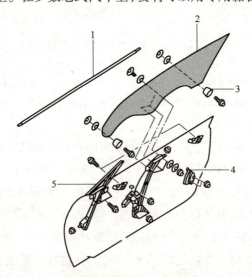

图1-85 车窗玻璃与升降器、升降器与车门的装配图

1—外侧带状嵌条;2—车门玻璃;3—车门玻璃限位块;4—后侧下部升降带;5—前端升降带

将车门玻璃固定到车窗升降器上的方法有很多种:螺栓或铆钉固定法;粘合法;窗框导轨法。

螺栓固定法使用配有塑料垫片或橡胶垫片的螺栓(螺母)以防与玻璃直接接触。紧固件穿过车窗玻璃上的孔,将其固定到升降导轨或支架上。螺栓插入玻璃或夹到玻璃上,其作用是将升降导轨或支架固定到玻璃上。

使用黏合剂是另一个将下部升降支架固定到玻璃上的方法。通常使用带有橡胶衬垫的U形夹框,以防玻璃接触金属夹框,如图1-86所示。

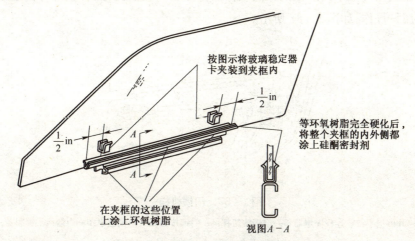

图1-86 黏合法固定车门玻璃

将玻璃固定到升降导轨上的最原始方法是使用窗框导槽。橡胶密封条或密封带装在玻璃的下边缘。然后,使用橡皮锤将夹框轻敲装到玻璃上。如果夹框过松,则可以使用密封带作为垫片来进行紧固,为了装配得紧一些通常可以稍微挤压一些夹框的边缘。但是当心不要弄破玻璃。

拆装步骤如下:

在玻璃上标记出夹框的位置,然后可以在窗框导槽上拆掉螺栓或钻出铆钉。如果玻璃是粘入夹框的,则使用下列程序:

(1) 通过使用焊炬配合2号或3号焊头沿着夹框的整个底部加热,从玻璃上拆下夹框。慢慢地来回移动焊头60~90s,然后用钳子夹住夹框,将其拉松动。如果夹框没有轻易分离,则重复加热操作。

(2) 清洁更换的玻璃。如果原来的玻璃要继续使用,则用边缘锋利的工具刮去所有的黏合剂粘痕。如果原来的夹框要继续使用,则用虎钳将其夹住,然后用焊炬烧去残留的黏合剂。在黏合剂仍然热的情况下,用钢丝刷除去夹框上的黏合剂黏痕。黏合剂冷却后,用喷漆稀料清除玻璃和夹框上的残留黏合剂,最后用水进行清洗。

(3) 当窗框导槽清洁干燥时,可以将更换玻璃粘上。如果使用新玻璃,将原来玻璃的位置标记转换成更换玻璃的。可以参考汽车厂商的维修手册,获得正确的夹框位置。

(4) 重新将玻璃装入螺栓或铆钉固定的夹框中时,应该在玻璃底部贴一条适当厚度的胶带。将玻璃的上部分放置到一块软木或地毯上。然后将夹框放到玻璃上,可以的话,使用橡胶锤轻轻地将夹框敲到玻璃上。如果夹框在玻璃上松动,则使用一条厚一些的胶带封住夹框内的间隙并使宽度适当。然后,重新连接上夹框螺栓或铆钉和垫片。

(5) 当夹框已经安装到玻璃上后,玻璃和夹框总成可以装入车门并且用必要的连接金属件将其固定,如有必要,安装下部玻璃缓冲块并进行调整。

6. 车门锁的拆装

门锁总成通常包括门外把手、连杆、门锁机械机构以及锁闩。外部车门把手有各种类型。按钮或门外把手接触锁闩上的锁杆以打开车门。然而,大多数门外把手通过一个或多个金属杆操作,如图1-87所示。

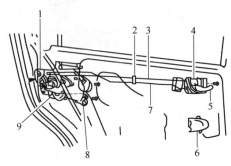

图1-87 门锁机构

1—外侧把手;2—连杆固定器;3—门锁按钮杆;4—门锁按钮;5—内侧把手;6—内侧扳手锁眼盖;
7—内侧把手连杆;8—门锁执行器;9—门锁

拆装步骤如下:

(1) 拆装车门把手

升起车窗,拆下内饰、装饰板以及密封条以进入车门内部,然后就可以更换车门把手了。门外把手通常由螺钉或螺栓固定。拆卸门外把手通常需要短的旋具或小套筒扳手。

在修理工作中,门外把手故障的一些原因:衬套磨损;锁芯杆弯曲或调整不正确;把手、连杆或锁闩没有润滑;锁闩磨损或损坏。

(2) 拆装门锁

内部门锁机械机构一般是拖拽柄类型。机械机构由一个或多个锁芯杆连接到门锁。用卡夹或衬套将连杆固定到位。门锁机械机构一般通过车门上的孔进行安装。常用一个弹性夹箍固定在门锁内部以固定门锁。门锁上的锁臂通过连杆传动到门锁。

拆卸门锁时,在车门内部放一个引灯。一边通过车门内部的较大开口进行观察,一边取下固定锁杆的小卡夹。然后,将卡夹从门锁上起出。根据门锁周围的空间大小,可以使用旋具或尖嘴钳。将门锁和垫圈从车门外侧滑出。

7. 车门内部装饰板的安装

(1) 首先重新装上塑料的防尘防风片并压到门框上,确保塑料件上的所有孔与对应的部件或孔对准。

(2) 接上内部装饰板上所有灯或电气装置的线束。确定所有卡夹正确地装到车门装饰板的背面。将这些卡夹与门框上的孔对准。然后,用手将卡夹压入车门固定住装饰板。安装板件上、内侧车门把手上或其他部件上的所有螺钉。

修理带无钥匙进入系统车型的车门时,因为塑料的线束接头非常容易断裂,必须非常小心地断开或重新连接所有的线束接头。

(二)车门安装与调整

1. 车门的安装

如果车门旁边的板件没有受损,则用遮蔽带包住涂漆边缘。如果安装期间被车门碰到,这可以避免它们意外擦伤或碰伤。

车门的安装程序与拆卸程序顺序相反。找个人帮助将车门在移动式千斤顶上固定住。升起千斤顶,直到车门铰链和其在车身上的安装孔高度一致。确定将车门保持水平,如图1-88所示。

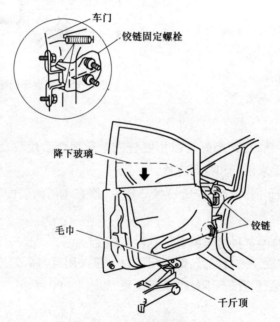

图1-88 车门的安装

向螺栓孔的相反方向慢慢地滑动车门铰链。摆动和移动车门,直到可以用手指活动螺栓。将铰链对准到原来的位置。放下螺栓,但暂不要将它们拧紧。

磨损的车门铰链会出现间隙,使得车门的后部上下晃动。如果铰销磨坏了,则应该更换铰链。一些铰链在铰销周围使用了衬套,当衬套磨坏时,要将其更换。这样会重新将铰销紧固在铰链上并将门调整到一定程度。

如果要拆下铰链,那么在铰链周围画上标记,标出它在车身和车门上的位置。这样会简化新铰链的安装和定位。

2. 车门的调整

为了确保车门可以轻易关闭并不发出"吱吱"声或漏水漏尘,车门安装后,必须精确地调整车门。调整车门,必须调整车门铰链以及车门锁门必须调整到能与锁扣平顺啮合。

当四门轿车的车门需要调整时,先调整后门。因为后侧围板不能移动,所以必须将后门调整到与车身轮廓线和门框适合。调整完后门,再调整前门以适合后门,接下来,必须将前翼子板调整到适合车门。

一些汽车装有橡胶制的车门缓冲垫,可以转动它来向外或向内调整车门的关闭。它和发动机罩缓冲垫相似,可以向内或向外转动车门缓冲垫,使车门板与相邻的板件平齐,如图1-89所示。

车门安装调整的基本步骤可总结如下:

(1) 拆下锁闩螺栓,使其不会影响定位程序。

(2) 确定为了朝期望方向移动车门必须松开的铰链螺栓。首先确定车门高度。

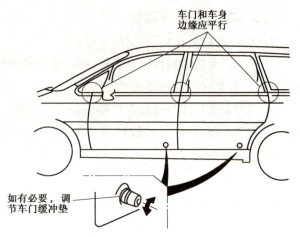

图1-89 可调车门缓冲垫

(3) 松开铰链螺栓,直到刚好可以用撬杆或千斤顶和木块移动车门。在一些汽车上,必须使用专用扳手来松开和拧紧螺栓。

(4) 需要时移动车门。拧紧铰链螺栓。然后,检查车门的装配情况,确定没有粘连且不干涉相邻的板件。

(5) 重复操作,直到获得期望的装配效果。

(6) 装上锁闩螺栓并进行调整,使车门可以平顺关闭且与后门或后侧围板平齐。检查确定车门处于全锁紧位置,而不是半锁紧位置,如图1-90所示。

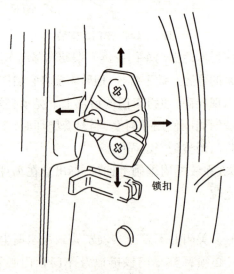

图1-90 锁闩调整

里外调整车门移动时一定要格外小心。在顶部铰链上向外移动车门不仅会影响车门的顶部,还会向内移动底部的对角。如果在铰链上向内移动车门底部,那么它会向外移动顶部对角。如果车门在两条铰链上向内或向外的移动量相等,那么它只会影响车门的前部,因为调整量朝着车门后部不断减小。

车门中柱、锁闩螺栓和门锁决定了车门的位置。比起其他板件的后部,车门的前缘总是应该稍稍向内一些(通常是前翼子板)。这样会帮助阻止车门板前缘处的风噪。如果前缘伸出,那么风噪会吵到车主和乘客。

注意:如果车门关闭时被迫升高或降低,则表明锁闩板调整不当。当车门关闭时,锁闩应当平顺地滑动并啮合到锁扣内。锁闩可以上下、内外和前后移动。

五、技能考核表

序号	考核内容	配分	评分标准	考核记录	扣分	得分
1	描述拆装车门的类型和特点	10	类型不正确扣4分;特点描述错误一次扣2分			
2	轿车车门的拆装与调整	30	拆装使用工具不当每次扣2分;拆装不规范每次扣5分;安装、调整不到位扣10分			
3	轿车车门附件拆装	60	拆装使用工具不当每次扣2分;拆装不规范每次扣4分;安装不到位,每个附件扣5分			
	教师签字				年 月 日	

课后练习题

1. 名词术语

旋转式车门、滑动式车门(也称为推拉式)、飞翼式车门、折叠式车门、外摆式车门、车门开度限位器、臂式玻璃升降器、钢绳式玻璃升降器。

2. 选择题

(1) 技师甲认为顺开式车门减小了入座的通道,技师乙认为逆开式车门减小了入座的通道,谁是正确的?( )

A. 甲　　　　B. 乙　　　　C. 甲和乙都正确　　　　D. 甲和乙都不正确

(2) 下列( )不是车门总成的构成件。

A. 门框　　　　B. 车门本体　　　　C. 后视镜　　　　D. 内外装饰件

(3) 下列( )车门应用较为普遍。

A. 旋转式　　　　B. 推拉式　　　　C. 飞翼式　　　　D. 折叠式

(4) 车门主要承载件是(　　)。
A. 外板　　　B. 内板　　　C. 窗框　　　D. 加强板
(5) 车门的最大开度是由(　　)决定的。
A. 车门框　　B. 车门铰链　　C. 车门开度限位器　　D. 车门锁
(6) 车门内、外板常用的连接方式为(　　)。
A. 边缘对齐的点焊连接　　　　B. 翻边与点焊结合连接
C. 翻边咬合后点焊,边缘涂密封胶　　D. 螺栓连接
(7) 轿车车门最常用的锁为(　　)。
A. 舌簧锁　　B. 卡板锁　　C. 凸轮锁　　D. 钩簧锁
(8) 对于尺寸大、形状不规则的车门玻璃,宜采用(　　)式玻璃升降器。
A. X形双臂　　B. 单臂　　C. 钢绳　　D. 齿条

3. 思考题
(1) 目前各种类型的汽车分别使用什么样的车门？各有什么特点？
(2) 车门为什么要进行调整？在结构上,一般采取哪些措施保证车门可以调整？

任务1.5　汽车玻璃的拆装及车身密封性的检查

 学习目标

1. 了解汽车常用玻璃的类型及固定方法。
2. 能够拆卸、安装车门和行李厢舱的密封条。
3. 能够拆卸、安装前后风窗玻璃。
4. 能够查找并修复乘客舱漏水和漏风故障。

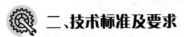 一、设备、工具和材料准备

(1) 带有密封条固定玻璃与黏结式固定前后风窗玻璃的车身各1辆。
(2) 玻璃拆装专用工具及其他各种扳手、起子、钳子等通用工具。
(3) 压缩空气及气枪。
(4) 对应车型的车身修理手册。
(5) 安全防护用品:工作帽、工作服、安全鞋、棉手套、护耳器。

二、技术标准及要求

密封条和车窗玻璃拆装后,应密封良好。

三、子任务1：汽车密封条的拆装

（一）汽车密封条概述

密封条用来保持车身的门、窗玻璃等可动部分及前后窗、三角窗等不动部分的密封。密封条的形状与断面应适应不同的使用部位及不同功能的要求。常用密封条断面如图1-91所示。

图1-91 常用密封条断面

现代汽车常用密封条的位置与名称如图1-92所示。

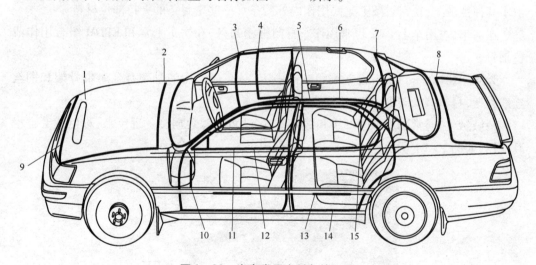

图1-92 汽车常用密封条的位置

1—散热器密封条；2—流水槽密封条；3—前风窗密封条；4—顶窗密封条；5—顶篷密封条；
6—车门头道密封条；7—后风窗密封条；8—行李厢密封条；9—发动机罩密封条；10—车窗玻璃下导轨密封条；
11—车窗外侧密封条；12—车窗内侧密封条；13—玻璃托槽密封条；14—车门框密封条；15—车窗玻璃导槽密封条

设置密封条的目的：

（1）保持车内避风雨、防尘、隔热、隔音。

（2）当车身受到振动与扭曲时，密封条还起到缓冲、保护玻璃的作用。

(3) 对门窗交接的边缘起装饰作用。

密封条的材质早期常使用天然橡胶,现在常用乙烯丙烯橡胶(EPDM),又称三元乙丙橡胶。EPDM 具有优良的耐天候性、耐热性、耐臭氧、耐紫外线性以及良好的加工性能和低压缩永久变形,是生产密封条的首选材料。目前,汽车密封条材料绝大部分都是采用 EPDM 作为主要原料。

根据密封条各部位和功能的不同,在实际应用中,在 EPDM 材料中加入一些操作,形成密实胶和海绵胶,如图 1-93 所示。

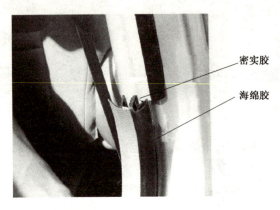

图 1-93 密实胶和海绵胶

聚氯乙烯(PVC)是传统的通用塑料,通过改性其耐老化性能和橡胶感大为改善,但由于其弹性较差,在密封条上主要用作内外侧条和一些密封条的夹持部位材料。

在卡车、农用车上 PVC 也常用作车身门框密封条,在轿车上常和 EPDM 组合用作浅色辅料。

骨架:骨架在密封条中起支撑和夹持固定作用,最常用的骨架有金属带骨架和钢丝连线骨架,材料有低碳钢、铝和铝镁合金等。

植绒绒毛:通常采用聚酯纤维和锦纶纤维,颜色以黑色居多。近年来,彩色绒毛也得到应用,如图 1-94 所示。

图 1-94 车门密封条静电植绒的部位

涂层材料:涂层材料分为聚氨酯类和硅树脂类,有良好的减磨作用,而且可部分替代植绒,有良好的降低摩擦系数的作用。

不干胶:在门框条和行李厢密封条的夹持部位起着辅助密封作用。

(二)车门密封条的拆装

车门与车身的密封是一个比较困难的部位,密封要求比较严,应密封的部分比较长,各密封部位的断面形状不尽相同,而且车门启闭频繁。

车门密封条的布置形式有车门安装型(密封条固定在车门的四周),车身安装型(密封条固定在门洞周围的骨架上),车门、车身双重安装型(在车门四周及门洞周围外侧均安装密封条),如图 1-95 所示。为了保证高速行驶的密封性,在车门和车身两面都装有密封条的双层密封结构和在此基础上再装一个密封条的三层密封结构为目前的主要方式,对应的车门密封条有车门头道密封条和门框密封条。

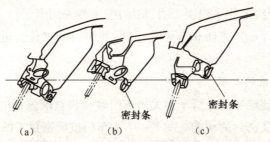

图 1-95 车门密封条的布置形式
(a)车身安装型;(b)车门安装型;(c)车门、车身双重安装型

车门密封条材料及要求的性能:①高耐候性;②高耐磨损性;③高耐热老化性;④低吸水率;⑤低温时具有较高的可挠曲性;⑥不侵蚀车辆外表漆膜。为能够满足上述性能,一般采用 EPDM 制海绵。另外,为了提高耐磨损性,降低与车身的摩擦声及提高在寒冷地带车身和密封条之间的防冻性能,一般都在密封条上施以表面涂层。

1. 门框密封条

门框密封条是镶嵌在门框上的密封条,如图 1-96 所示。门框密封条不但要保证密封性,还要承受关门时的冲击力,因此它既要有弹性,也要有韧性,主要由密实胶基体和海绵胶泡管两部分组成。

密实胶内含有金属骨架,起到加强胶条的定型和固定作用。

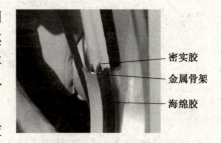

图 1-96 门框密封条

海绵胶泡管柔软并富有弹性,起着受压变形,卸压反弹的功能。

此外,有一些密封条的唇边部分由彩色胶构成或者贴有织物,色调美观有装饰作用。

2. 车门头道密封条

车门头道密封条的结构有两种:一种为全海绵胶泡管;另一种由密实胶基体和海绵胶组成。

这种密封胶粘贴或镶嵌在车门上,与门框密封条配合,以增加车门与车体的密封作用。

车门头道密封条并不是每种轿车都采用,例如一些经济型轿车就没有,这主要是从节省成本方面考虑。

3. 车门密封条的拆装

安装方法有3种:

(1) 用卡子安装。尼龙夹的尾部有钩刺,插入板件孔中就可起到固定作用,但必须用于板件有空心处。拆换时,必须使用专用工具拆卸夹子。

(2) 镶入(或压入)配合件。

(3) 用胶带粘接。

一般来说,车身腰线上侧采用镶入法、粘结法,下侧采用卡子。

用胶带粘接法的优点是可防止卡子孔生锈,并可自动夹住。近年来,也有的车型采用此种方法。

4. 车门玻璃密封条的拆装

有玻璃升降时的玻璃导向及行车和关闭车门时吸收玻璃振动的功能。另外,还有玻璃和车窗框间的防水及密封的功能。图1-97为车门玻璃密封条的形状。

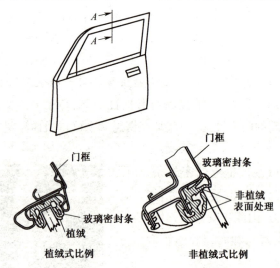

图 1-97 车门玻璃密封条的形状

车门玻璃密封条的材料采用 EPDM(乙烯丙烯基橡胶)和聚氯乙烯。为了减少与玻璃的摩擦阻力,进行了表面处理。其处理方法有植绒式和非植绒式两种。

车窗下沿的双面密封可以防止灰尘和噪声进入车室内,确保气密性。另外,还可减少脏物挂在车门玻璃上,防止关闭车门时的振动。双面密封是以车门玻璃为分界线,外侧加外密封条,内侧加内密封条,如图1-98所示。

车外密封条的材料一般为软质聚氯乙烯。多为将尼龙纤维通过静电植绒法附于与玻璃的摩擦

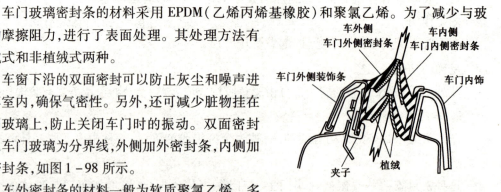

图 1-98 双面密封

面上。安装方法:用卡子固定或压入门板翻边处。密封条的前后末端有时也用螺钉固定。

门内侧密封条的安装方法一般是采用铆接的方法,但没有内板的,可在门板上以卡子固定或镶入车门板翻边处。

(三)行李厢盖的密封条的拆装

行李厢盖密封条与车门密封条大致相同,使用橡胶连续加硫并与其他安装配件同时挤出成形。由于密封操作性好,此处密封条断面形式全周都一致。

这种密封条在更换时的要点:

一是要清理干净嵌槽或止口上的残留黏合剂。

二是更换后的密封条必须与罩盖均匀接触,且有一定的接触压力,以确保密封。

三是断头对接,并使接头处于下侧。

四、子任务2:汽车玻璃的拆装

(一)汽车玻璃介绍

1. 汽车玻璃类型

汽车专用玻璃根据用途和加工工艺,主要分为以下几种类型。

(1) 钢化玻璃

通过淬火(钢化处理)可以使普通硅酸盐玻璃变得质地非常坚固。这种钢化玻璃是通过加热使之达到软化程度时(一般为600℃左右),然后向玻璃两面急速吹送冷风,通过急冷进行所谓"风淬"处理而得到的。玻璃表面冷硬后形成的压应力,是使强度得到提高的机理。钢化玻璃的强度和耐冲击能力要比普通玻璃高3~5倍。一旦受到碰撞损伤,就会瞬时变成带钝边的小碎块,不会给人员造成更大伤害。

然而,这个特点也有不好的一面,即重度撞击一旦使玻璃微粒的平衡破坏,就立即成为碎末状态。所以,这种全钢化玻璃不适合镶装在前风窗上。

将玻璃部分淬火形成的半(局部)钢化玻璃,是在驾驶员的主视线范围内不作淬火处理,其余部分则与全钢化玻璃相同;钢化与非钢化部分有逐渐的过渡。

(2) 夹层玻璃

夹层玻璃是针对淬火玻璃存在的不完善之处而产生的,它是迄今为止最适合用作前风窗的安全玻璃。用两块或三块薄玻璃板,中间夹入聚丙烯酸甲脂或聚乙酸脂透明薄膜,使两层或三层玻璃粘接成为一体,形成夹层式安全玻璃。由于夹层玻璃中间的透明胶层能与玻璃取得一样的曲率,故透明度并不受夹胶层的影响。

夹层玻璃的抗弯强度虽不及钢化玻璃那样高,但也并非属于不足。因为安全玻璃的弹性也是主要评价指标之一,夹层玻璃的弹性恰恰比钢化玻璃优越得多。而且还具备了钢化玻璃所没有的其他特性,即当汽车发生冲撞时的抗冲击能力和抵抗变形能力较强;当玻璃受到重创破损时,粘接起来的玻璃也不会像钢化玻璃那样变成碎片。许多试验和实践都证明,夹层玻璃可以有效减轻撞击事故发生时玻璃碎片对人员的伤害。

(3) 特种用途玻璃

特种用途玻璃一般是在钢化玻璃基础上,通过专门的工艺加工出来的具有特殊功能的汽车玻璃。

为了使车窗玻璃具有遮挡阳光照射的功能,在硅酸盐玻璃中加入微量的 Go(钴,蓝色)、Fe(铁,红褐色)或其他金属元素便成了能够抵抗紫外线照射的着色玻璃。有些着色玻璃还能随阳光的强弱自动变化色度,以减少乘客眼睛的疲劳程度,增加了乘坐的舒适性。

前风窗的上部也适于着色,以遮挡阳光对驾驶员的照射。但这种着色玻璃的颜色是逐渐过渡的,在驾驶员正常视野范围内仍为无色透明的。

还有,将能够接收无线电信号的天线夹在玻璃内或印刷于玻璃表面,就使风窗玻璃有了接收无线电信号的功能;将电热金属粉按一定的宽度与间隔,在生产过程中与玻璃烧结在一起,通电后就有了除霜功效等。这些都是近年来汽车玻璃家族中涌现的有特殊功能的新产品。

汽车上常用两种车窗玻璃,即固定式玻璃(前后风窗玻璃、车门上的小三角玻璃、客车侧窗玻璃等)和可拆卸式玻璃(车门或侧身上的升降玻璃)。

2. 汽车玻璃的固定方法

汽车玻璃的固定方法有粘结法、密封条法和螺栓螺母固定法。采用何种方法由玻璃的所需功能决定。

(1) 粘结法

如图 1-99 所示,在粘结法中,玻璃通过使用以聚氨酯为基底的密封胶安装到车身上。

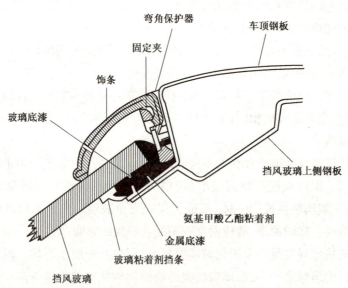

图 1-99 粘结法

在施涂密封胶前,应在玻璃侧的粘合表面施涂玻璃底漆,并在车身侧的粘合表面施涂油漆表面底漆。这些底漆可以大幅加强玻璃和车身的粘着力。

粘结法可用于安装各种玻璃,但不能用于安装可移动的玻璃,如车门玻璃和可滑动玻璃。

(2) 密封条法

在密封条法中,玻璃通过使用具有 H 形截面的硬质橡胶密封条安装在车身上,如图 1-100 所示。

为了改善防水性能并加强密封条与车身的安装,密封条与车身/玻璃之间的空隙内填充了以聚氨酯为基底的密封胶或丁基橡胶。

密封条法可用于安装除车门玻璃外的各种玻璃。

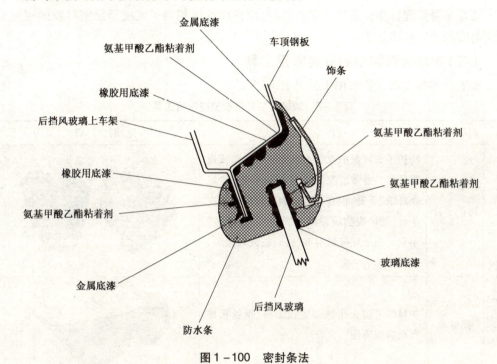

图 1-100 密封条法

(3) 螺栓螺母固定法

在螺栓螺母固定法中,玻璃通过使用螺栓和螺母(直接或通过塑料固定器)安装在车身上,如图 1-101 所示。

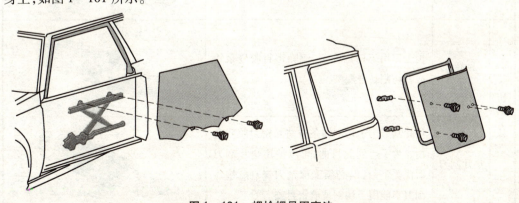

图 1-101 螺栓螺母固定法

为了改善防水性能,玻璃与车身接触的地方使用了弹性发泡橡胶密封条。

螺栓螺母固定法可以用于安装可移动玻璃,例如车门玻璃和侧窗玻璃。

3. 汽车玻璃密封胶

每块玻璃必须使用玻璃密封胶牢固地安装到车身上。这一点非常重要,因为每块玻璃不仅可充当车内和车外的屏障,同时通过牢牢地封住车身开口部分,增加车身的强度。

玻璃密封胶应具有的特点包括高强度的黏合性能、理想的防水性能、空气密封性能、长久耐用性能以及合适的物理属性。

在原厂中将玻璃安装到新车车身时,我们使用聚氨酯型密封胶以满足以上要求。

当在车身修理操作中重新安装玻璃时,应使用性能相当于或优于原密封胶的聚氨酯型密封胶以达到较高品质。

(二)玻璃拆卸和重新安装常用工具

玻璃拆卸和重新安装常用工具见表1-7。

表1-7 玻璃拆装和重新安装常用工具

名称		作用	图形
个人防护用品	防护手套	防护手套可保护双手不被尖锐的边角或锐物所伤。通常情况下可戴上棉手套或"尼龙纤维"手套,但在处理玻璃碎片时应戴皮手套,处理锐物或玻璃时须戴"尼龙纤维"手套。当处理有机溶剂、密封胶或底漆时,应戴防溶剂手套	
	护目镜	护目镜可防止眼睛被尖锐工具、钢丝头或有机溶剂所伤	
	有机溶剂防护口罩	当处理有机溶剂、密封胶或底漆时,应戴上有机溶剂防护口罩	
切割工具	美工刀	美工刀用于切割饰条、清除密封胶残余物或者切割黏合层	
	垫片刮刀	垫片刮刀用于切割饰条或清除密封胶残余物。为了达到此目的,可以使用垫片刮刀取代美工刀,但必须确保刮刀锋利。垫片刮刀不能用于切割玻璃密封胶	

(续表)

名称		作用	图形
切割工具	钢琴线或"专用纤维"线	建议使用直径0.6mm的钢琴线或"专用纤维"线。此类线可以用于切割玻璃密封胶。还可以用来切割黏合车门饰条等部件的双面黏合胶带层。"专用纤维"线不会像钢琴线那样卷回或扭结,因为它可以更灵活地弯曲,受弹性变形或塑性变形的影响更小	
	玻璃刀	玻璃刀是具有L形刀刃的特殊切割刀。虽然使用前必须准备好刀刃,但玻璃刀有不同长度的刀刃,可有效安全地分步切割密封胶	
玻璃安装工具	玻璃支架	安装玻璃前使用玻璃支架可提高玻璃清洁操作和准备工作的效率及安全性	
	玻璃吸盘	玻璃吸盘用于运送或支撑玻璃。最好选用带把手的吸盘	
	密封胶枪	密封胶枪用于施涂玻璃密封胶 密封胶枪类型:手动操作型、气动型、电动型	

(三)粘结式固定前风窗玻璃的拆装

目前采用密封条固定风窗玻璃的方法已很少采用,采用粘结式固定前风窗玻璃是目前普遍的装配方法。粘结式固定不论从结构强度、还是从密封效果来看,都明显优于密封条式固定。下面主要以粘结式为例介绍前风窗玻璃拆装的基本步骤。

1. 风窗玻璃的拆卸

(1) 拆除风窗玻璃密封条内外的装饰物及附属物件。如显露嵌条、刮水杆杆臂、车内后视镜、遮阳板等。

(2) 沿密封条外侧用胶带粘贴一周,以防拆卸时损坏漆层,如图 1-102 所示。首先粘上易于去除的胶带,例如遮蔽胶带,然后在上面粘上强力胶带,例如棉质胶带。

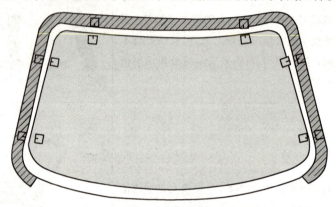

图 1-102 风窗玻璃的拆卸

(3) 使用专用工具除去夹子及显露嵌条,有些可以使用钳子从车身和玻璃之间将嵌条拉出,如图 1-103 所示。

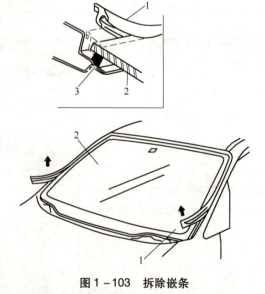

图 1-103 拆除嵌条

1—嵌条;2—前风窗玻璃;3—黏合剂

(4) 使用锐利的小刀切除玻璃边缘到止口之间的黏合剂,并使玻璃边缘有内外相通的孔隙。

（5）将一根细钢丝从孔隙中穿过，两端捆上木棒。两人里外合作，交替拉动钢丝以切割黏合剂，最终使玻璃与框架分离，如图1-104所示，推荐切割顺序如图1-105所示（注：也可使用特制小刀切割密封胶层）。

（6）小心取下玻璃并妥善保管，如图1-106所示。

2. 风窗玻璃的安装

（1）清除玻璃边缘及框架止口上的黏合剂，如图1-107所示。视需要对框架进行打磨除锈和防锈处理。

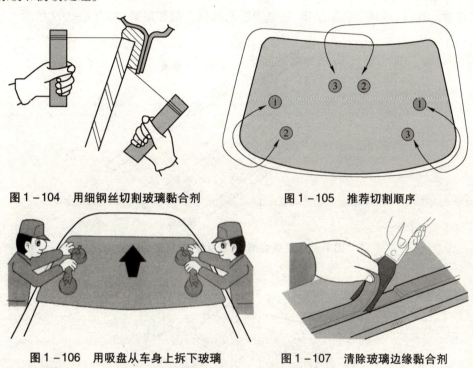

图1-104　用细钢丝切割玻璃黏合剂　　　图1-105　推荐切割顺序

图1-106　用吸盘从车身上拆下玻璃　　　图1-107　清除玻璃边缘黏合剂

几种情况说明：

① 如果玻璃以前没有拆卸过，并且是在原厂装配线上使用标准密封胶进行的安装，在清除密封胶时可留下约1mm的薄薄的密封胶。

② 如果玻璃以前已拆卸过，并且使用了未知类型的聚氨酯密封胶进行了重新安装，则必须彻底清除密封胶。

③ 如果玻璃以前已拆卸过，并且使用了丁基胶带或硅类密封胶进行了重新安装，则必须彻底清除密封胶。

④ 如果部分残余密封胶在更换焊接钢板（例如更换前柱或后翼子板）期间已烧熔，请使用研磨机或相应工具彻底清除烧熔的部分。

（2）在框架四边分别放上几个橡胶垫块（左右各一个、上下各两个或三个），按需要调整玻璃与框架之间的间隙（玻璃四周应与框架保持均匀的6mm间隙），最后作好记号，取下玻璃。

说明:此处针对玻璃已破碎需要安装新的玻璃,这需要先定位,如果是好玻璃应在拆之前就做好定位标记;有的玻璃带预安装嵌条的应装上嵌条后再定位。

(3) 用足够的黏合剂把各个垫块对称粘结在框架上,为玻璃提供支撑和防止左右漂移。

(4) 清洗玻璃里侧边缘,擦干后涂上一层约12mm宽的底漆,并使其完全干燥。

(5) 将氨基甲酸乙酯黏合剂的料筒削成45°切口,使挤出的黏合剂略大于胶带的厚度,并直接涂布在窗框止口和胶带之间,如图1-108所示。

(6) 两人协作,使用玻璃吸盘小心地将玻璃置于框架止口上,并与事先的记号对齐,适当压紧。这样,玻璃就和粘结带、氨基甲酸乙酯黏合剂相接触,如图1-109所示。

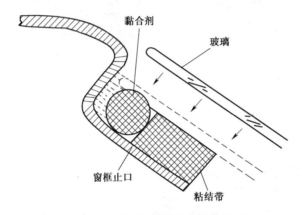

图1-108 黏合剂、胶带及玻璃、框架止口

图1-109 安装玻璃

(7) 使用比较柔和的水流喷淋风窗玻璃粘结处,若有漏水处,可用黏合剂填补。

(8) 将外露压模装饰条及其他附件安装好。氨基甲酸乙酯黏合剂的完全固化时间约需12h左右(具体根据所使用黏合剂的说明)。即玻璃安装完后,不能立即使用。

五、子任务3:车身密封性检查与修理

(一)车身漏水和噪风的原因

用户往往由于漏水和风的噪声而埋怨车身修理厂的服务质量。这些问题通常难以检测。

图1-110显示了一些汽车使用天窗框架排水系统。排水系统将天窗框架中积聚的水引导到车外。

如果排水管被树叶或其他碎片堵住,那么水会渗入到乘客舱。有时可以用喷气嘴朝管内吹入空气将排水管清理干净。

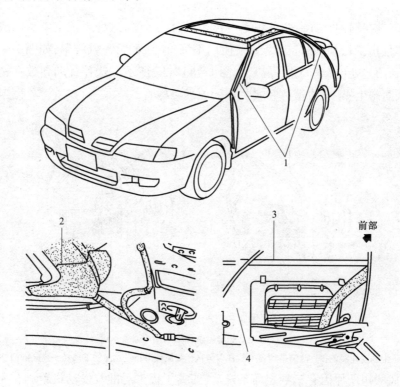

图1-110 一些汽车在天窗上使用了排水管,软管周围漏水可以表明排水管堵塞或断开
1—排水软管;2—天窗框架;3—天窗排水软管;4—左侧内翼子板

空调系统也使用排水管排出蒸发器冷凝出的水。蒸发器通常安装在车内右侧或乘客侧的仪表板后面。如果蒸发器排水管堵塞,那么水一般会泄漏到右边的地毯上。为了清洁堵塞的排水管,必须用千斤顶举升汽车。蒸发器排水管的顶端沿着前围板伸出。通过夹紧和打开软管的顶端,通常可以将其清理干净,而不必拆卸主要部件。

漏水也常在板的接口和玻璃与金属的接合处发生,这是由于裂纹或密封剂不足所造成;如果密封条损坏或松开以及门或窗玻璃调整不当,则门、窗、后备厢盖及风窗玻璃也会进入尘土和漏水,如图1-111所示。

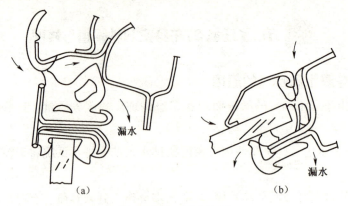

图 1-111 漏水分析

(a)车门密封条附近；(b)风挡玻璃处

风噪声是在驾驶时听到的高频率声音。当窗关上时，这种声音主要从门缝进来。一般来说，这是由于松动、损坏或密封条使用不当，使乘客舱漏风所致，如图 1-112(a)所示。风碰到凸起处也会产生风噪声，如图 1-112(b)所示。这种扰动导致在物体后面形成涡流，从而产生噪声（与笛声和喇叭声的原理一样）。

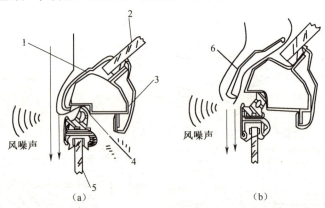

图 1-112 风噪声分析

(a)松动的密封条；(b)松动的嵌条

1—正常的前柱嵌条；2—前窗玻璃；3—前柱内侧；4—漏风噪声；5—左前门玻璃；6—隆起的前柱嵌条

产生风噪声的原因有车身装饰条松动、前翼子板未对准及发动机罩调整不当等。表 1-8 为鉴别风噪声的故障原因及排除方法。

表 1-8 风噪声的故障原因及排除方法

漏风位置	原因	排除方法
风窗玻璃	接触表面黏合不严及窗唇由于分离、断裂、挤压和硬化接触不良	修理或更换密封条
门框及有关零件	①由于门框弯曲以致密封条接触不良； ②角部安装不良而留下间隙； ③角框加工不良而留下间隙； ④门玻璃滑槽上的橡胶密封条分离、断裂	①修理； ②正确安装； ③用车身密封剂和遮蔽带修理； ④修理

(续表)

漏风位置	原因	排除方法
门组件	由于门安装不良以致密封条接触不良	调整门的安装
门玻璃	门玻璃安装不良而留下间隙	校准门玻璃
车身	与门密封条接触的车身表面加工不良（板接口不平、密封剂安装不当及焊接飞溅）	修理接触表面
滴水嵌条	嵌条凸起和脱落	修理或更换
前柱	嵌条凸起和脱落	修理或更换
与乘客舱有装配关系的部位	各类管、线及转向传动等零部件，在通过车身地板、发动机室中间隔板等部位时，由于装配或密封措施不当造成漏风	重新检查并进行密封处理

（二）车身密封性检查

检测漏风和漏水通常有以下几种方法：

（1）用水检查泄漏，即进行渗水试验。

（2）使用肥皂水和气枪。

（3）驾驶汽车通过尘土很大的地区。

（4）用强光束照射汽车来检查板件之间的漏光。

（5）使用监听装置。

在进行实际的泄漏检验前，要把发现泄漏的整个区域中所有起作用的内装饰物拆除。尘土或水进入汽车之处可能与实际泄漏之处有一段距离，所以需要拆下在怀疑造成泄漏的区域的所有装饰物、座垫和地毯。进入车内的尘土一般被认为是在进口处聚成一堆的尘土或泥沙。应当用适当的密封化合物把这些进口封住，然后重新检查以证实泄漏处已被密封起来。

1. 渗水试验方法

注意：切勿使用高压水流清洗机。只需使用常规喷嘴式或喷头式花园浇水软管即可。确认所有门窗已完全关闭。

由于水通常溅洒得到处都是，因而通常很难对渗入车辆乘客舱的漏水位置进行定位。鉴于这个原因，在渗水试验之前必须把乘客舱弄干。任何阻碍视野的辅助部件都必须被移除。在渗水试验期间，在用水喷洒车辆的时候将目标锁定可疑渗水部位。同时，需要另外一个人检查乘客舱以便找出水渗入车辆的具体位置。根据试验及车辆的不同，在发现渗水之前需要花费一定时间。我们建议将吸水纸放于试验部位之下，以便找出渗水位置。

喷头式渗水试验（又称淋雨试验），如图1-113所示。

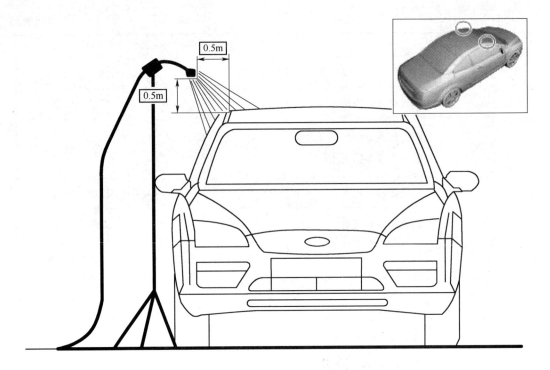

图1-113 喷头式渗水试验(淋雨试验)

2. 使用肥皂水和气枪检查泄漏

在风窗玻璃或后车灯处检查漏水的另一个方法,是在窗的外缘周围涂上肥皂溶液,然后在车内用压缩空气从窗吹到板接合处。肥皂溶液起泡的地方就表明密封剂有缝隙(图1-114)。

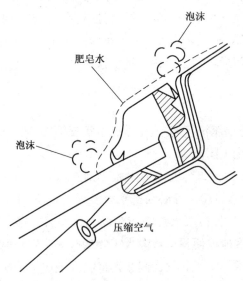

图1-114 用肥皂水和压缩空气检查泄漏

3. 用光检查泄漏

简单的泄漏往往可用强的光源环绕汽车进行检查,由一人在车内观察。此法仅适用于泄漏通路为直道的情况。对于曲折的泄漏通路来说,光束不能通过拐弯处和有曲线的地方。

4. 使用监听装置

拆下金属探头的听诊器(医用监听装置,图1-115)或一根真空软管也可以帮助找出漏风位置。当其他人驾驶汽车的时候,用空管在可能泄漏的位置移动。当软管通过漏风的位置时,任何空气泄漏发出的声音都会变得非常响。

也可以使用监听空气或真空泄漏发出的高频声音的超声波测试装置,如图1-116所示。超声波传输器置于车内,其发出超声波。在可疑区域运行探测器即可找到泄漏地点。接收到噪声发出的最大超声波的位置即是不密封的地方。

其具体的操作流程如下:

(1)将超声波发射器放置在车辆内。

(2)将车辆完全关闭。

(3)使用检查头检查车辆的外部。

(4)检查头将非常容易地检查出任何的泄漏。

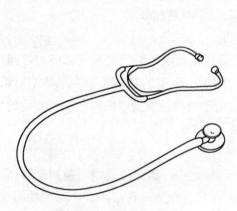

图1-115 听诊器

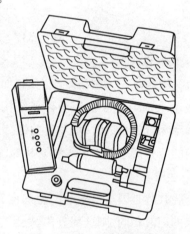

图1-116 超声波测试装置

(三)泄漏修理

对于地板、前围板及后备厢处的泄漏,可用塞子或橡胶密封圈来防止尘土和水进入。对这些板件必须细心检查,要求基本装配情况良好。

对于前、后风窗玻璃漏水时,一般需要重新拆卸和安装玻璃。

门窗用橡胶密封条通常粘在凸缘处或槽内,可用胶粘、螺钉或夹子固定等方法安装,也可按照密封条的设计来简便地固定。

大多数汽车的门或后备厢的密封条都是粘结固定的,可将厚薄规(0.8mm左右)或塑料片等,置于密封处检查密封条是否安装可靠。如果能够抽出厚薄规或塑料片并阻力很小,说明密封条装配不良或需要更换。

(四)车身防噪

轿车车内的噪声通常是由空气动力噪声、机械噪声及空腔共鸣所引起的。

1. 空气动力噪声(或称空气噪声)

它是由气体振动产生的,包括发动机及其附件的工作噪声及排气噪声、传动系统噪声,轮胎噪声及悬架等行驶系统噪声,这些噪声主要是通过前围板及地板传入车身内,此外还有从汽车周围传入的各种环境噪声。

风噪声是轿车在高速行驶时产生的"风笛声""风啸声"等,轿车易产生风啸声的部位如图 1-117 所示。当汽车高速行驶时,除了从门窗框周围及车身地板和前围板的孔隙透进空气时产生的风啸声、冷暖通风口的风啸声,还有空气经车身表面突出物(如手柄、后视镜、流水槽等)产生的涡流而引起的噪声。

图 1-117 轿车易产生风噪声的部位

2. 机械噪声

机械噪声是固体振动而产生的,如车身受到振动激励后产生车身总体的弯曲振动、扭转振动,同时还会引起钣金件或结构件产生的局部振动,特别是当激励频率与结构的固有频率吻合或相近时,将发生共振。此外,由于机械的撞击摩擦以及交变载荷的作用,车身内的装备产生的噪声等都是机械噪声源。

3. 空腔共鸣

空腔共鸣是因车身振动产生的向车内辐射的声波,遇到障碍物反射回来时,若恰好与原来的声波相同,则这部分声波会被增强,而且会作为一种激励加剧结构的振动。这种二次激励诱发结构振动的本身就是一个噪声源,称为车厢共鸣。车身作为共鸣箱,对于低频声,其作用尤为明显。对于轿车,会出现两个共鸣箱(车厢和行李厢),而且两者会相互影响。

由上述车内噪声的成因分析可知,要控制车内噪声,首先要从减少声源着手。例如,为了抑制风噪声,最有效的方法就是消除漏气流的间隙或采取改进密封元件,增加密封压力等,将缝隙堵住;防止排气噪声采用消声器;防止机械噪声采用减振器等。此外,车身结构上还必须采取防振、隔振、阻尼等办法。防振、隔振主要是通过改善对汽车悬架装置的减振性能来实现,并可通过选择适当的悬置结构和位置,以减少振动的传递,起到隔振作用。对于发动机和车外噪声,可用各种隔振材料和结构措施来隔振。例如,前置发动机的噪声主要是通过前围挡板传入车内的,为减少噪声传入,常将单层隔壁改为双层隔壁。对前围板、地板上的许多穿线孔、安装孔等,应尽量采取密封(如采取密封效果较好的穿线胶套)等。对传入车身内的噪声,通常可通过利用吸声材料的内饰来吸收射到其上的声波,减弱反射的声能,如多孔性吸声材料等。同时,吸声处理通常与隔声、防振等一起处理。

对于一些易产生振动的钣金件,如地板、顶盖、前围挡板等,应涂以防振阻尼材料来减少噪声辐射,使其衰减。阻尼材料是一种内损耗大的材料,如沥青物质和其他高分子涂料(橡胶、树脂等)。

图 1-118 所示是防振、隔振和阻尼材料综合应用的一个实例。在设计车身内饰时,既要考虑造型及安全方面对室内软化的要求,也要满足控制振动和噪声的要求。

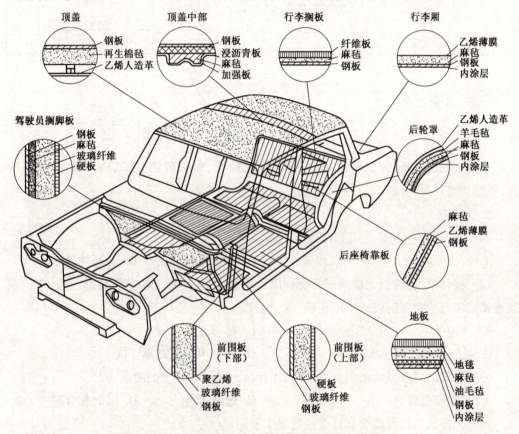

图 1-118　轿车车身内部防振隔振和阻尼材料的应用

六、技能考核表

序号	考核内容	配分	评分标准	考核记录	扣分	得分
1	拆卸、安装车门和行李厢舱的密封条	20	拆装使用工具不当每次扣2分;拆装不规范每次扣4分;安装不到位,每个扣5分			
2	描述拆装风窗玻璃的类型和特点	10	类型不正确扣4分;特点描述错误一次扣2分			

(续表)

序号	考核内容	配分	评分标准	考核记录	扣分	得分
3	拆卸、安装前后风窗玻璃	50	拆装使用工具不当每次扣2分；拆装不规范每次扣4分；安装不到位，每个扣10分			
4	选择合适的方法，正确地操作检查车身密封性	20	方法不合适扣10分；操作不规范每次扣2分			
	教师签字				年　月　日	

课后练习题

1. 名词术语

车门头道密封条、门框密封条、EPDM、钢化玻璃、夹层玻璃、空气动力噪声、机械噪声、空腔共鸣。

2. 选择题

(1) 现代轿车前风窗常用的材料是(　　)。

　　A. 钢化玻璃　　　B. 夹层玻璃　　　C. 有机玻璃　　　D. 普通玻璃

(2) 技师甲说，破裂的玻璃通常会碎成玻璃细片，从车身上掉落。技师乙说，车门玻璃通常层压有塑料以防破碎。谁正确？(　　)

　　A. 技师甲　　　　　　　　　　B. 技师乙

　　C. 技师甲和乙都正确　　　　　D. 技师甲和乙都不正确

(3) 在局部切除风挡玻璃更换法中，用什么充当新的黏合剂的基底？(　　)

　　A. 丁基带密封剂　B. 丁基胶带　　C. 遮蔽带　　　　D. 旧的黏合剂

(4) 大多数风挡可能会在什么位置发生泄漏？(　　)

　　A. 侧部　　　　　B. 顶部　　　　C. 底部　　　　　D. 拐角

(5) 一辆汽车在车门周围有某个部位漏风。技师甲说，拆下听诊器的金属探头，用它来充当漏风监听装置。技师乙说，用压缩空气吹一吹可能泄漏的位置，同时请另一名技师坐在车内倾听。谁正确？(　　)

　　A. 技师甲　　　B. 技师乙　　　C. 甲和乙都正确　　D. 甲和乙都不正确

(6) 技师甲说，使用肥皂水和喷气嘴来找出泄漏。技师乙说，可以用橡胶锤轻敲来找出漏风位置。谁正确？(　　)

　　A. 技师甲　　　B. 技师乙　　　C. 甲和乙都正确　　D. 甲和乙都不正确

(7) 车身维修时应关注密封性，其主要部位是(　　)。

　　A. 门窗缝隙　　B. 轮罩　　　　C. 挡泥板　　　　D. 地板

3. 思考题

(1) 目前汽车使用的玻璃有哪些类型？各有什么特点。

(2) 密封条式和粘结式固定的风窗玻璃在拆装时有哪些异同。

(3) 车身密封性怎样检查？

任务 1.6　乘客舱主要部件与车身装饰条的拆装

学习目标

1. 能够识别乘客舱中的主要部件。
2. 能够拆卸、安装汽车前后座椅。
3. 能够拆卸、安装汽车仪表板。
4. 能够拆卸、安装车身装饰条。

一、乘客舱的各个总成

现代汽车的内部更加豪华。大量的新型固定方法、电动座椅、音响系统和导航系统，都增加了维修内部损坏的成本和复杂程度，如图1-119所示，为现代轿车乘客舱内部零部件。

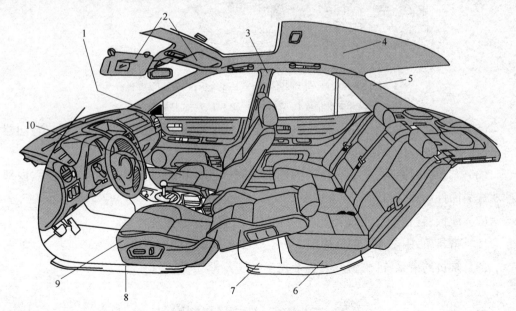

图 1-119　乘客舱

1—前立(A)柱装饰；2—遮阳板；3—中立(B)柱装饰；4—车顶内衬；5—后立(C)柱装饰；
6—后座椅；7—地毯；8—防滑板；9—驾驶员座椅；10—客座椅

汽车碰撞力非常大而且极具破坏性。现代的乘客舱被设计得漂亮而且安全。工程师和设计师意识到,内部表面上任何凸起的部件在汽车受到严重碰撞时都可以变成一把刀,乘客舱内的乘员与之相撞会产生严重的伤害。

这一点还促进了汽车制造商采用一些安全的设计和紧固方法,使内部表面更柔软,人撞在上面时可破碎。更软的静音塑料卡夹正在取代许多锋利的金属紧固件,例如螺钉。只有装在塑料装饰件后面的较重部件才使用金属紧固件。

除了车门、玻璃以外乘客舱和内部的主要部件包括:

(1)仪表板总成,包括仪表板、仪表组、暖风空调通风装置、音响系统及相关部件。

(2)仪表组,装在仪表板总成内,通常包括报警灯、各种仪表和车速表表头。

(3)座椅总成,包括座椅调节滑轨、座垫、头枕和装饰件,有时还包括一些电动座椅附件(如座椅电机、传动总成和加热元件等)。

(4)内饰,包括装在乘客舱内的立柱、顶盖、门槛和其他部件上的塑料板、塑料盖和嵌条,如图1-120所示。

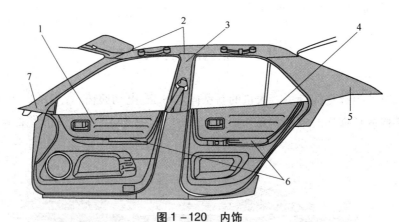

图1-120 内饰

1—前门装饰板;2—上部装饰;3—B柱装饰板;4—后门装饰板;
5—后部装饰或C柱装饰;6—扶手垫;7—A柱装饰

(5)转向柱总成,它使用一根长的钢轴将方向盘的转动传递给转向器总成。转向器再将这个转向动作传递给前轮。

(6)车顶内衬总成,它是车顶板内侧的布制或乙烯树脂罩盖。有时装有把手、内部照明灯装饰件和静音衬料。

(7)地毯,它是装在地板上面的织料保护层,常常衬有静音材料。

(8)密封条,围绕在车门框周围以防空气和水从车门周围漏入。

(9)乘员约束系统(气囊和安全带)。

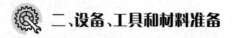 二、设备、工具和材料准备

(1)乘客舱内各部件配置齐全的轿车车身2辆。

(2)各种扳手、起子、钳子等通用工具。
(3)铲刀、强力胶粘剂、红外线烤灯。
(4)对应车型的车身修理手册。
(5)安全防护用品:工作帽、工作服、安全鞋、棉手套、护耳器。

三、技术标准及要求

(1)座椅拆装时,要使用扭矩扳手将座椅紧固件拧紧至厂家规定的扭矩值。
(2)仪表板应安装到位。
(3)车身装饰条安装应牢固,并与车身整体造型相协调。

四、子任务1:汽车座椅的拆装与座罩的维护

(一)汽车座椅介绍

前、后座椅是重要的车身内附件,座椅常常在碰撞中损坏,乘客的惯性、乘客舱受到侧面碰撞或者血污都能损坏座椅,可能不得不拆卸座椅更换地毯或修理浅盘形地板。

斗式座椅是一个单座椅,只供一人使用。长条座椅较长,可供多人使用。这两种座椅修理方法相似。

如图1-121所示,前座椅的典型部件包括:

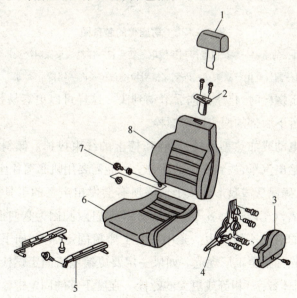

图1-121 前部座椅总成的各种基本部件
1—头枕;2—头枕导杆;3—倾斜调节器护罩;4—倾斜调节器;5—座椅滑轨;6—座垫;7—枢轴螺栓;8—座椅靠背

(1)座垫:座椅的底部,包括护罩、填料和框架。
(2)座椅靠背:后部总成,包括护罩、填料和金属框架。

(3) 头枕:装在座椅靠背顶部的带衬垫的支架。

(4) 头枕导杆:一个安装头枕支柱的套管,装在座椅靠背上。

(5) 倾斜度调节器:一个调整座椅靠背角度的铰链机构。

(6) 座椅调节滑轨:前后调整座椅的机械滑动机构。

(二) 汽车座椅的拆装

1. 前座椅的拆装

座椅固定螺栓将座椅调节滑轨固定到地板结构上,固定螺栓通常有四个。有时,座椅固定螺栓上包有压合的或螺钉固定的塑料装饰件。要找到座椅固定螺栓,可能必须要拆下这些装饰件,如图1-122所示。

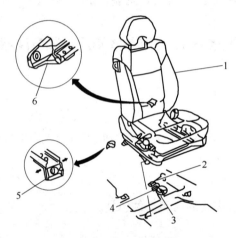

图1-122 前座椅的装备图

1—前座;2—乘员位置探测系统电气接头;3—座椅线束探测接头;
4—侧气囊电气接头;5—外侧座椅滑轨端盖;6—内侧座椅滑轨端盖

拆卸前座椅固定螺栓时,将座椅向后滑动到头。这样可以更容易找到前部螺栓。然后,向前滑动座椅,拆下后部的两个固定螺栓。

如果准备检修电动或加热型座椅,则将座椅上的线束拔掉。倾斜座椅,找到线束接头。小心地将座椅抬出汽车,放到安全的地方。可能需要用帆布盖住座椅。

安装前座椅时,确保从浅盘形地板上清除所有会发出声音的工具和物体(硬币和紧固件等),将座椅抬入汽车内部。多人协助抬动和安置座椅,因为它们很重。

重新连接所有的电动座椅线束。先用手装上座椅固定螺栓,向下拧。然后,用扭矩扳手将座椅固定螺栓拧紧至工厂规范。如果一定要更换座椅固定螺栓,确保使用与抗拉强度(螺栓头上的斜体数字)相等或更大的螺栓。强度不够的固定螺栓会在事故中断裂。

注意:如果没有使用扭矩扳手拧紧座椅固定螺栓,则会增加使用汽车人员的危险。拧得过松或过紧的螺栓会在严重碰撞中断裂。这样会使座椅总成和乘客在乘客舱内飞离原位。如果没有将座椅固定螺栓拧紧到正确的扭矩,则会导致重伤或死亡。安全带固定螺栓也一样。

2. 后排座椅的拆装

后排座通常由螺钉或簧压式卡夹固定。螺钉通常位于座垫的前方底部,如图1-123所示。可能必须挨着后排座椅躺下才能看到紧固件。

当后部座椅螺钉拆下后,可以向后推座椅,然后向上抬出座椅。

如果使用的是弹性夹箍,用手向下和向后压座椅。为了脱开弹性夹箍,可能必须要用手掌向后猛击座垫。这样可以使长条座椅被抬出。

安装使用弹性夹箍的座椅时,先将座椅装到位。用膝盖或掌击向下和向后推动座椅。这样可以啮合大多数弹性夹箍。如果是由螺钉固定,拧紧前先将它们装正。

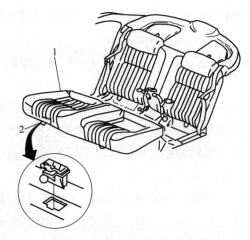

图1-123 后排座椅的装备图
1—后座座垫;2—固定装置

(三) 座罩的维护

座罩是一个布制的、乙烯树脂或皮制的护罩,包在座椅总成上。座罩损坏较大时可能需要更换;损坏较小时,装饰人员就可以修理小孔或裂缝。更换座罩必须分解座椅,如图1-124所示。

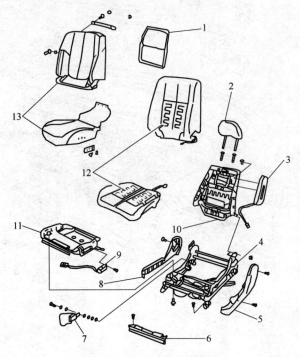

图1-124 座椅的分解图
1—座椅靠背罩;2—头枕;3—侧面碰撞气囊模块;4—座椅滑轨;5—侧盖;6—装饰盖;7—安全带;
8—侧盖;9—电动座椅开关;10—座椅靠背框架;11—座垫框架;12—带加热元件的座椅;13—座套

卡圈和卡夹通常拉紧并将座罩固定在座椅骨架和填料上。它们位于座垫底部或座椅靠背后部。拆卸它们,可以取下座罩。然后可以按照拆卸的相反顺序装上新座罩。

注意:拆装座椅时,参照厂商维修手册中的详细内容。程序各有不同。不正确地安装座椅会增加乘客的危险。一定要使用扭矩扳手将座椅紧固件拧紧至厂家规定的扭矩值。

五、子任务2:仪表板的拆装

仪表板总成是汽车内饰件中最重要的组成部分,也是车厢内最引人注意的部分。一方面它具有在行车过程中,为驾驶员方便、安全地提供内部各种信息的功能;另一方面,仪表板的造型设计也体现了轿车的个性,可以将其作为衡量各不同生产厂家的工艺水平及艺术风格的标准之一。

仪表板总成安装在前围上盖板总成上,多采用塑料件为框架,将各部件组装到框架上之后,再用螺栓固定到车身上,形成封闭的承载式结构。

当仪表板的部件在碰撞中受到损坏时,必须拆下它们进行更换。图1-125是桑塔纳2000型轿车的仪表板的分解图。

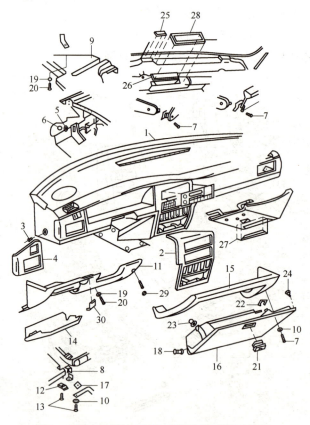

图1-125 桑塔纳2000型轿车的仪表板总成
1—仪表板总成;2—中心饰板总成;3—铆钉;4—左饰板;5、6—垫圈、螺母;7—扁头螺钉;8—左固定支架;9—左下封盖;10—弹簧垫圈;11—左饰框;12、13、17—螺母夹、自攻螺钉;14—杂物箱;15—右饰框;16—杂物厢盖;18—铰链销钉;19、20—垫圈、自攻螺钉;21—锁体;22—锁体固定卡钉;23、24—弹性缓冲块;25、26、27、28—隔音垫;29—隔罩;30—闷盖

许多仪表板部件不必拆下仪表板衬垫就可以进行更换。当仪表板的主要部件保持完好时,可以拆下更换仪表组、通风装置和许多装饰件。通风装置常常卡在安装位置。可以使用薄的旋具松开和拆下大多数通风装置。

然而,一些固定仪表板部件的螺钉和螺栓很难被发现并进行拆卸。一些沿着仪表板顶部安装,另一些装在侧面,如图1-126所示。

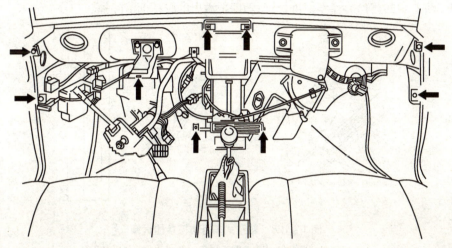

图1-126 仪表板的常见紧固部位

为了拆下仪表板部件,常常必须顺序精确。如果首先拆下的部件正确,那么就可以找到隐蔽的紧固件。如果不清楚如何拆卸仪表板总成,则参考具体车型的维修资料。插图会给出仪表板紧固件的位置和类型。此处不再赘述。

六、子任务3:车身装饰条的拆装

车身防擦条与装饰嵌条多为塑料制品,质量小、成型性好、拆装方便、易与车身色协调。也有用薄钢片、轻合金制作的车身防擦条。车轮拱形罩嵌条、车顶引流嵌条、车门槛板嵌条等,也都不同程度地起着保护与装饰车身的作用。

(一)车身防擦条的拆装

车身防擦条绝大多数采用胶粘的方法或卡扣方式与车身连接,如图1-127所示。

对于粘接方式车身防擦条拆装步骤如下:

拆卸时可对照图1-128所示的步骤,使用带保护套的铲刀将防擦条的端头铲起约30mm左右(图1-128(a)),再用刀具逐步割断其间的胶粘剂(图1-128(b))。一般,防擦条的两端约30~80mm处用强力胶粘剂(图1-128(c)),将此范围内的胶粘剂割断即可把防擦条揭下来。

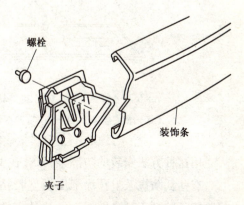

图1-127 车身防擦条的卡扣固定方式

安装时可对照图1-129所示的步骤进行,应先用汽油将原来残留的胶粘剂擦掉,然后再用清洁的布蘸酒精将表面擦拭干净(图1-129(a));用红外线烘干灯将拟涂胶部位分别加热(图1-129(b)、图1-129(c)),其中车身壁板加热至30~50℃(胶粘时温度会有所下降,但不应低于20℃),防擦条加热至30~60℃(注意:加热时烘干灯与防擦条的距离不宜太近);分段涂敷底漆和胶粘剂(图1-129(d)和图1-129(e)),然后趁热将防擦条装于车身壁板上(图1-129(f))并注意对准标记;随即把溢出的胶粘剂清除掉。

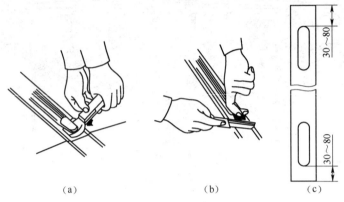

图1-128 粘结式车身防擦条的拆卸

(a)先铲起一端;(b)用刀具割断胶层;(c)强力胶粘剂所在部位

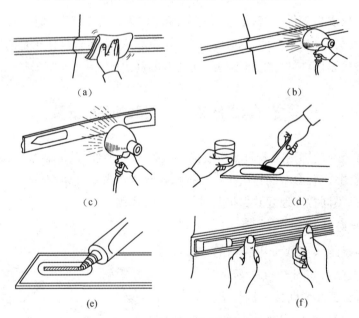

图1-129 粘结式车身防擦条的安装

(a)清洁安装部位;(b)加热车身壁板上拟涂胶部位;(c)加热防擦条上拟涂胶部位;
(d)、(e)分段涂敷底漆和胶粘剂;(f)趁热将防擦条粘牢

用这种方法安装的防擦条,只有在18℃以上温度下经24h后方可用水洗车。

有些新防擦条上预涂了压敏型胶粘剂,更换时揭去胶面上覆盖的分离纸,就可直接将防擦条胶粘于车身壁板上。这种压敏型胶粘剂,还广泛地应用于标志牌、装饰件等的粘接。压敏型胶粘剂不含溶剂、不需固化时间,是用于胶粘车身饰件等的理想材料。

图1-130也是车身防擦条的几种典型安装方式。其中,a类和b类需要使用专用拉夹工具方可进行拆装,c类和d类紧固件拆卸时需要在车内侧进行。

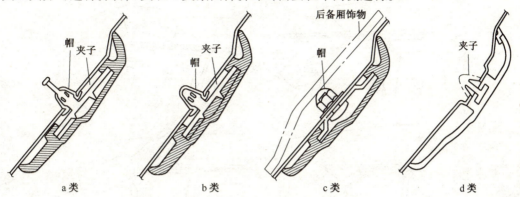

图1-130 其他几种车身防擦条的固定方式

(二)装饰嵌条与装饰板的拆装

除了车身防擦条以外,车身上还装有各种装饰嵌条和装饰板,如车轮拱形罩嵌条、车顶引流嵌条、车门槛板嵌条和车内装饰板等。它们不仅起着保护与装饰车身的作用,而且在密封、绝缘(防音、隔热)等方面也起着重要作用。

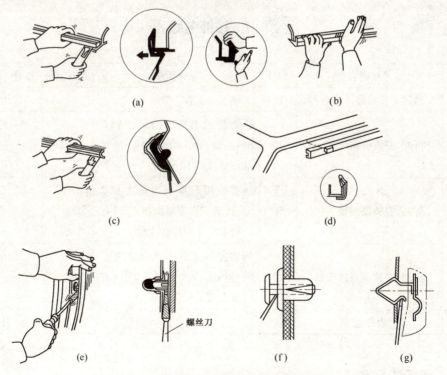

图1-131 装饰嵌条和装饰板的装配形式
(a)卡板式装饰嵌条的拆卸;(b)卡板式装饰嵌条的安装;(c)门槛板嵌条的拆卸;
(d)安装车身引流条时应将密封块对准车身上的凸缘;(e)车身内装饰板的拆卸;
(f)抽芯式车门内饰板锁扣的拆卸;(g)窗柱装饰条的拆卸

装饰嵌条和装饰板与车身的装配形式是多样化的,图1-131给出了几种常见的装配形式。图1-132给出了某车型车顶边缘嵌条的拆装步骤。

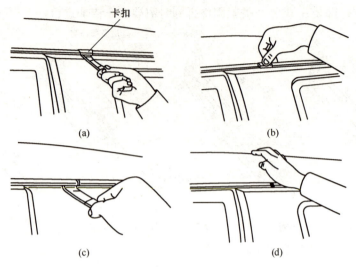

图1-132 车顶边缘嵌条的拆装

(a) 车顶引流条卡扣的拆卸;(b) 车顶引流条卡扣的安装;
(c) 用专用工具从下边逐渐撬开;(d) 安装时先将下边缘钩妥再用手轻轻拍入

七、技能考核表

序号	考核内容	配分	评分标准	考核记录	扣分	得分
1	描述乘客舱部件的名称	10	错误一次扣2分			
2	拆卸、安装前座椅	20	拆装使用工具不当每次扣2分;拆装不规范每次扣4分;安装不到位扣10分			
3	拆卸、安装仪表板	50	拆装使用工具不当每次扣2分;拆装不规范每次扣4分;有一处安装不到位扣5分			
4	拆卸、安装车身防擦条	10	拆装使用工具不当每次扣2分;拆装不规范每次扣2分;有一处安装不到位扣4分			
	教师签字				年 月 日	

课后练习题

1. 名词术语

乘客舱、仪表板、车身防擦条。

2. 选择题

(1) 汽车上最常见的固定装饰件的方法是(　　)？

A. 金属螺栓　　　　B. 螺栓　　　　C. 黏合剂　　　　D. 塑料卡夹

(2) 下列(　　)是座椅不具备的功能。

A. 前后、上下位置调整　　　　　　B. 靠背倾斜角度调整

C. 靠背高度调整　　　　　　　　　D. 头枕高度调整

(3) 下列对座垫骨架的结构叙述(　　)不正确。

A. 座垫骨架中间导轨与钢管框架焊接连接

B. 钢管框架两侧的侧连接板与钢管框架为螺栓连接

C. 内、外滑板与钢管框架为焊接连接

D. 座椅移动导轨焊接在车身底板上

(4) 下面机构中不可进行座椅上下调节的是(　　)。

A. 滑轨机构　　　　　　　　　　　B. 丝杠机构

C. 螺旋弹簧机构　　　　　　　　　D. 四连杆机构

3. 判断题

(1) 座椅骨架与盆型底座是靠螺栓连接起来的。　　　　　　　　　(　　)

(2) 座椅饰面是通过夹钉或尖角卡片固定在软垫和骨架总成上的。　(　　)

4. 思考题

(1) 汽车乘客舱主要有哪些部件？各有什么作用？

(2) 拆装汽车座椅应注意哪些问题？

(3) 拆装仪表板时应注意哪些问题？

任务1.7　客车车身结构认识

学习目标

1. 能够描述客车车身主要板件的名称及作用。
2. 熟悉客车车身本体结构的类型及特点。

一、客车车身

客车车身结构包括：车身本体、车门、车窗、坐椅、车身内部装饰件、车身附件、暖气、冷气、通风和换气装置等。

车体是一切车身零部件及附件的安装基础，是承力元件组成的空间结构。通常还包括外蒙皮及隔音、隔热、防振和涂层等部分。

（一）客车车身的分类

根据客车的用途可将其分为轻型客车、城市客车、长途客车、卧铺客车和专业客车等几种类型，它们的区别主要体现在车身外形尺寸、底盘配置和内外部设施上。

1. 轻型客车

轻型客车适用于载运少量乘客和行李。与轿车相比，载客多、空间大并具备良好的乘坐舒适性，越野性能也是普通轿车所不能比拟的。按乘客座位数划分，轻型客车为不超过17座的单层客车，车身壳体有半骨架、无骨架等结构形式，座位数较多的轻型客车以非承载式车身为主，座位数较少的轻型客车则更流行承载式结构。

轻型客车多为三个车门，其中乘客车门设在前后轴之间。为便于装卸行李等，有些轻型客车还加高了车顶和采用全开式后车门（俗语中的面包车之称则是依其外形得来）。

2. 城市客车

城市客车主要用于城市及周边的短途载客运输。由于站距短且乘客上下频繁车内设少量座位，使供乘客站立、走动的通道尽可能宽敞，乘客容量也因此扩大。

乘客车门数也比其他类型的客车多（一般不少于两个）。城市客车的一种变形车是铰接式城市客车，由铰接装置连接起来的两个刚性车厢体组成，乘客可以在两节车厢内自由走动。城市客车的另一种变形车是双层客车，将乘客安排成为上下两层，具有载客量大和便于城市观光等特点。

城市客车多为有骨架半承载式车身，承载面低使第一步台阶离地高度变小，车内净高、中间通道等均比普通客车大。

3. 长途客车

长途客车主要用于城市或城乡之间载运乘客、行李等。由于运距长，故不设供乘客站立的位置，车内净高也比城市客车低。乘客车门数也比城市客车少（一般为单门或加装中间车门）。以往的客车车门多设置在前后两轴之间，但由于这一方案对车身壳体的刚度会产生不良影响，因此发动机后置而车门前置已成为主要发展趋势。

考虑到长途旅行时行李运送量较大这一特点，有些客车在顶上还设置了行李架或地板下增设行李舱。为解决车内地板结构上的设计矛盾，可将底板沿纵向制成凹形，以提高车身的抗扭刚度。

4. 游览客车

游览客车是在长途客车基础上演变发展起来的，但其外观、乘坐舒适性和行驶稳定性等均佳。车窗玻璃宽敞、视野良好、设施豪华和优良的居住性能，更能满足人们消遣、旅游、观光等的需要。游览客车多为后置式发动机、前置式车门，并在乘客上下车的另一侧设有安全门。

5. 豪华高速客车

随着高速公路的建设与发展，豪华高速客车已经大量投入市场。这类车型不仅比功率大、车速高、性能好、能耗和排放低，而且装备精良。装有空气弹簧悬架和电子调平装置、ABS防抱死装置、冷暖空调系统、车载卫生间、高保真音像系统、电子控制缓速器等，甚至装上了GPS卫星定位系统。

(二) 客车车身的主要构件

无论车身的具体结构与用途如何,均可划分为基础性构件和非基础性构件两类。基础性构件则是客车车身的主体,其中,非承载式车身主要由骨架、底架、车顶、前围、后围、蒙皮等组成。

1. 底架与车架

无车架承载式客车车身虽然没有独立的车架,但取而代之的车身底架则成了必须有足够的强度和刚度的基础构件,因为车身骨架、发动机和底盘的主要总成都直接装配在底架上。

底架或车架(客车常用的梯形车架,如图1-133所示)多用高强度钢板冲压成型后组焊而成,采用封闭型截面梁时应注意端口的封闭与通风,表面锐边应修磨平整。与其他构件铆接或用螺栓连接时,应夹垫约1mm以上厚度的减磨垫片。

图1-134为某客车所使用的格栅式车体底架,它是由矩形截面钢管组焊而成的空间衍架结构,它比其他形式的底架结构简单、质量轻,且维修时便于更换底架构件。而且采用格栅式底架时,还能具有大容量的行李舱。

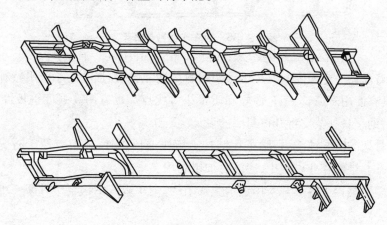

图1-133 梯形车架

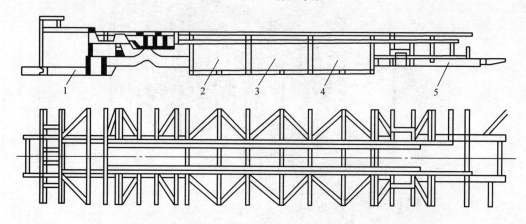

图1-134 格栅式车体底架

1—后段边梁;2—行李舱;3—行李舱;4—行李舱;5—前段边梁

2. 骨架

客车车身骨架通常由五大片构成,如图 1-135 所示,即由左侧骨架、右侧骨架、前围骨架、后围骨架及顶盖骨架组成,将五大片骨架合装在底架或车架的底横梁上构成一整体空间框架结构。

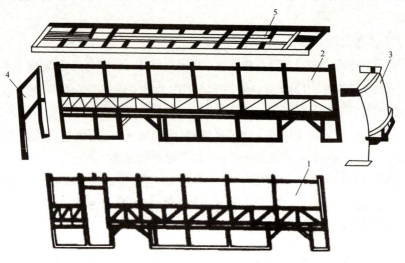

图 1-135　客车车身整体骨架

1—右侧骨架;2—左侧骨架;3—前围骨架;4—后围骨架;5—顶盖骨架

车身的寿命在一定程度上取决于骨架的耐久性、刚性和强度。一般用特种异形钢管加工而成,具有使用寿命长、工艺性好和质量小等优点。也有用高强度钢板冲压成 Ω 截面骨架,再借助车身外蒙皮将开口封闭的设计。

为提高骨架的防腐蚀能力,除了在结构上解决通风之外,还留有便于防腐涂装作业的喷涂工艺孔。维修作业过程中,应注意加以利用。

现代很多中高档大客车都采用全承载式结构,全承载式结构客车骨架三维结构如图 1-136 所示。

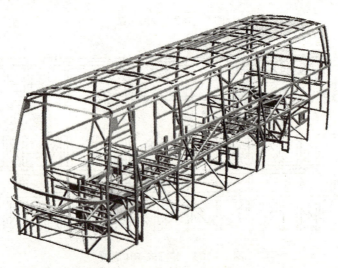

图 1-136　全承载式客车骨架

3. 车顶

采用具有一定深度拱形顶盖,可使车顶的承载能力得到提高,沿顶盖的周边是箱形断面的圈梁,它与窗柱的刚性连接提高了车身的整体性。

顶盖上部不宜开设天窗,以防止削弱车顶的强度和影响密封,否则应避开顶盖的拱形梁和顶盖纵梁,并采取行之有效的防锈与密封措施。

4. 蒙皮

骨架式车身的外蒙皮覆盖在骨架上,并以此构成了不同曲面的客车外形。非承载式车身的蒙皮可以认为是不承载的;对于承载式车身,蒙皮还要与骨架一起承受车身变形时的剪切应力;而在无骨架或半骨架车身中,外蒙皮也属于承受载荷的构件。

(三)客车附属设备

1. 冷暖风装置

客车用冷风装置分以副机为动力源的副机式(整体装置方式)和从主机获得动力后驱动压缩机的直接式两种。在日本,一般线路客车采用的是直接式,旅游客车采用的是副机式。而在欧美,旅游客车等大都采用直接式,如图 1-137 所示。

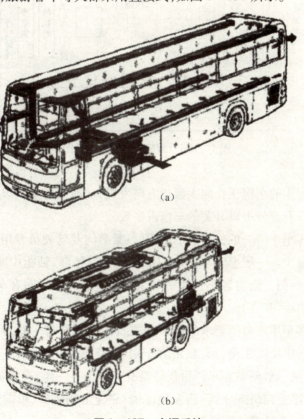

图 1-137 空调系统
(a)副机式全自动空调(独立式空调系统);(b)直接式冷风装置(非独立式空调系统)

副机式是整套装置都在一个总成内,并装在底板下面。其特点:①安装性好;②可使用不影响行驶性能的冷风装置;③集中在一个地方便于进行维修和保养。

而离地间隙低的线路客车,不能全部安装在底板下,装置的一部分还将凸出到底板的上面来,所以它将影响乘坐性,这就是线路客车很少采用副机式的缘故。在这方面,直接式的压缩机、蒸发器、冷凝器等可以分散配置,而且还没有副机,所以不出现突出底板的问题。它们全部都可以装在底板下面。

暖风装置大多采用的是以车辆主机冷却水热源的温水式暖气。寒冷地区使用的客车最近大多装上强制加热温水的预热机(以煤油为热源)的整体化装置,而且还增加了除湿回路和外气导入装置,并可自动地控制室温等。图1-138所示为副机式空调的原理图。

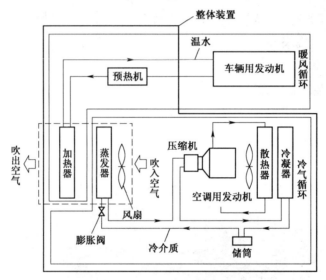

图1-138 副机式空调的原理图

2. 内饰件

(1) 车窗。客车的车窗正在向大型化方向发展,从前到后给人以整块玻璃感的无立柱固定式车窗或只有部分可以开关的车窗占多数。

(2) 车门。客车车门一般分为上下车用门、紧急门及驾驶员专用门等。客车专设驾驶员专用车门的很少。一般上下车用车门都设置在前悬部、轴距中间部及后悬部,分别称为前门、中门和后门。旅游客车一般都是采用一个前门。线路客车一般采用前中门、前后门两门或前中后门三门。

(3) 座椅。客车用座椅所要求的基本功能及构成部件与一般乘用车及载货车用座椅基本相同。客车座椅按用途分有旅游客车用、线路客车用两种,各有特点。旅游客车用座椅种类很多,从一般旅游客车到超豪华旅游客车均不一样,有靠背可调式座椅、可与靠背联动式座椅、坐垫前滑式座椅、两人坐座椅、靠通道侧座椅、可向通道侧移动式座椅及旋转式座椅、后部为沙发式座椅等。

线路客车用座椅一般都是采用在座垫架上用螺栓固定靠背的方式。座椅的形状除低靠背式、高靠背式单人和双人座外,还有横置的长座椅,不过近年来已很少采用。

城市间长途高速客车用座椅可调角度大,有的还装有护腿和放脚支架,乘坐姿势舒适,便于睡觉。今后有望开发间隔大、接近于卧铺使用的座椅。

二、设备、工具和材料准备

(1) 客车 1~2 辆。
(2) 千斤顶及必要的拆装工具。
(3) 与车辆对应的车身修理手册。

三、客车车身结构认识步骤

(1) 判断该客车的承载式类型及典型结构
(2) 查找车身修理手册,写出所有板件的名称。
(3) 查看各板件之间的连接关系。
(4) 指出该车车身板件材料的类型。
(5) 指出该车身防碰撞的措施有哪些。

四、技能考核表

序号	考核内容	配分	评分标准	考核记录	扣分	得分
1	指出考核车型承载类型	10	判断正确得10分,否则扣10分			
2	指出客车所有板件的名称	30	指错一个板件扣4分			
3	指出主要板件之间的连接关系	30	指错一处扣4分			
4	推拉式车门的拆装与调整	30	拆装使用工具不当每次扣2分;拆装不规范每次扣5分;安装、调整不到位扣10分			
	教师签字			年　月　日		

课后练习题

1. 名词术语

轻型客车、城市客车、长途客车、底架、蒙皮、全承载客车。

2. 选择题

(1) 长途客车座椅布置较密的原因是(　　)。
A. 车身尺寸短　　B. 车身宽度小　　C. 保证每个人均有座位　　D. 座椅尺寸小

(2) 下列关于复合式客车车身结构的描述,( )正确。
A. 前部采用薄壳式结构,侧围从第1立柱到末立柱间采用骨架式结构
B. 后前部采用薄壳式结构,侧围从第1立柱到末立柱间采用骨架式结构
C. 前后部均采用薄壳式结构,侧围从第1立柱到末立柱间采用骨架式结构
D. 前后部均采用薄壳式结构,侧围从第2立柱到末立柱间采用骨架式结构

(3) 客车车身外蒙皮的厚度一般为( )mm。
A. 0.4~0.6 B. 0.6~0.8
C. 0.8~1.0 D. 1.0~1.5

(4) 客车车身采用预应力外蒙皮的部位是( )。
A. 侧围腰梁与地板梁之间,从第2立柱到后部第2立柱段
B. 侧围腰梁与地板梁之间,从第1立柱到末立柱段
C. 整个侧围
D. 侧围腰梁与地板梁之间,从第1立柱到后部第2立柱段

(5) 客车车身预应力外蒙皮的预拉伸率为( )。
A. 0.1% B. 0.5%
C. 1.0% D. 10%

(6) 下列( )不是客车采用的防锈措施。
A. 车顶盖焊接排水槽 B. 闭口截面梁内充发泡材料
C. 轮胎处横梁采用乙形断面梁 D. 采用加厚外蒙皮

(7) 客车多数采用( )式供暖系统。
A. 非独立 B. 独立
C. 双重 D. 没有统计规律

3. 思考题
(1) 怎样判断客车是承载式车身还是非承载式车身?
(2) 描述客车车身的主要构件及作用。

任务1.8 载货汽车车身认识

学习目标

1. 能够描述载货汽车车身主要板件的名称及作用。
2. 能够描述载货汽车常用车架的类型及特点。
3. 熟悉车架的类型与特点。
4. 熟悉驾驶室的类型与结构。
5. 熟悉货厢的类型与结构。

一、载货汽车车身的构造

载货汽车这一术语的意思,按 JISD0101 解释便是"以运输货物为主要目的而设计和装备的汽车"。但近年来,载货汽车开始从单一运送货物这一功能向可代表物流准时化的物流服务的运输工具这一方向发展。为适应这种多样化的社会要求,载货汽车在追求原有的经济性、稳定性和低公害的同时,又开始向信息化、高速化和多样化方向发展。

(一)车架

车架是支撑货物、发动机、驱动装置及其他部件的基座,并起到将载荷传递给悬架的作用。它可方便地进行载货车所要求的各种改装。

1. 行驶过程中作用在车架中的载荷

作用在车架上的载荷可大致分为 4 种(图 1-139):①垂直载荷引起的弯曲;②纵轴为中心的扭转;③横向弯曲;④局部扭转。根据载货车使用目的和用途,车架必须要有一定的强度及刚度。

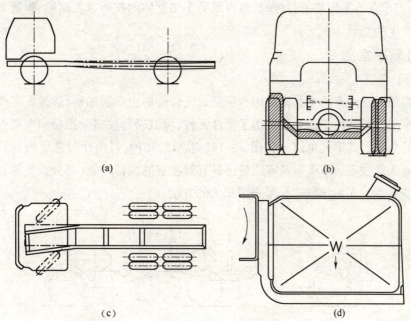

图 1-139 对车架的载货作用

(a) 垂直载荷引起的弯曲;(b) 纵轴为中心的扭转;(c) 横向弯曲;(d) 局部扭转

2. 结构

这里只对一般的梯形车架进行叙述。梯形车架左右为两根侧梁,中间加几根横梁。不仅结构简单,制作容易,可按需要布置横梁,而且可以进行各种改装。小型和大型载货车均使用这种结构(图 1-140)。

(1) 纵梁。这是车架的基本骨架,与汽车长度基本相同,它的强度和刚度可承受以垂直载荷为主的各种载荷。安装各总成,方便配线、配管,而且上部的改装性也好。

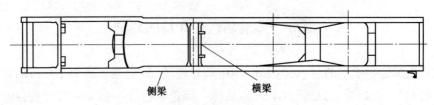

图 1-140 梯形车架

包括必要的截面特性以及车架高度等的截面形状可根据承受弯曲力矩所必需的强度和刚度来确定。纵向的形状受离地高度、驾驶室、发动机悬置、货厢等平面布置的制约而决定其上下左右的形状变化。另外，为了制造更加容易，希望采用以直梁为主的截面变化小的结构。

截面形状有槽形和厢形两种。槽形纵梁制造方便，各总成安装简单，被广泛用于大中型载货车。小型载货车多用焊接结构的厢形纵梁。因其截面是封闭的，所以扭转刚度大。为此，也可用于重型翻斗车和吊车等，在需特殊扭转刚度的车辆上也用此纵梁。

（2）横梁。横梁是连接左右纵梁的构件，不仅起着支撑发动机、散热器和传动轴的作用，而且当车在不平坦路上行驶时，负责承受车架整体的扭转以及油箱、弹簧支架等局部扭转所产生的变形。

（二）驾驶室

1. 结构

绝大多数载货汽车的驾驶室采用非承载式无骨架的全金属结构，通过3点或4点弹性悬置与车架连接。由于其悬置采用了弹性元件，可减轻驾驶室的振动和车架歪扭变形对驾驶室的影响。其形式可以分为图1-141所示的几种，目前比较常见的是长度利用系数高的平头驾驶室。平头驾驶室通常还具有驾驶室的翻转功能（部分长头驾驶室也具备这一功能），为汽车的维修工作带来了很大的方便。

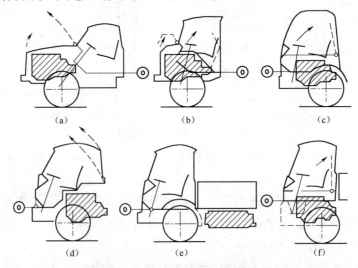

图 1-141 载货汽车驾驶室的类型

(a) 长头式；(b) 短头式；(c)、(d)、(e)、(f) 平头式

一般把驾驶室的金属总成称为白车身,它是用薄软钢板冲压成型、焊接后组成的。图1-142所示为白车身一般分解结构。焊接白车身时,通常先将前车身、下车身、后车身及顶盖各总成焊上。然后,将它们的分总成装上。最后,再将事先组装好的车门安装上。

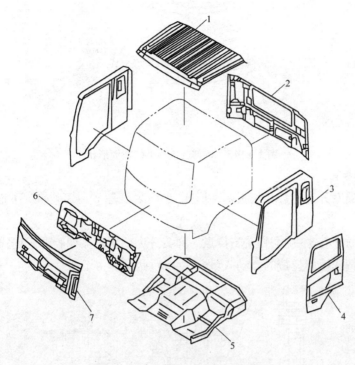

图1-142 驾驶室一般分解结构
1—顶棚板;2—后围板;3—侧围板;4—车门板;5—下车身;6—前车身;7—前围板

车辆行驶时作用在驾驶室上的外力,是从车架通过悬置装置传递的力。这种力主要是由驾驶室和车架间的相对变形产生的,驾驶室的结构应能通过下车身的强度构件将其外力均匀地分配给立柱和内外板。下车身的一般结构由直接承受悬置外力的两根下梁、连接侧梁前后左右相接的横梁、承受下车身左右侧端部强度和刚度的侧门框、下底板构成。

车身外壳的强度构件配置部位除上述下车身构件外,还有顶盖外围、前风挡玻璃外围及车门外围。图1-143为各部强度构件的截面形状。当来自悬置装置的作用力使驾驶室变形时,强度构件的接合部容易产生高应力,所以决定连接结构时应考虑作用在接合位置上的作用力的方向及种类。

另外,在悬置部、方向盘支撑部、座椅安装部及安全带固定器等局部受力的部位应予以加强,使其能承受这些力。在发生碰撞使驾驶室产生变形时,应能确保乘员的生存空间。

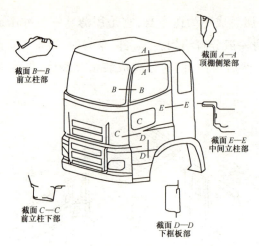

图1-143　各部强度构件的截面形状

2. 驾驶室悬置

载货车驾驶室分为平头和长头两种形式,目前主要是平头驾驶室。下面介绍平头驾驶室的悬置。

悬置装置通常有3~4个弹簧支撑点。弹簧分为使用防振橡胶的固定式(图1-144)和使用空气弹簧或螺旋弹簧的浮动式(图1-145)两种。

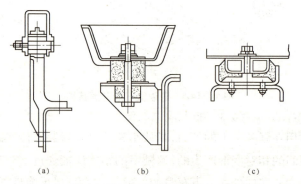

图1-144　固定式悬置的构造

(a) 橡胶垫;(b) 上下橡胶;(c) 斜橡胶

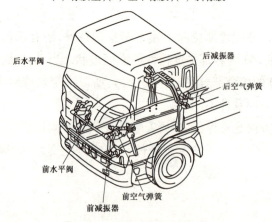

图1-145　浮动式悬置的构造

(三)货厢

1. 按形态分类

载货车大致可分为厢式货厢和带厢板的货厢两种(图1-146)。

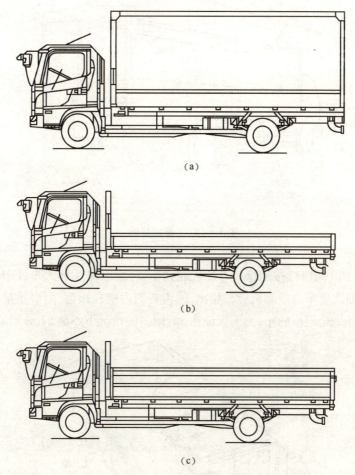

图1-146 货厢的形式
(a)厢式货厢;(b)三面开启式货厢;(c)高栏板(铝合金板)货厢

厢式货厢车有普通厢式车、冷藏车和冷冻车3种,其材料主要是铝厢、聚氨酯及苯乙烯绝热货厢。另外,为提高装卸效率,达到货主所要求的运输质量(保护货物和提高运输车辆的形象),出现了侧板全开式以及具有与冷冻厢相同性能的冷冻厢翼式车,如图1-147所示。

带厢板的货厢分高底板式和低底板式两种。载货在2t以上多为高底板式,2t以下多为低底板式。高底板式有地板离地高度大等缺点,但地板面积大且平滑,所以便于各种货物的装卸,尤其适合用于托盘装载方式。

低底板式货厢车的轮罩会凸出在底板平面之上,因此左右车厢板为固定式的。因为低底板式货厢车几乎都是用钢板制成的。

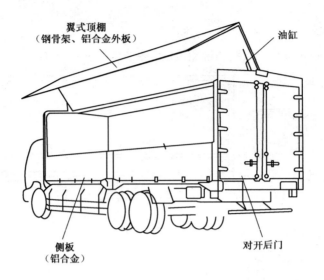

图 1-147 翼式货厢

2. 厢式货厢

厢式货车(图 1-148)按用途分有送货厢式车、转播服务用厢式车,FRP 厢式车及铝制厢式车等。厢式货车与带厢板货车相比,因为有侧内壁和顶篷,所以质量大,有效载荷将会下降。尤其是轮距小的车,为了保证在 35°倾斜的情况下不翻车,必须减小载质量。

图 1-148 铝合金货厢整体图

3. 带厢板的货厢

带厢板的货厢如图 1-149 所示。根据厢板的数量可分为一面打开(厢板固定式)、三面打开及五面打开货厢。各部名称在 JIS 中有规定。

(1)厢板(图 1-150)一般是由木板和钢板组合而成的。但为了轻量化,也有以塑料替代木板及使用铝材的。厢板的高度标准为普通车在 400 mm 以下,大型车约 450 mm。此外,还有使用铝制高厢板的。

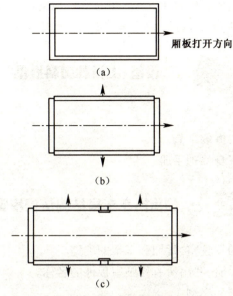

图 1-149 带厢板的货厢
(a) 一面打开;(b) 二面打开;(c) 五面打开

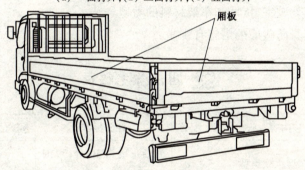

图 1-150 厢板

(2) 底板的结构及车厢前拦板。所谓底板是下纵梁、下横梁、底板框及底板的统称(图 1-151)。一般底板框采用 L 形钢或 L 形铝材制成,底梁和底板为木制的。另外,也使用以增加有效载荷为目的口字形钢作底梁等。使用的木材主要都是大花龙脑树和柳按木。

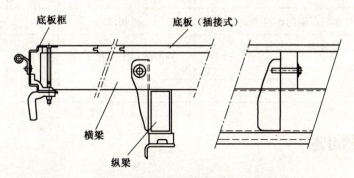

图 1-151 货厢底板框架的构造

大型车前围栏采用 L 形钢、U 形钢制作,中小型车采用的是冲制成型件。

(3) 底盘安装件车厢装在底盘上,因车厢的形状和结构不同,将会产生与底盘的共振,载荷易集中到底盘车架上。因此,应按各厂家指定的安装要求进行。

二、设备、工具和材料准备

(1) 货车1~2辆。
(2) 千斤顶及必要的拆装工具。
(3) 与车辆对应的车身修理手册。

三、载货汽车车身结构认识步骤

(1) 判断载货汽车的驾驶室、货厢和车架的类型。
(2) 查找车身修理手册,写出所有驾驶室板件的名称。
(3) 判断驾驶室悬置的类型。
(4) 判断货厢与车架的连接方式。
(5) 指出该车驾驶室、货厢和车架材料的类型。
(6) 指出该车身防碰撞的措施有哪些。

四、技能考核表

序号	考核内容	配分	评分标准	考核记录	扣分	得分
1	指出考核车型承载类型	10	判断正确得10分,否则扣10分			
2	判断载货汽车的驾驶室、货厢和车架的类型、驾驶室悬置类型	20	判断错误1次扣5分			
3	指出驾驶室所有板件的名称	40	指错一个板件扣5分			
4	指出货厢与车架的连接方式	10	指错一处扣10分			
5	指出该车驾驶室、货厢和车架材料的类型	20	判断错误1次扣5分			
	教师签字				年 月 日	

课后练习题

1. 名词术语

长头载货汽车、平头载货汽车、厢式载货汽车、梯形车架、货车驾驶室悬置。

2. 选择题

(1) 发动机位于前轴之前的布置形式,适用于下列(　　)。

　　A. 长头式货车　　　B. 短头式货车　　　C. 平头式货车　　　D. 以上三种货车

(2) 驾驶室主体与鳄口型车头的连接方式为(　　)。

　　A. 焊接　　　　　　B. 铆接　　　　　　C. 螺栓连接　　　　D. 粘接

(3) 普通货车应用较多的是(　　)车架。

　　A. 边梁式　　　　　B. 周边式　　　　　C. 脊梁式　　　　　D. X 型

(4) 综合式车架一般应用于(　　)。

　　A. 货车　　　　　　B. 客车　　　　　　C. 越野车　　　　　D. 轿车

(5) 下列(　　)不是重型货车车架做成前宽后窄形式的主要原因。

　　A. 后轴负荷大　　　　　　　　　　　　B. 后轮距小

　　C. 后钢板弹簧宽度大　　　　　　　　　D. 发动机尺寸大

(6) 有些车架纵梁上平面不是平直的,主要设计目的是(　　)。

　　A. 增加抗弯强度　　B. 降低地板高度　　C. 造型美观　　　　D. 制造简单

3. 思考题

(1) 为什么现代货车多采用平头式结构?

(2) 请描述常见货车的货厢形式,并思考不同形式货厢的用途。

模块 2

车身钢板的焊接

任务 2.1　气体保护焊

1. 熟悉焊接的基本知识。
2. 熟悉焊接在车身制造和车身维修中的应用情况。
3. 熟悉气体保护焊的设备组成、结构、工作原理、特点和焊接工艺。
4. 能够完成气体保护焊设备的日常维护工作。
5. 能够利用气体保护焊完成车身维修中所需的薄钢板的对接焊、搭接焊和塞焊工作。

汽车零部件的连接方法有三大类,即机械连接、焊接和粘接。在现代汽车制造和修理中焊接都占有极大的比重。

焊接是利用热量将不同的金属零部件连结在一起的过程,焊接设备也可以用来切割金属。氧乙炔割炬及等离子弧焊枪均是利用热能切割金属。

(一) 焊接类型

焊接方法可分为三大类,即熔化焊、压力焊和钎焊,每一大类下又有很多具体的焊接方法,如图 2-1 所示。

(1) 熔化焊。熔化焊是将被焊金属在焊接部位加热到熔化状态,并向焊接部位加入熔化状态的填充金属(焊条)。冷凝以后,两块被焊件即形成整体的焊接方法。

(2) 压力焊。压力焊是用电极对金属焊接点加热使其熔化并施加压力,使之焊接在一起的方法。

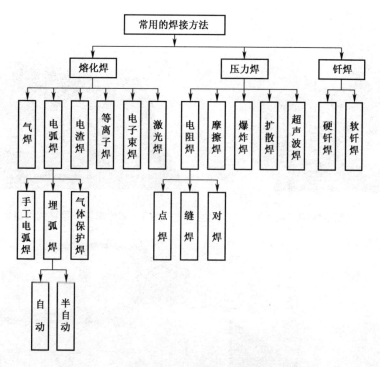

图 2-1 焊接方法分类

(3) 钎焊。钎焊是将熔点低于母材的钎料(钎焊填充材料)加热熔化滴在焊接区域,使工件焊接成一体的焊接方法。根据钎料熔化的温度,可分为软钎焊和硬钎焊。钎料的熔化温度低于450℃的是软钎焊,钎料的熔化温度高于450℃的是硬钎焊。

(二)焊接的特性

焊接广泛地应用于所有的工业,在汽车车身的维修中更是不可缺少;焊接有下列几项主要特性:

(1) 焊接的外形不受限制,并且具有强韧和稳固的接合能力。
(2) 可减轻质量(不需要增加接合件)。
(3) 对空气和水的密封性好。
(4) 生产效率高。
(5) 焊接点的强度大小与操作者的技术水平高低有关。
(6) 如果过多地加热,周围的钢板会变形。

(三)汽车车身的焊接

1. 汽车制造厂车身主要焊接方式

依车身零件的位置不同,对零件有不同的强度和耐久性的要求。在汽车制造厂的车身组装中,会根据其使用目的、零件形状和钢板的厚度选择最合适的焊接方法。目前汽车在制造时主要采用电阻点焊、MIG铜焊、激光焊等焊接技术,具体应用如图2-2~图2-5所示。

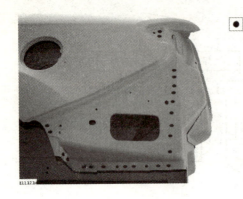

图2-2 电阻点焊的应用

图2-3 部分车型车顶连续焊缝采用激光铜焊

图2-4 前纵梁激光拼焊处(图中箭头处)

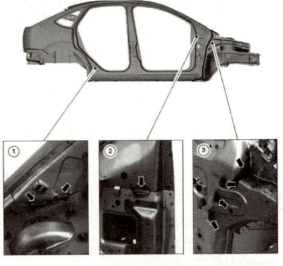

图2-5 MIG铜焊的应用

2. 汽车制造厂使用的激光焊接简介

在汽车制造领域,激光加工技术得到了广泛的发展和应用。其中激光熔焊、激光钎焊技术正是在车身制造的推动下开发出来的一项新的连接技术。激光焊接新技术,不仅提高了车身防腐性能,而且使车身强度提高30%,极大提高了生产效率,确保车身制造高精度,又保证了汽车车体的美观,同时减轻了车身质量,为汽车行业生产轻量化汽车做出了突出贡献。

汽车制造厂激光焊接系统组成如图2-6所示。

激光钎焊也称激光填丝钎焊,如图2-7所示,其原理:利用激光光束作为热源,聚焦后的光束照射在填充的焊丝表面,焊丝在光束能量持续加热下熔化形成高温液态金属,液态金属浸润到被焊零件连接处,在适当的外部条件下,使之与工件间形成良好的冶金结合。需要注意:工件间的连接是通过钎料熔融金属实现的,母材本身不能被激光严重熔蚀损伤。

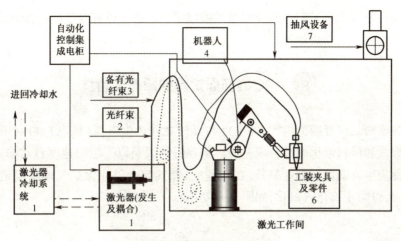

图2-6 激光焊接系统组成

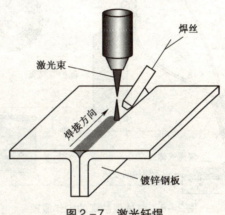

图2-7 激光钎焊

3. 车身维修中焊接方法的选择

传统上,车身的修理一直使用气焊(氧乙炔焊)和手工电弧焊接来焊接汽车车身上的钣金零件和结构件。随着高强度钢板在整体式(承载式)车身上的广泛应用,气焊和手工电弧焊逐渐变得不适用。因为它们都会导致高强度钢板的过热,从而削弱钢板的力学性能,造成其性能恶化。

由于惰性气体保护焊有诸多优点和高效率,目前在汽车撞伤修理中得到了广泛应用。采用惰性气体保护焊接方法可以对高强度钢板进行修理,而不会损伤或削弱车身板件的力学性能。

压力焊方法中,电阻点焊是汽车制造业尤其是轿车制造业的最重要的焊接方法,因此在轿车修理中应用较多。

钎焊时工件受热的温度低于工件材料的熔点,不至于影响工件的整体形状,因此被广泛应用于对车身密封、水箱、油箱以及空调管路等的修理作业中。

车身维修中,必须采用适当的焊接方法才可维持车身上原有的强度和耐久性,所以为了达到此要求,必须遵守下列基本事项:

(1)焊接方法必须选择点焊、气体保护焊。

(2) MIG 铜焊和激光铜焊部位需参照维修手册的要求选择合适的连接方法。

(3) 不可使用氧乙炔焊接。

二、气体保护焊的原理和特性

焊接的原理是以焊线为电极,使电极和母材之间产生电弧(放电),再利用电弧产生的热能将焊线和母材熔化而结合成一体。作业时焊线是以一定的速度自动输送,所以此种形式又称为半自动电弧焊。另外,在作业中,储气筒会供应保护气体来隔绝焊接部位与空气接触,以防止氧化或氮化,如图 2-8 所示。

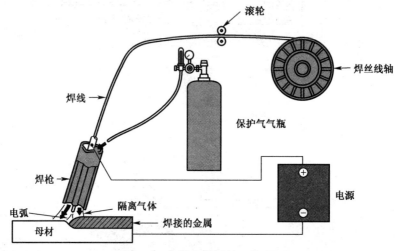

图 2-8 气体保护焊的工作原理

熔化极气体保护焊按保护气体和焊丝的种类不同,有以下类型:

$$\text{熔化极气体保护焊}\begin{cases}\text{实心焊丝}\begin{cases}\text{惰性气体保护焊(MIG)}\begin{cases}Ar\\He\\Ar+He\end{cases}\\\text{氧化性混合气体保护焊(MAG)}\begin{cases}Ar+O_2\\Ar+CO_2\\Ar+CO_2+O_2\end{cases}\\CO_2\text{ 气体保护焊}\begin{cases}CO_2\\CO_2+O_2\end{cases}\end{cases}\\\text{药芯焊丝 药芯焊丝气体保护焊(FCAW)}\begin{cases}CO_2\\Ar+CO_2\\Ar+O_2\end{cases}\end{cases}$$

保护气体的种类由需要焊接的母材决定。大多数钢材都用二氧化碳(CO_2)进行气体保护,或者使用 75% 的氩气和 25% 的二氧化碳组成的混合气体,由于氩气比二氧化碳能产生更稳定的电弧,从而使焊缝更平整并减少了飞溅和烧穿现象,所以这种混合气体最适合焊接车身的高强度低碳钢薄板。而对于铝材,则根据铝合金的种类和材料的厚度,分别采用氩气或氩、氦混合气体进行保护。若在氩气中加入4%～5%的氧气作为保护气体,甚至可以焊接不锈钢。

准确地说,CO_2气体不是惰性气体,而是一种半活性气体,CO_2在焊接的高温作用下进行分解,产生强烈的氧化作用,可以把合金元素氧化烧损或造成气孔和飞溅。氩气或氩、氦混合气体才是完全的惰性气体。但是人们习惯上用惰性气体保护焊来称呼所有的气体保护电弧焊。

轿车车身钢板通常使用75%的氩气和25%的二氧化碳组成的混合气体进行焊接,因此属于MAG焊,它采用短路电弧的方法,这是一种独特的将熔化的金属液体滴到母材上的焊接方法。其工作过程如图2-9所示。

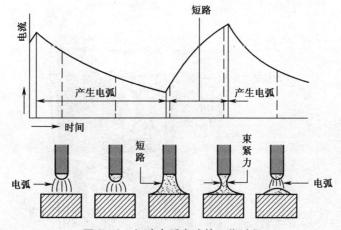

图2-9 短路电弧方法的工作过程

(1) 在焊接点,焊丝接触到工件表面的瞬间产生短路,引发电弧。电阻加热焊丝和焊接点。

(2) 随着热量的增加,焊丝开始熔化变细,然后产生颈缩。

(3) 颈缩被烧穿,滴落在工件表面形成熔池并产生电弧。

(4) 电弧使熔池变平并烧掉焊丝。

(5) 这时由于焊丝与工作面的间隙变大,电弧熄灭,形成开路。一旦电弧熄灭,熔池就会冷却、变平。

(6) 当焊丝继续从焊枪中进给接触工件表面,重复上述的过程。这种加热和冷却的循环过程都是自动完成的,频率为50～200次/s。

此种焊接方式具有如下特性:

(1) 产生的变形和熔穿情形较少,所以能实施薄钢板的焊接。

(2) 焊接后的强度和外观会稍微受工作者的操作技巧影响。

(3) 熔融金属的温度低,所以金属流动的现象较少,因此可实施全姿势焊接(作业性好)。

(4) 焊渣较少,可省略去除焊渣的作业。

(5) 因为使用气体隔离,所以不适合在有风的区域实施作业。

三、气体保护焊设备

气体保护焊可分为半自动焊和自动焊两类。车身修理作业使用半自动焊,在工作过程中设备自动运行,但焊枪需手动控制。市场上出售的气体保护焊机既可使用纯二氧化碳气体也可使用纯氩气或使用二者的混合气体,只需简单地更换气瓶和调节器即可。

焊接设备是由焊枪、焊线输送装置、隔离气体供给装置、控制装置和电源所构成,根据这些组合方式的不同有多种形式的机型。在此以图2-10中的机型为例加以说明,而其他机型的使用方法和基本结构都大同小异。

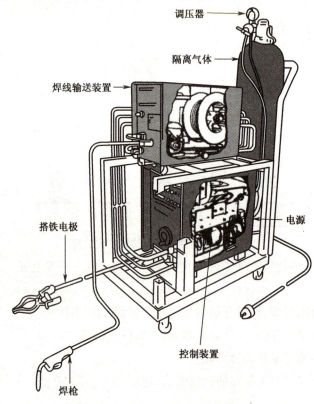

图2-10 气体保护焊设备示意图

1. 焊枪

焊枪的作用是将隔离气体喷洒于焊接部位,同时输送焊接电流至焊线而产生电弧。另外在焊枪的手柄上附有一个开关,可使操作者控制焊接作业的开始与结束。

2. 焊线输送装置

焊线输送装置是将焊线输送到焊枪,而焊线是根据所使用的焊接电流、电压以一定的速度输送的。

3. 隔离气体供给装置

隔离气体供给装置的作用是将储气筒中的隔离气体送到焊枪。它是由调整器和电磁阀组成的。其中调整器的作用是将储气筒中的高压气体减压并控制气体流速。电磁阀是控制气体流出的开关。

4. 控制装置

控制装置由大量半导体零件组成,它安装于电源内部。当控制装置接收到焊枪开关的信号后,控制焊线输送装置的动作、焊接电流的开启或关闭、隔离气体的供给与停止。其中最重要的项目是控制焊线开始输送至停止输送,并且依照电流和电压来调整焊线的送丝速度,使电弧的长度控制在一定的范围内。

5. 电源

为提供产生电弧所需电力的装置。

四、焊接工艺参数

影响焊接的因素:焊接电流、电弧电压、隔离气体的流量、电极与母材间的距离、焊枪角度、焊接方向和焊接速度等。

其中焊接电流、电弧电压和隔离气体流量三个因素必须按操作手册来调整。

(一)焊接电流

焊接电流对于母材的熔入深度(在焊接作业时母材熔入的深度)及焊线的熔化速度有很大影响。另外,焊接电流对于电弧的稳定性和焊接时金属粒子产生的熔渣量亦有相对影响。而焊接电流越大,熔入深度和焊珠的宽度也越大,如图 2-11 所示。焊丝直径、板厚和焊接电流的关系见表 2-1。

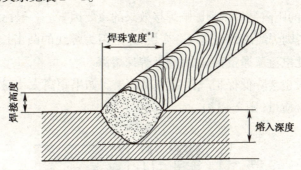

图 2-11 溶入深度、焊接高度、汗珠宽度

表 2-1 焊丝直径、板厚和焊接电流的关系

直径/mm \ 板厚/mm	0.6	0.8	1.0	1.2	1.6	2.3	3.2
0.6	20~30A	30~40A	40~50A	50~60A			
0.8			40~50A	50~60A	60~90A	100~120A	
0.9					60~90A	100~120A	120~150A

（二）电弧电压

高质量的焊接有赖于适当的电弧长度,而电弧长度是由电弧电压决定的,电压大则电弧长。在稳定焊接过程中,其他条件不变下,随着电弧电压的增加,熔深和剩余金属高度减小,而焊缝宽度增大(图2-12)。

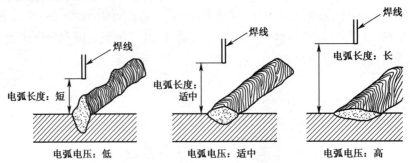

图2-12 电弧电压对焊缝形状的影响

当电压适当时,将会听到很流畅的"吱吱"声。若是电弧电压太高,则电弧长度会变长,另外,除了焊渣量增多外,"吧嗒"噪声亦会增多。相反的若电弧电压过低,则焊丝将不会产生电弧,而使焊丝粘着在钢板上产生"膨膨"声。

（三）隔离气体的流量

小心勿使隔离气体流量过大。若流量过大,反而会产生涡流而降低隔离效果。目前使用的标准流量为10~15L/min。而流量的大小应配合喷嘴至母材的距离、焊接电流、焊接速度和焊接周围的环境(风速)来进行调整。

（四）电极至母材间的距离

电极和母材间的距离是另一个影响焊接效果的重要因素。一般标准的距离约为8~15mm,若距离太大,则焊线的熔化速度会变快,这是因为焊线的凸出长度过长,而过长的部分产生预热,因此电流流通量将减少,降低焊珠熔深。

同样,距离过大也会降低保护气体的隔离效果。如果距离太小,操作者将很难看到焊接区域,影响焊接质量(图2-13)。

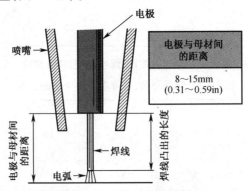

图2-13 电极与母材的距离

（五）焊枪角度和焊接方向

如图2-14所示,焊接方向有两种方向:前进法的熔入深度较浅且焊珠较高,后退法则有较深的熔入深度且焊珠较平。一般焊枪的角度与母材垂直面约呈 10°～30°角。

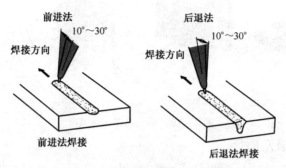

图 2-14 焊枪角度和焊接方向

(六)焊接速度

在实施焊接作业时,必须依照母材的厚度调整正确的焊接电流和焊接速度,才能得到良好的熔入深度和焊珠宽度。

若焊接电流不变,增快焊接速度会减少熔入深度和焊珠宽度而使焊珠凸出从而达不到焊接强度要求。

若焊接速度太慢,会使母材过热而产生熔穿现象。一般来说板厚 0.8mm 的薄钢板,其焊接速度是 105～115cm/min。通常焊接钢板越厚,焊接速度越慢。不同的板厚推荐的焊接速度见表 2-2。

表 2-2 焊接速度

板　　厚	焊接速度
0.8	105～115cm/min
1.0	100cm/min
1.2	90～100cm/min
1.6	80～85cm/min

(七)送丝速度

如果送丝速度太慢,随着焊丝在熔池内熔化并熔敷在焊接部位,将可听到"嘶嘶"声或"啪哒"声。此时产生的视觉信号为反光的亮度增强。

送丝速度太快将堵塞电弧,这时焊丝的熔敷速度大于熔池吸收速度,会产生飞溅。这时产生的视觉信号为频闪弧光。

(八)焊接姿势

气体保护焊可以四个姿势进行焊接:平焊、横焊、立焊和仰焊,如图 2-15 所示。

平焊简单快捷,仰焊最难,需经过长时间的练习才能掌握。仰焊容易造成熔池过大的危险,而且一些金属液滴会落入喷嘴而引起故障。因此在进行仰焊时,一定要使用较低的电压,较短的电弧和较小的熔池。操作时将喷嘴推向工件,以保证焊丝不会向熔池外移动。最好能够沿着焊缝均匀地拉动焊炬。

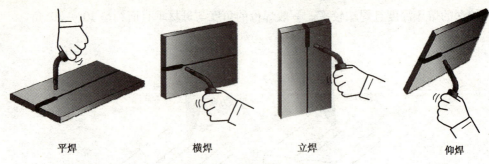

图 2-15 焊接姿势示意图

平焊　横焊　立焊　仰焊

(九)常见缺陷及原因

当焊接条件不佳,不可能获得良好的焊接品质。表 2-3 是经常发生的焊接缺陷(品质问题)。除了必须了解焊接缺陷名称和缺陷状态外,亦要了解发生的原因和对策。

表 2-3　常见缺陷及原因

缺陷	示意图	说　　明	主要原因
气孔和凹坑	凹坑　气孔	气体进入焊接金属中会产生气孔和凹坑	焊丝有锈迹或水分; 母材上有锈; 不适当的阻挡(喷嘴堵塞、弯曲或气体流量过小); 焊接时冷却速度太快; 电弧太长; 焊丝规格不合格; 气体被不适当地封闭; 焊缝表面不干净
咬边		咬边是由于过分熔化的母材形成一个凹槽使母材的横截面减小,严重降低了焊接部位的强度	电弧太长; 焊炬角度不正确; 焊接速度太快; 电流太大; 焊炬送进太快; 焊炬角度不稳定
熔化不透		这种现象发生在母材与焊接金属之间,或发生在两种熔敷金属之间	焊炬进给不当; 电压较低; 焊接部位不干净
焊瘤		角焊比对接焊更容易产生焊瘤,焊瘤会引起应力集中而导致过早腐蚀	焊接速度太快; 电弧太短; 焊炬送进太慢; 电流太小

(续表)

缺陷	示意图	说　明	主要原因
焊接熔深不够		此种缺陷是由于金属熔敷不足而产生的	电流太小； 电弧太长； 焊丝端部没有对准两层金属板的对接位置； 槽口太小
焊接溅出物过多		过多的溅出物在焊缝的两边形成许多斑点和凸起	电弧太长； 母材金属生锈； 焊炬角度太大
溅出物（焊缝浅）		在角焊缝处容易形成溅出物	电流太大； 焊丝规格不正确
垂直裂纹		裂纹通常只发生在焊缝顶部表面	焊缝表面被弄脏（油漆、油、锈斑）
焊缝不均匀		焊缝不是均匀的流线型，而是不规则的形状	导电嘴的孔被损坏或变形，焊丝通过嘴口时发生振动； 焊炬不平稳
烧穿		焊缝内有许多孔	焊接电流太大； 两块金属之间的坡口槽太宽； 焊炬移动速度太快； 焊炬至母材之间的距离太短

五、焊接方法

维修车身时,使用气体保护焊时比较常用的几种焊接方法,见表2-4。

表2-4 车身修理中常用焊接方法及特性

焊接方法	特 性
填孔焊	填孔焊接(又称塞焊)是在车身修理中使用最频繁的焊接方法之一,其应用于无法实施点焊的特殊部位,或是使用点焊接而不能达到理想强度的部位。 对两块或两块以上重叠在一起的钢板的上板钻孔,用熔融金属将孔填满。 若焊接的钢板厚度非常厚,则填孔的孔径必须加大。 | 板厚/mm	孔径/mm | |---|---| | 1.0 | 至少5 | | 1.0~1.6 | 至少6.5 | | 1.7~2.3 | 至少8 | | 2.4以上 | 至少10 |
搭接焊	搭接焊是在重叠两片钢板的边缘实施焊接,使钢板结合成一体的焊接方法。 使用于车身上无法实施点焊或填孔焊接的部位。 此种方法通常用于制造大梁时的焊接。

焊接方法	特　　性
对接焊	将两片钢板置于同一平面上,并把两片对接钢板的缝隙填满而接合成一体。此种方法用于无法实施重叠焊接的部位。 使用于切割和接合的焊接钢板上。 定点焊接　　　　　连续焊接 虽然厚、薄钢板都可实施对头焊接,但是在焊接较厚的钢板时,为了提供较佳的渗透性,必须如下所示将开口研磨成斜面。 研磨　　　　　　斜面

六、设备、工具和材料准备

（1）气体保护焊机、80% Ar + 20% CO_2 的保护气体。

（2）工作帽、焊接防护面罩、焊接口罩、工作服、皮围裙、焊接皮手套、皮护腿、安全鞋等。

（3）焊接钢板若干,规格0.8~1mm冷轧钢板。

（4）打孔机或电钻若干,钣金钳、扁嘴钳、钢丝钳、钳工台、螺丝刀等。

（5）清洁布、除油剂。

七、技术标准及要求

焊接的强度取决于焊接的质量,因此车身维修中对焊接质量应进行控制。

对车身进行焊接前,可试焊一些样板来验证焊接参数和效果。具体的做法是选择与汽车车身上需要焊接的零部件材料相同的金属板,调整好焊接的各项工艺参数,进行焊接。焊接完成后,对试验样板进行破坏性试验,根据试验结果评价焊接质量。

1. 对接焊和搭接焊

焊缝外观要求:焊珠形状规则、焊珠排列平直、背面熔深连续、无过多焊渣、无穿孔、工件无扭曲变形、焊缝宽度5~7mm、高度1~3mm、熔深2~3mm。

破坏性试验要求:焊接完毕后进行破坏试验,将下层金属板材夹持在台钳上,反复弯折上层金属板材,直至两层板材被分离。破坏结果应为上层金属板材沿焊疤轮廓折断,下层金属板材无脱焊,否则说明焊接不符合要求。

2. 填孔焊

焊缝外观要求:①5mm 填孔焊,焊珠形状规则,无补枪操作,焊珠直径 6~8mm,高度 1~2mm,熔深 1~3mm,无熔穿,无过多焊渣,无气孔;②8mm 填孔焊,焊珠形状规则,无补枪操作,焊珠直径 10~12mm,高度 1~2mm,熔深 1~3mm,无熔穿,无过多焊渣,无气孔。

破坏性试验要求:焊接完毕后进行破坏试验,将下层衬板板材夹持在台钳上,采用扭转的方式以焊点为中心扭转上层金属板材。上层金属板材应沿焊疤外缘整齐断开,在衬板板材上留有焊疤,但衬板不应脱焊,否则焊接不合格。

八、操作步骤

(一)安全防护

防护要求见表 2-5。

表 2-5 安全防护

作业	焊接准备、防锈处理	
防护用品	工作帽; 护目镜(除漆膜、焊接准备、车身密封和施涂底漆); 口罩(除漆膜、车身密封和施涂底漆); 工作服; 皮手套; 防溶剂手套; 安全鞋	
作业	气体保护焊,从预设焊机至焊接作业	
防护用品	工作帽; 焊接防护面罩; 口罩; 工作服; 皮围裙; 皮手套; 皮护腿; 安全鞋	

(二)焊接前的准备工作

(1)如果焊线的末端形成较大圆珠时,将难以产生电弧。所以必须使用尖嘴钳将焊线末端切除。切除方法如图 2-16 所示。

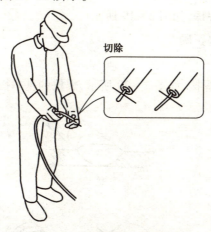

图 2-16 切除焊丝末端圆球

注意:切除焊丝末端时,切勿将焊枪末端朝向脸部。

(2)喷嘴焊渣的清除。如果焊渣物附着于喷嘴上,保护气体将无法正常流动,影响焊接效果。具体方法是从焊枪拆下喷嘴,推荐使用木制刮刀刮除焊渣物,然后用气枪将焊渣物吹除,喷嘴安装后,应喷涂防焊渣剂于喷嘴上,如图 2-17 所示。

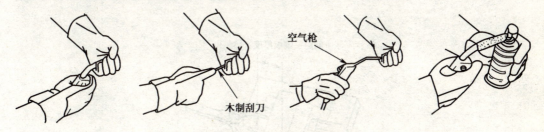

图 2-17 喷嘴焊渣的清除

(三)对接焊

1. 钢板定位

钢板定位如图 2-18 所示。

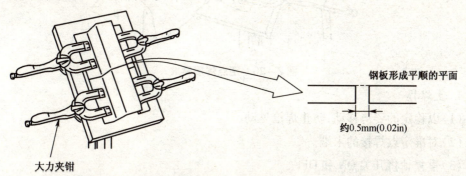

图 2-18 钢板定位

2. 焊机设定

(1) 依照使用手册调整焊接机上的各项功能。

(2) 以同样材质和厚度的试板进行试焊。

(3) 观察焊珠熔深和焊珠,如图 2-19 所示。

(4) 确认焊机是否调整正确。

3. 定点焊接

将两块钢板实施定点焊接,如图 2-20 所示,焊枪的基本操作要求如图 2-21 所示。

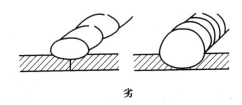

图 2-19 良好焊珠的形状

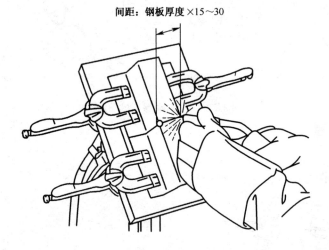

图 2-20 定点焊接要求

4. 主焊接

(1) 以稳定的姿势移动,防止焊枪晃动。

(2) 对准定点焊接的末端。

(3) 重复地将开关 ON 和 OFF。

(4) 以焊珠连接定点焊接的点,具体要求如图 2-22、图 2-23 所示。

模块 2　车身钢板的焊接

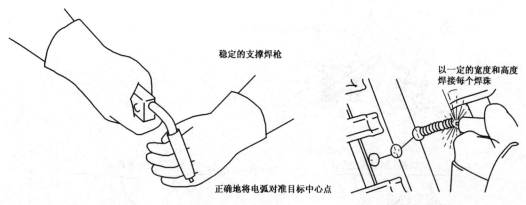

图 2-21　焊枪的基本操作要求　　　图 2-22　主焊接要求 1

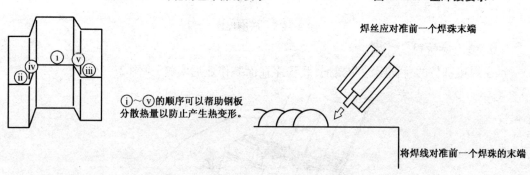

图 2-23　主焊接要求 2

焊接薄钢板时必须间断操作焊枪开关,如图 2-24 所示。

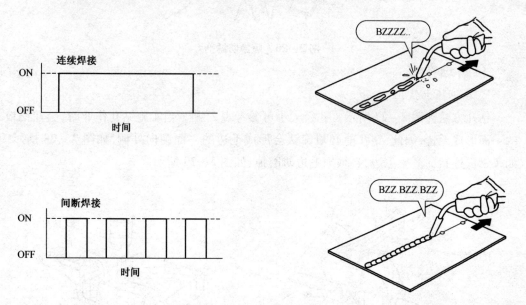

图 2-24　间断焊接与连续焊接的比较

5. 研磨焊珠

研磨焊珠和焊珠周围区域,具体要求如图 2-25 所示。

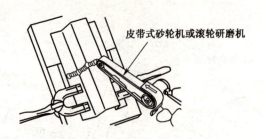

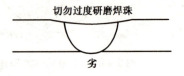

图 2-25　研磨焊珠

6. 喷涂防锈剂

在焊接部位的背面喷涂防锈剂,此程序在涂装作业后实施,见图 2-26。

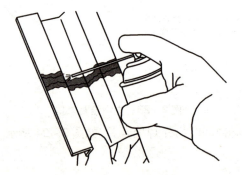

图 2-26　喷涂防锈剂

(四)填孔焊

1. 在钢板上钻孔

钻孔方法如图 2-27 所示。孔径大小可参考表 2-4。当实施钻孔作业时,会在钢板的一面形成毛边,因此,钻孔前必须确认会形成毛边的一面朝向外侧,如图 2-28 所示。如果钢板连接面产生毛边,必须把毛边研磨掉,如图 2-29 所示。

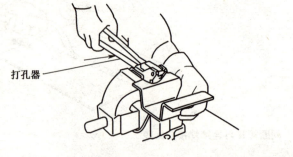
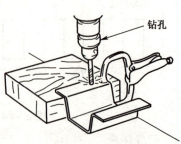

图 2-27　打孔与钻孔

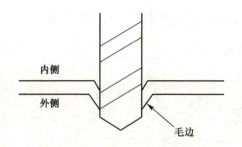
图2-28 毛边的一面须朝向外侧

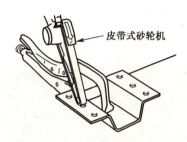
图2-29 去除毛边

2. 钢板定位

把两块钢板,叠加一起并定位好它们的位置,从孔中观察两块钢板之间是否有间隙,如图2-30所示。如果钢板间有间隙,则使用手锤和手顶铁修正钢板的变形,或使用大力夹钳夹紧孔口周圈,以防止产生任何间隙。

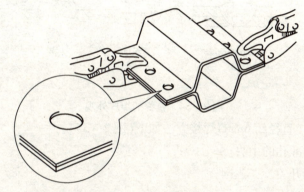
图2-30 钢板定位

3. 焊机设定

依照使用手册调整焊接机上的各项功能,以同样材质和厚度的试板进行试焊。

4. 焊接

(1)将焊枪竖立起来,如图2-31所示。

(2)调整好焊接姿势,如图2-32所示。

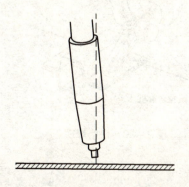
图2-31 焊枪竖立

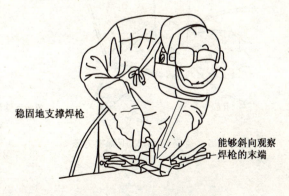
图2-32 调整好焊接姿势

(3)填满每一个孔,如图2-33所示。良好的焊珠外观如图2-34所示。

图2-33 填满每一个孔

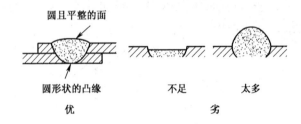

图2-34 良好的焊珠外观

对于较小孔径(直径约6mm)焊接方法如下(图2-35):
(1)将焊线对准孔的中央。
(2)扳动焊枪开关。
(3)填满孔口。
(4)松开焊枪开关。

5. 研磨焊珠

研磨焊珠和焊珠周围区域(图2-36)。

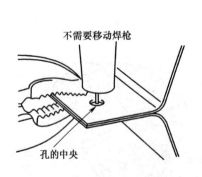

图2-35 直径6mm以下焊接方法

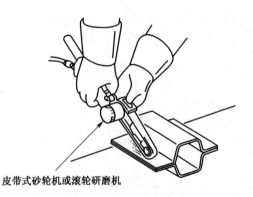

图2-36 研磨焊珠

九、技能考核表

序号	考核内容	配分	评分标准	考核记录	扣分	得分
1	焊件钢板准备	4	清洁除油、打磨焊件除锈、除杂质,必要时使用锤子修平			
		2	填孔焊钢板接合面施涂焊接专用防锈漆			
2	5mm 填孔焊	2	通过试焊,调整合适的焊接参数			
		2	正式焊接,每个孔单独用夹钳夹紧钢板			
		2	直径5mm填孔焊:对准孔中心操作、焊枪角度接近垂直于焊件表面			
		2	跳跃实施			
3	8mm 填孔焊	2	通过试焊,调整合适的焊接参数			
		2	正式焊接,每个孔单独用夹钳夹紧钢板			
		2	直径8mm填孔焊:由外向内螺旋操作、焊枪角度与焊件垂直面成10°~30°			
		2	跳跃实施			
	对接焊接	2	通过试焊,调整合适的焊接参数			
		4	先进行定位焊点操作			
		4	定位焊点的位置:以15~30倍板厚为间距			
		4	主焊接前打磨定位点			
		4	采用分段焊接分段冷却的方式(建议每段10~20cm)			
4	质量评估	16	直径5mm填孔焊:焊珠形状规则,无补枪操作,焊珠直径约7mm,高度1~2mm,熔深1~3mm,无熔穿,无过多焊渣,无气孔			
		16	直径8mm填孔焊:焊珠形状规则,无补枪操作,焊珠直径约10mm,高度1~2mm,熔深1~3mm,无熔穿,无过多焊渣,无气孔			
		20	对接焊接:焊珠形状规则,焊珠排列平直,熔深连续,焊缝宽度约6mm,高度1~2mm,熔深1~3mm,无过多焊渣,无熔穿,无气孔,工件无扭曲变形			
5	安全防护	4	工作服、工作鞋、工作帽、护目镜、耳塞、面罩、皮手套、焊接套装、焊接防护面罩、焊接口罩			
6	5S及其他	4	全程5S保持、作业结束清洁工具、错误的工具使用方法、操作失误			
教师签字				年 月 日		

课后练习题

1. 名词术语

熔化焊、压力焊、钎焊、硬钎焊、软钎焊、MIG 焊、MAG 焊、MIG 铜焊、激光焊、对接焊、填孔焊、搭接焊、立焊、平焊、横焊、仰焊。

2. 选择题

(1) 在 MIG 焊接中使用哪两种运弧方法？（   ）

   A. 跳焊或缝焊　　　　　　　　　　B. 推动或拉动

   C. 横焊或立焊　　　　　　　　　　D. 定位焊或断续焊

(2) MIG 焊接电流影响下面的哪一项？（   ）

   A. 母材的熔深　　　　　　　　　　B. 电弧的稳定性

   C. 焊接溅出物的数量　　　　　　　D. 上面所有

(3) 进行 MIG 焊接时，如果导电嘴到母材的距离太大，将会发生什么情况？（   ）

   A. 焊丝熔化速度加快

   B. 焊丝从焊炬端部的伸长部分加长，焊丝处于过热状态

   C. 减小保护气体的作用　　　　　　D. 上面所有

(4) 气体保护焊枪移动太快会导致（   ）。

   A. 熔池太大　　　　　　　　　　　B. 金属上产生孔

   C. 熔透性不好　　　　　　　　　　D. 上面的所有现象

(5) 气体保护焊的塞焊用来代替汽车制造厂的（   ）

   A. 连续焊　　　B. 电阻点焊　　　C. 钎焊　　　D. 以上所有

(6) 下列哪项不是气体保护焊的优点？（   ）

   A. 焊接方法容易掌握　　　　　　　B. 焊件不容易变形

   C. 可焊接不相熔的金属　　　　　　D. 无焊渣

(7) 下列关于 MIG 焊接钢板的描述，哪一个是正确的？（   ）

   A. 比氧乙炔焊产生更多的热变形和热量　　B. 焊接前，在焊接位置上施涂焊接剂

   C. 保护气体是 CO_2 和氧气的混合气

   D. 喷出 Ar 和 CO_2 气体来隔离焊接区域和空气

(8) 如果研磨焊珠后发现小孔，正确的处理方法是什么？

   A. 施涂防锈底漆并用原子灰填充小孔　　B. 施涂防锈蜡

   C. MIG 焊接补焊

   D. 施涂防锈底漆并用车身密封胶填充小孔

(9) MIG 焊接电流影响下面的哪一项？（   ）

   A. 母材的熔深　　　　　　　　　　B. 电弧的稳定性

   C. 焊接溅出物的数量　　　　　　　D. 上面所有

(10) 在 MIG 焊接中,电极顶端与金属板间的最佳距离是多少?(   )
A. 2~5mm   B. 2~15mm   C. 8~15mm   D. 20~30mm

(11) 气体保护焊的焊缝若出现咬边,可能的原因是(   )。
A. 焊丝规格不合适   B. 电压较低
C. 电弧太长   D. 焊接部位不干净

(12) 气体保护焊的焊缝若出现焊瘤,可能的原因是(   )。
A. 焊丝规格不合适   B. 电流太大
C. 电弧太短   D. 焊接部位不干净

3. 思考题

(1) 气体保护焊常用的保护层气体有哪些?气体保护焊有哪些特点?
(2) 简述气体保护焊的焊接原理?
(3) 焊接操作时需注意哪些安全保护措施?
(4) 对接连续焊应注意哪些操作事项?
(5) 影响气体保护焊焊接质量的因素有哪些?
(6) 你的焊件有何缺陷?原因是什么?

任务 2.2　电阻点焊

学习目标

1. 熟悉电阻点焊的设备组成、结构、工作原理、特点和焊接工艺。
2. 能利用电阻点焊完成车身维修中所需的薄钢板的点焊工作。

一、电阻点焊原理和特性

电阻点焊是目前汽车制造厂用到的最重要的焊接工艺。电阻点焊用在它们的组装线上,完成承载式车辆上的许多原厂焊接工作。钢质承载式车身结构件中 90%~95% 的原厂焊接采用的是电阻点焊,所以在修理车身时,原厂用电阻点焊的地方,应尽量采用电阻点焊。

(一) 原理

电阻点焊是属于压力焊中的电阻焊接类,其原理是对被电极加压的叠加钢板进行焊接。以大电流通过叠加的金属板,利用金属本身之电阻产生热量,待局部成半熔融状态加压、冷却后即接合成一体。由此可知点焊有加压、通电、保持三道程序,如图 2-37 所示。

加压:母材置于两电极间,在通电前先加压,使大电流能集中由某一小区域通过。

通电:在电极上通以大电流,当电流流经两片母材时,接合部位(此处电阻最大)产生焦耳热,使该部位的温度急剧上升;再继续通以电流,使母材的接合部位熔化并由于电极所加的压力而接合成一体。

保持:当停止通电时,母材的接合部位将逐渐地冷却,然后形成焊点。

(二) 特性

电阻点焊有下列特性:

(1) 焊接成本低。焊接时无需焊剂或气体保护,也不需使用焊丝、焊条等填充金属,便可获得质量较好的焊接接头。

(2) 由于热量集中,加热时间短,故热影响区小,变形和应力也小。通常焊后不必考虑矫正或热处理工序。

(3) 操作简单,操作者不需要很熟练的经验。

(4) 因为需要大电流,电缆直径较大所以点焊机的质量较重。

(5) 因为是在母材的重叠面结合,所以很难以外观判断接合状况的好坏。

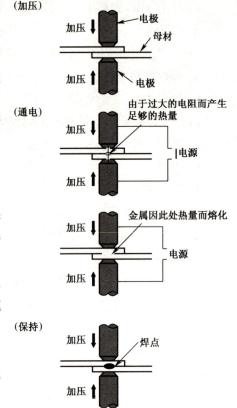

图 2-37 电阻点焊的焊接过程

二、电阻点焊工艺参数

为了得到良好的焊接效果,须注意许多因素,其中以所加压力、焊接电流、通电时间的影响最大,而其他的因素则有电极和母材的状况等。

(一) 焊接电流

焊接电流是影响热量大小的主要因素,热量与电流的平方成正比。随着焊接电流增大,熔核的尺寸或焊透率将增加(图 2-38)。在正常情况下,焊接区的电流密度应有一个合理的上、下限。低于下限,热量过小,不能形成熔核;高于上限,加热速度过快,会发生飞溅,使焊点质量下降。需要注意的是当电极压力增大时,产生飞溅的焊接电流上限值也增大。

在生产中当电极压力给定时,通过调整焊接电流,使其稍低于飞溅电流值,便可获得最大的点焊强度。

可以观察焊点部位的颜色变化判断电流的大小,电流正常时焊点中间电极触头接触部分的颜色不会发生变化,与未焊接之前的颜色相同;电流过大时焊点中间电极触头接触部分呈蓝色。

通过焊点的压痕深度也可以判断电流的大小,正常的压痕深度不能超过板件厚度的一半。当电流较大时由于飞溅较多,压痕很深,电流较小时熔化的金属较少压痕较浅。前提条件是电极压力正常。

(二) 电极压力

电极压力既影响焊点的接触电阻(因此影响热源的强度与分布),又影响电极散热的效果和焊接区塑性变形及核心的致密程度。当其他参数不变时,增大电极压力,则接触电阻减小,散热加强,因而总热量减少,熔核尺寸减小,特别是焊透率降低很快,甚至没焊透;若电极压力过小,则板间接触不良,其接触电阻虽大却不稳定,甚至出现飞溅和烧穿等缺陷(图2-39)。

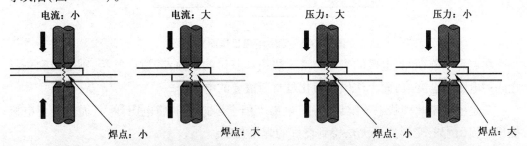

图2-38 焊接电流对焊点的影响　　图2-39 电极压力影响熔核的大小

电极压力取决于被焊材料种类、厚度和焊接规范。若被焊材料的高温强度大,则必须加大电极压力,若材料的厚度增大,则必须加大电极压力;若选择的材料太硬,塑性变形困难,同时为防止飞溅,也必须加大电极压力。

在一般情况下,若焊机容量足够大,就可以在采取增大电极压力的同时,相应地也增大焊接电流,以提高焊接质量的稳定。

(三) 焊接时间和加压时间

焊接时间是指焊件通电时间,它既影响热量的产生又影响散热。在规定焊接时间内,焊接区产生的热量除部分散失外,将逐渐积累用于加热焊接区,使熔核逐渐扩大到所需的尺寸。所以焊接时间对熔核尺寸的影响也与焊接电流的影响基本相似,焊接时间增加,熔核尺寸随之扩大,但过长的焊接时间就会引起焊接区过热、飞溅和搭边压溃等。通常是按焊件材料的物理性能、厚度、装配精度、焊机容量、焊前表面状态及对焊接质量的要求等确定通电时间长短。

加压时间是指从焊件通电之前开始加压直至焊点处的金属冷却形成焊核所需的时间。这个时间必须保证焊点位置形成一个圆形、呈扁平状的焊核。

(四) 电极工作面的形状和尺寸及状况

电极端面和电极本体的结构形状、尺寸及其冷却条件影响着熔核几何尺寸与焊点强度。对于常用的圆锥形电极,其电极越大,电极头的圆锥角 α 越大,则散热越好。但 α 角过大,其端面不断受热磨损后,电极工作面直径 D 迅速增大;若 α 过小,则散热条件差,电极表面温度高,更易变形磨损。为了提高点焊质量的稳定性,要求焊接过程电极工作面直径 D 变化尽可能小。为此,α 角一般在 $90°\sim150°$ 范围内选取。可用图2-40的方法确定,电极工作面直径 $D = 2T + 3$ mm。

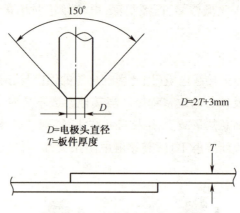

图 2-40　确定电极工作面直径

在点焊实施期间,电极的表面会产生烧损和脏污的现象;若过度脏污,则电极和母材之间的电阻将会变大,而无法供给熔化母材所需要的电流。

若是电极于此种状态下继续使用,电极不但会因过热而使电阻增大,而且会使电极提早磨损(例如:变形),而无法得到良好的焊接强度。

为了避免此情况,实施点焊作业时,要时常注意电极的状况,若有磨损时,必须使用电极头刮刀(修整电极头的工具)将电极头修整至适当的尺寸。

另外,为了冷却电极,必须在焊接数点后,用压缩空气或湿布使电极冷却。

(五)各工艺参数间的相互关系

实际上点焊过程的各工艺参数间并非孤立变化,常常变动其中一个参数会引起另一个参数的改变,彼此相互制约。改变焊接电流 I、焊接时间 T、电极压力 F、电极工作面直径 D,都会影响焊接区的发热量,其中 F 和 D 直接影响散热,而 T 和 F 与焊点塑性区大小有密切关系。增加 I 和 T,降低 F,使析热增多,可以增大熔核尺寸,这时若散热不良(如 D 小)就可能发生飞溅、过热等现象;反之,则熔核尺寸小、甚至出现未焊透。

(六)点焊的位置

虽然每个焊点的强度受到三个要素(压力、焊接电流、通电时间)的影响,但是整个焊接强度则是受到点焊间距(两焊点之间的距离)和边距(焊点至母材边缘的距离)的影响。

点焊的间距越小,其焊接强度越强。若间距小于某个限度时,焊接强度将不会增加,这是因为有部分电流流向前一个焊点,此电流称为"分散电流"(图2-41)。该分散电流阻碍了焊接区域的温度的升高。因此焊点的间距必须大于某个距离以防止分散电流的发生。

另外,若边距太小,则焊接部位所熔化的熔浆会流到母材外面造成母材穿孔,或使焊接部位变薄而得不到应有的强度。点焊的位置要求参见表 2-6。

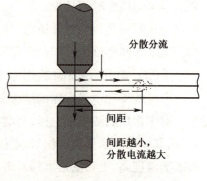

图 2-41　无效分流

表2-6 点焊位置

板厚/mm	间距/mm	边距/mm
0.6	11	5
0.8	14	5
1.0	18	6
1.2	22	7
1.6	29	8

（七）母材的状况

在母材的状况中，会影响焊接效果的因素是母材之间的间隙及其表面状态。通常加压时，母材之间若没有接触，电流将无法通过，而不能完成焊接；然而若母材之间的接触面积过小，也不能获得良好的焊接效果。母材的表面状况也是同样的道理，若是电极的接触区域面上有漆膜、生锈、脏污等情形时，就无法通过焊接所需要的电流，因而得不到良好的焊接效果（图2-42）。

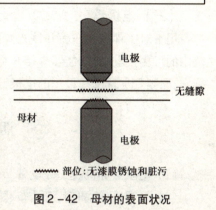

图2-42 母材的表面状况

三、电阻点焊设备

电阻点焊机由变压器、控制器、可更换电极臂和可更换电极组成（图2-43、图2-44）。

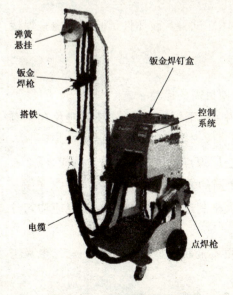

图2-43 电阻点焊机的组成

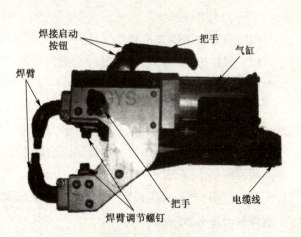

图2-44 点焊枪

（一）变压器

变压器将低电流高电压(220V或380V)转变为安全的高电流低电压(2~5V)，避免了操作者触电的危险。变压器可以和电极臂做成一体或者远距离安装，通过电缆与电极臂相连，远距离安装的变压器由于有电缆造成的电流损失，所以应使用较大的焊接电流以补偿这种损失。当使用加长型电极臂时，由于有电流损失也应相应调高电流强度。

（二）控制器

控制器用来调节焊接电流的大小和精确的焊接时间。

焊接电流的大小与工件的厚度、电极臂的长短等因素有关，通常工件厚度较大、电极臂较长时应使用较大的电流。

（三）电极臂

用来对工件施加压力并接入焊接电流。用于整体式车身修理的电阻点焊机带有全范围的可更换电极臂，能够焊接车身上各个部位的板件。电极臂的选用应根据焊接部位确定，原则是尽量选择最短的电极臂。

四、设备、工具和材料准备

（1）电阻点焊机及配套设备。

（2）打磨机、除油剂、清洁布、防绣底漆。

（3）试验样板，规格150mm×100mm×1mm冷轧钢板；轿车车身。

（4）钣金钳、钢丝钳、钳工台、錾子(凿子)、钣金锤等。

五、技术标准及要求

焊点质量的检验可采用外观检验(目测)或破坏性试验。破坏性试验用于检验焊接的强度，而外观检验则是通过外观判断焊接质量。

（一）外观检验

用肉眼看和手摸来检验焊接处的表面，有下列项目需要检验。

（1）焊接位置。焊点的位置应在板件边缘的中心，不可超过边缘，还要避免在原有的焊接过的焊点位置进行焊接。

（2）焊点的数量。焊点的数量应大于汽车制造厂焊点数量的1.3倍。例如，原来在制造厂点焊的焊点数量为4，4的1.3倍大约为5个新的修理焊点。

（3）焊点间距。修理时的焊接间距应略小于汽车制造厂的焊接间距，焊点应均匀分布。间距的最小值，以不产生分流电流为原则。

（4）压痕(电极头压痕)。焊接表面的压痕深度不能超过金属板厚度的一半，电极头不能焊偏产生电极头孔。

（5）气孔。不能有肉眼可以看见的气孔。

(6)溅出物。用纱手套在焊接表面擦过时,不应被绊住。

(二)破坏性检验

(1)扭曲试验。取一块和需要焊接的金属板同样材料、同样厚度的试验工件,按图2-45所示的位置进行焊接。然后,按图2-45中箭头所指的方向施加扭转力,使焊点处分开。扭曲后在其中一片焊片上留下一个与焊点直径相同的孔,如果孔过小或根本就没有孔(图2-46),说明焊点的焊接强度太低,需要重新调整焊接参数。

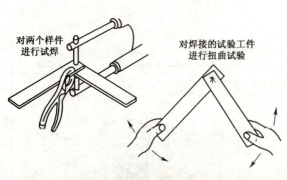

图2-45 样板扭曲试验　　　图2-46 扭曲试验结果

(2)撕裂试验。将焊接好的板件固定在钳工台上,用钢丝钳将其中一块板强行撕下,撕裂后在其中一个焊片上留有一个大于焊点直径的孔(图2-47)。如果留下的孔过小或根本没有孔,说明焊点的焊接太低,需要重新调整焊接参数。

破坏性试验只能在样板上进行,在车身上不能做,因此试验的结果只能作为调整焊接参数的参考依据。

(三)非破坏性检验

在一次点焊完成后,可用錾子和锤子按下述方法检验焊接的质量。

(1)将凿子插入焊接的两层金属板之间(图2-48)并轻敲錾子的端部,直到在两层金属板之间形成2~3 mm的间隙(当金属板的厚度大约为1 mm时)。如果这时焊点部位仍保持正常没有分开,则说明所进行的焊接是成功的。这个间隙值由点焊的位置、凸缘的长度、金属板的厚度、焊接间距和其他因素决定,这里给出的只是参考值。

图2-47 撕裂试验结果

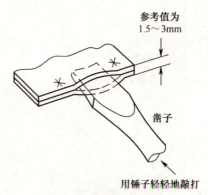
图2-48 非破坏性检验

(2) 如果两层金属板的厚度不同,操作时两层金属板之间的间隙限制在 1.5~2 mm 范围内。如果进一步凿开金属板,将会变成破坏性试验。

(3) 检验完毕后,一定要将金属板上的变形处修好。

六、操作步骤

(一) 安全防护

防护要求见表 2-7。

表 2-7 安全防护

作业	焊接准备、防锈处理	
防护用品	工作帽; 护目镜(除漆膜、焊接准备、车身密封和施涂底漆); 口罩(除漆膜、车身密封和施涂底漆); 工作服; 皮手套; 防溶剂手套; 安全鞋;	
作业	电阻点焊,从预设焊机至焊接作业	
防护用品	工作帽; 护目镜; 工作服; 皮手套; 安全鞋	

(二)磨除旧漆膜

把焊接区域的旧漆膜打磨掉,以使电流能够顺利通过钢板,如图2-49所示。

图2-49 磨除旧漆膜

(三)涂抹点焊专用漆

因焊接部位接触面在焊接完成后不易喷涂漆层,所以必须实施防锈处理。

(1)吹除研磨后的粉尘,如图2-50所示。

(2)以擦拭纸沾湿除油剂,如图2-51所示。

(3)用擦拭纸擦除钢板面的油污。

(4)在脱脂剂挥发前,使用干抹布擦拭钢板的油污。

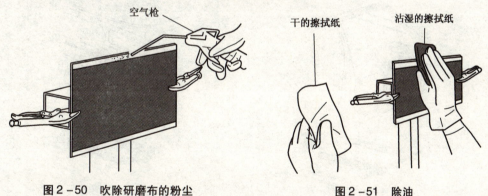

图2-50 吹除研磨布的粉尘　　　图2-51 除油

(5)在钢板焊接面涂抹点焊专用漆,如图2-52所示。

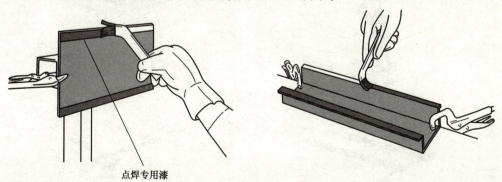

图2-52 涂抹点焊专用漆

(6)钢板定位。将两片钢板定位好后用大力夹钳固定,如图2-53所示。在车身维修中,钢板定位必须根据车辆上的钢板相互之间的尺寸,然后再检查钢板安装时的相互位置。

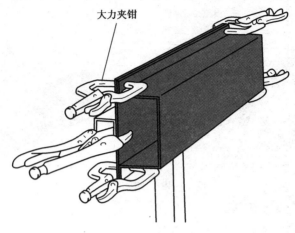

图 2-53 钢板定位

(四) 设定焊接设备

1. 选择焊接夹臂

正确地选择焊接臂的长度和形式,以使电极能正确地压紧钢板,如图 2-54 所示。

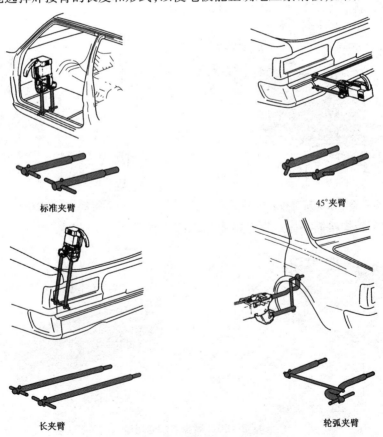

图 2-54 正确地选择焊接臂

2. 调整电极

当压紧钢板时,两个电极必须在同一直线上,如图 2-55 所示。

电极必须保持平顺和清洁,以获得适当的焊接强度,如图 2-56 所示。

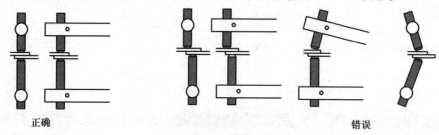

图 2-55 正确调整电极

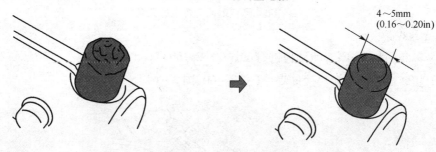

图 2-56 电极表面要求

(五)设定焊接条件

点焊机基本上需要调整以下 3 个重要的参数:所加压力、焊接电流、通电时间。所以只要正确地调整以上 3 个参数,就可获得良好的接合强度。

1. 所加压力

所加压力如图 2-57 所示。

产生大量的火花

产生间歇性少量的火花

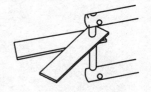
没有火花产生

图 2-57 压力与火花的关系

2. 焊接电流和通电时间

查阅点焊机操作手册,根据钢板的厚度和材料来调整焊接电流和通电时间,如图 2-58 所示。

钢板产生小的焊点

钢板产生大的焊点但没有变形产生

钢板产生大的凹陷

短 ←——————(标准值)——————→ 长
通电时间

图2-58 通电时间与焊点的关系

3. 检查焊接条件

（1）以相同材质、厚度的试板进行试焊（图2-59）。

（2）扭转试板以破坏焊接的焊点（图2-60、图2-61）。

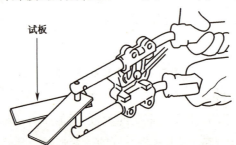

图2-59 试焊

图2-60 扭转破坏试验

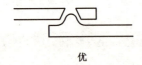
优
焊点附着至另一片钢板上

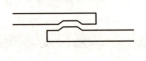

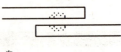
劣
焊点容易被分为两个

图2-61 试验结果要求

（六）焊接

1. 角度

电极与钢板表面必须保持约90°（图2-62）。

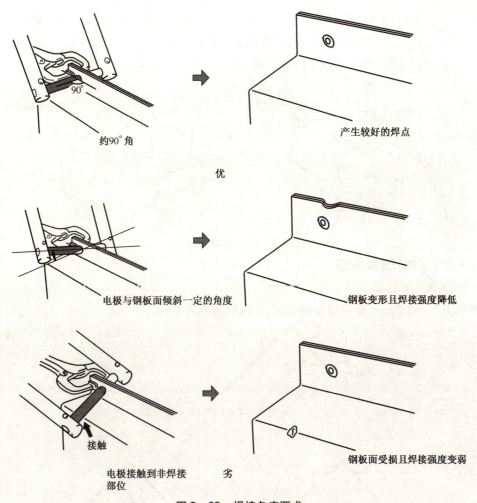

图 2-62 焊接角度要求

2. 连续点焊的因素

连续点焊的三个重要因素:焊接间距、边距和电极冷却。

(1)焊接间距。保持适当的焊接间距(表 2-5)。

(2)边距。保持适当的边距(表 2-5),如图 2-63 所示。

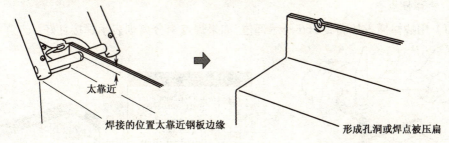

图 2-63 边距不当产生的影响

(3)电极冷却。点焊是利用钢板间的电阻热将两片钢板接合在一起。连续焊接数个焊点后,热量将传导并堆积于电极与焊接臂上,当电极与焊接夹臂的温度升高时,焊接电流将变小或导致电极提早磨损,因此难以获得良好的焊点。

每隔一段时间使用压缩空气或水冷却电极,如图2-64所示。

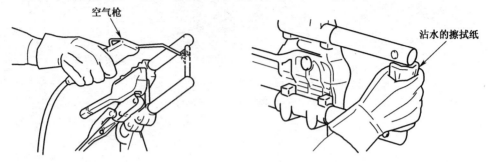

图2-64 冷却电极

(七) 焊接质量检查

1. 焊点外观检查

如图2-65所示,观察焊点的外观,评估焊接的完整性。

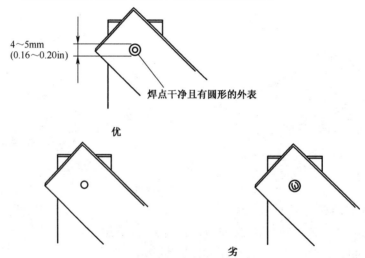

图2-65 焊点外观要求

2. 破坏性检查

(1) 用撬棒插入如图2-66所示部位,如果焊点未分离则表示焊接良好。

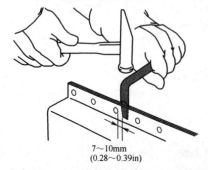 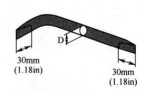

图2-66 破坏性检查

(2)修复被撬开部位(图2-67)。

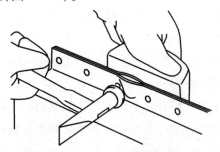

图2-67 修复被撬开部位

当改变所用的焊接设备或新钢板第一次做点焊处理时,建议实施破坏性检查。

七、技能考核表

序号	考评内容	配分	评分标准	考核记录	扣分	得分
1	能够根据板材厚度正确调整加压压力	10	未调整加压压力扣10分;压力调整不正确扣5分			
2	能够正确调整电流大小	10	未调整焊接电流扣10分;电流调整不正确扣5分			
3	能够正确设置加压时间	10	未调整加压时间扣10分;加压时间调整不正确扣5分			
4	多点连续焊接时焊点各间距合理,焊接顺序正确	20	出现一个间距过小或过大扣5分;焊接顺序错误扣5分			
5	多点连续点焊焊接质量的检查合格	20	质量检验过程中每出现1处焊点断裂扣5分			
6	单点焊接的质量检查合格	20	检验不合格扣20分			
7	安全防护	5	工作服、工作鞋、工作帽、护目镜、耳塞、面罩、皮手套			
8	5S及其他	5	全程5S保持、作业结束清洁工具、错误的工具使用方法、操作失误			
	教师签字			年 月 日		

课后练习题

1. 名词术语

电阻点焊、焊接时间、加压时间、分流现象

2. 选择题

(1) 当更换车身板件时,推荐的点焊焊接点数是多少?(　　)

A. 与原来板件上焊接点数一样　　　　B. 是原来板件上焊接点数的1.3倍

C. 是原来板件上焊接点数的2倍　　　　D. 是原来板件上焊接点数的2.5倍

(2) 下列哪一个不是点焊的三个条件?(　　)

A. 焊接头冷却周期　　B. 施加电流时间　　C. 焊接头压力　　D. 焊接头处电流

(3) 对1mm的钢板进行点焊时,以下哪一个焊点间距是比较合适的?(　　)

A. 3mm　　　　　　B. 10mm　　　　　　C. 18mm　　　　　　D. 30mm

(4) 对0.8mm的钢板进行点焊时,最适合的电极直径是多少?(　　)

A. 3mm　　　　　　B. 5mm　　　　　　C. 8mm　　　　　　D. 30mm

(5) 下面哪种焊接方法在整体式车身中应用最多?(　　)

A. MIG焊接　　　　B. 铜焊　　　　　　C. 氢弧焊　　　　　D. 点焊

3. 思考题

(1) 电阻点焊的原理是什么?特点有哪些?

(2) 电阻点焊的工艺参数及对焊接质量的影响有哪些?

(3) 电阻点焊设备的组成及作用有哪些?

(4) 电阻点焊设备焊接时要调整哪些部位?

(5) 电阻点焊焊接时有哪些因素会影响焊接质量?

(6) 怎样来检验电阻点焊的焊接质量?

模块 3

钢质车身轻微损坏的修理

目前事故车按照受损情况可分为两种形式:轻微损坏的车辆(即小事故车)和严重损坏的车辆(大事故车)。

轻微损坏的车辆,损坏部位主要是指车身外板件的变形,所进行的修理工作,主要是对外板件或外部安装件进行整形。严重损坏的车辆,除了车身的外部板件的变形外,车身的结构件也发生了弯曲、扭曲等变形,若车身零部件也会有损伤,一般需要上矫正平台,才能完成修理工作。而对这种两种损坏车辆的修理,正是汽车车身维修人员最典型的工作,修理大致工艺流程如图 3-1 所示。

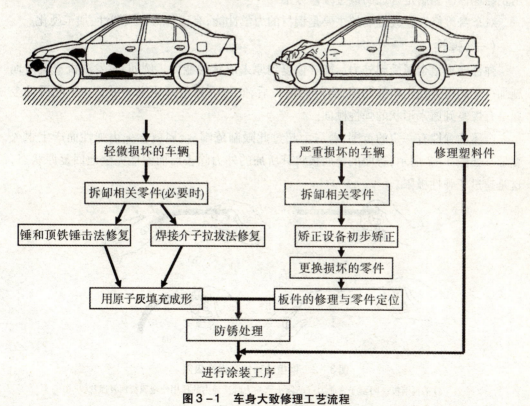

图 3-1 车身大致修理工艺流程

任务3.1　钢质前翼子板的修理

学习目标

1. 熟悉金属材料的特性。
2. 熟悉车身用钢板的类型与特点。
3. 熟悉金属板件的损坏类型及对应的修复方法。
4. 能够判断钢板的损伤范围。
5. 能够选用合适的方法修复钢板。
6. 能够使用锤和顶铁修复钢板。

一、金属材料的特性

在进行车身维修时，充分了解金属材料的性能，尤其是力学性能，才能对车身损伤作出正确地诊断和制定合理的钣金维修方案。

对车身维修有较大影响的主要是钢材的力学性能，有三种：弹性、塑性、加工硬化。

（一）弹性

弹性变形是金属受到外力后能够恢复到原来形状的能力。例如，对发动机罩缓慢地施加一定的压力使它略微凹陷，当外力消失后，它将会恢复到原来的形状。由此可见金属具有恢复到原来形状的弹性倾向。

金属的弹性有一定的范围，若应力超过此限制范围，金属就会失去弹性而产生永久变形。如图3-2所示，弯曲的金属板将其所加的外力除去后而不能完全地回复原状态，这是超过了弹性极限。

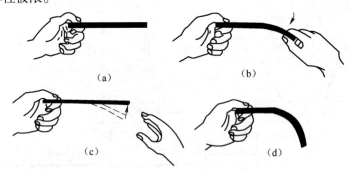

图3-2　钢板的弹性和弹性极限

(a)平直钢板；(b)施予弯曲力；(c)除去弯曲力时反弹力的作用使金属板回复原状；
(d)作用力超过弹性极限时则产生永久变形

在进行车身的修理校正操作时，可以利用金属的弹性变形性质。大多数的车身损伤都以弹性变形的形式存在,它们的变形量主要是受到塑性变形部位的限制,当塑性变形部位的变形量消除后,邻近的弹性变形部位将会回弹到原来的形状。因此在进行车身维修时要分辨哪些部位是塑性变形,哪些部位是由于受到塑性变形的禁锢而产生的弹性变形。对于弹性变形部位不应进行过多的校正,应当首先对塑性变形的部位进行复位校正,促使大部分的弹性变形回弹。

(二)塑性

金属大都具有可塑性,在车身制造中,多利用金属材料的塑性将板材加工成各种形状以满足安全上和结构上的要求。在车身修理过程中,也是利用钢板的可塑性对板材进行矫正或复位的。

塑性可分为延性及展性两种:延性可使金属拉成细丝;展性可使金属展成薄片。即在超过弹性极限的外力作用下屈服而产生永久变形。如图3-3所示为金属的拉伸特性曲线。图中A点称为弹性极限,如果施加的载荷低于A点,当载荷去除后变形将随之消失,金属恢复原来的形状,这就是弹性变形。当载荷超过A点后即使载荷消除,金属的变形也会保留下来,除少许回弹外,金属不能恢复到原来的形状而产生塑性变形。例如,图中从P点取消载荷,金属板的延伸量将返回到E点,但永久保持变形量OE。图3-3中的C点为该种金属的抗拉强度极限,当载荷高于C点时,金属将迅速产生塑性变形直至断裂,图3-3中的D点为金属的断裂载荷点,可以看出,当金属受到的载荷超过抗拉强度极限时,再能够承受的力已经非常小。

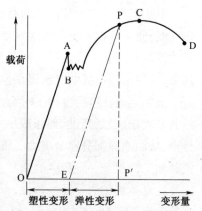

图3-3 金属材料的拉伸特性曲线图

当车辆在碰撞过程中受到损伤时,有些部位所承受的应力超过其弹性极限而产生了永久的塑性变形,但其周围的大部分金属只是处于弹性变形状态,由于受到塑性变形的限制而无法回弹。因此,钣金修理的重点应放在塑性变形部位。

(三)加工硬化

金属受到大于其弹性极限的力的作用而产生塑性变形后,虽然外力去除了,但由于金属晶粒的变形会在其内部产生很大的残留应力。残留应力会使金属塑性变形部位的硬度提高,屈服强度(刚度)加大。这种由于金属晶格畸变而造成的刚度增加现象称为加工硬化。

加工硬化作用的实例是将平钢板折曲,再将其折回时则留下当初折曲部分的形状,也会在其最初折曲部的两端产生两处新的折曲。这就是钢板的折曲处形成的加工硬化,其结果是使加工硬化部位的强度高于折曲处以外的部分,如图3-4所示。

加工硬化一方面提高了金属变形部位的刚度,车身板件和构件多以冲压的方式给金属板冲成一定的形状来加强其刚度;但另一方面也使金属的抗拉强度降低,尤其是如果反复加工塑性变形部位,会加速金属的疲劳而产生断裂。在车身钣金维修中必须强调加工硬化作用的重要性,因为它实际上就是造成金属损毁的原因。

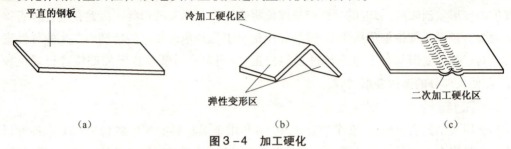

图3-4 加工硬化
(a)将平钢板折曲;(b)进一步将平钢板折曲;
(c)将折曲后的钢板向反向折曲时,则留下了当初折曲部分的形状,即加工硬化的部分

未受损伤时的车身板件都有不同程度的加工硬化,碰撞造成的损伤又加重了加工硬化程度,使板件校正工作困难重重。而对损伤部位的钣金操作更会加重硬化程度,不适当的操作甚至会造成金属的疲劳而产生破坏。因此在进行车身维修校正工作时一定要注意,要将维修造成的二次损伤控制在最小的范围内,不可造成人为损失。

虽然金属在进行冷加工时会产生加工硬化,给车身的修理带来很大的困难,但以加热的方式来成形(弯曲、伸张或压缩)时会变得比较容易。加热可以促进金属晶格的重新排列,从而消除部分残余应力。将普通低碳钢板加热到650℃左右后让其慢慢冷却,即可使其加工性得到一定程度的恢复。在对已经加工硬化了的金属板件进行加热操作时,一定要注意所加工的金属的特性,严格控制加热温度和时间,对于不能加热的金属或要求加热温度低于650℃的金属材料,不能用加热的方法恢复其加工性能,否则将会严重影响其强度,造成更大的损失,得不偿失。

(四)热量转换与热变性

传给钢板的热量有三种转换形式:氧化皮(受热钢板表面的薄氧化层);转换到分子结构;膨胀和收缩。因焊接加工以及磨削加工的摩擦发热时,均会导致钢板发生上述变化。随着钢板所受热量的不断增加,钢板颜色将会变化,直至达到熔点1500℃。钢板受热后颜色与温度的对应关系见表3-1。

表3-1 钢板受热后颜色与温度的对应关系

颜色	温度范围	颜色	温度范围
深红色	600℃	黄色	1000℃
红色	700℃	橙色	1100℃
粉色	750℃	白色	1200℃
淡黄色	900℃	白亮色	1250℃以上

随着钢板被加热,其塑性越来越高,但当钢板温度超过某一点时,材料会硬化或脆性变化。因此钢板加工时,应查看相关维修手册,温度不得超过规定值。

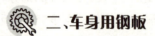 二、车身用钢板

汽车制造使用的钢材主要以钢板材为主,所用板材的厚度根据车身不同部位强度的

需要可不同。其中,车身外部板件常使用0.5~1.2mm厚的板材,车架等车身结构件多使用2~5mm厚的板材。某些重型车辆的车架使用厚度达8mm的钢板。

车身使用的钢板根据制造方法可以分为冷轧钢板和热轧钢板两类,由于制造过程不同,两类钢板在力学性能上存在很大的差异。

热轧钢板是将钢锭加温至800℃以上的高温情况下轧延后制成的钢板,厚度较大,车用热轧板通常在1.5~8mm之间。热轧板的表面质量不是很好,其冷加工性能与冷轧板相比要稍差一些,常用在外观不需要很美观的部分,主要用于车身上较厚板件的制作,如车架、骨架和梁等构件。

冷轧钢板是热轧钢板再经酸洗处理后在常温下轧延变薄,并进行表面调质处理后的钢板。由于冷轧钢板是在常温下轧制而成,所以它的厚度精度高,表面质量优越,抗拉强度和冷加工性能均较热轧钢板要优良,所以大都使用在汽车车身、机械零件、电器等表面需要平滑美观的构件上,在悬架周围特别容易受到腐蚀的部位,通常采用经过表面处理的冷轧钢板作为防锈钢板。

车身常用的钢板除少数结构件为中碳钢外,绝大多数的钢板为低碳钢。普通低碳钢含碳量低,材质较软,便于冷加工,可以很安全地进行焊接和热收缩,加热对其强度也不会产生很大的影响。但其抗拉强度比较低,容易变形,而且质量大,不利于降低车辆的总体质量。因此现代汽车上还采用了很多高强度钢材来制造车身上需要承受载荷的部件,既提高了车身的总体强度,又有效地降低了车身的总质量。但高强度钢在进行矫正操作时有许多需要注意的地方,如不能过度加热等,因为加热会对其强度造成严重的影响。因此,在进行车身矫正时要熟悉所加工的材料的特性,采取合理的方法才能达到良好的维修效果。

另外,为了提高车身总体的抗腐蚀性能,现代车辆上还广泛采用表面处理钢板(主要是镀锌板)等防腐性能优越的材料用于车身上容易发生腐蚀的地方,这些材料在进行维修操作时也有许多需要注意的地方。

(一)高强度钢板

强度可以理解为材料抵抗破坏的能力,刚度则是材料抵抗变形的能力。在材料力学上,材料的强度以其抗拉强度(拉伸应力)来表示,即材料单位面积能够承受的最大的力(单位为MPa),达到抗拉强度极限时,材料会完全破裂;刚度用材料的屈服强度(屈服应力)表示,即材料产生永久变形时单位面积上所受的最小的力(单位为MPa),达到屈服强度时,材料会产生永久的变形。

但屈服强度和抗拉强度均很高的钢材其加工性能很差,而且焊接强度很低,因此过去这种钢材在汽车车身上的应用不是很多。近年来,由于材料工业的不断发展,人们通过许多金属加工方法来提高金属的强度,包括金属的热处理、冷轧工艺和给金属加入合金成分等,制造出了很多具有较好的成型性能和焊接性能的高强度薄钢板,很快被应用于车身制造上。

目前,对于高强度钢和超高强度钢,并无统一的定义,有人认为抗拉强度超过

340MPa 的称为高强度钢。根据国际上对超轻钢汽车的研究(ULSAB—AVC),把屈服强度小于 210MPa 的钢板称为软钢,将屈服强度在 210~550MPa 范围内的钢板称为高强度钢板,屈服强度大于 550MPa 的钢板称为超高强度钢板。根据强化机理的不同又把高强度钢板分为传统高强度钢(High Strength Steel,HSS)板和先进高强度钢(Advanced High Strength Steel,AHSS)板两类。传统高强度钢种包括:无间隙原子钢(Interstitial - free,IF)、各向同性钢(Isotropic,IS)、烘烤硬化钢(Bake Harden Able,BH)、含磷(P)钢、碳 - 锰钢(Carbon - Manganese,CMn)、低合金高强度钢(High Strength,Low Alloy,HSLA)。先进高强度钢即是金相组织强化的钢种,包含相变诱导塑性钢(Transformation - induced Plasticity,TRIP)、复相钢(Complex Phase,CP)、马氏体钢(Martensite,Mart)、双相钢(Dual Phase,DP)等。HSS 和 AHSS 之间的主要区别在于其显微组织。AHSS 是多相钢,组织中含有马氏体、贝氏体以及足以产生独特力学性能的残余奥氏体。

目前普遍应用于车身的高强度钢都是等厚钢板,例如车顶、车门、行李厢盖等部件要求具有抗变形刚度和抗凹陷性,主要使用抗拉强度为 340~390MPa 的 BH 钢。随着正面碰撞、侧面碰撞的安全性标准的提高,结构件、加强件等主要使用抗拉强度 590MPa 的高强度钢板,也有些使用抗拉强度 780MPa 或 980MPa 的钢板。图 3-5 是日本某车型车身使用高强度钢的情况。

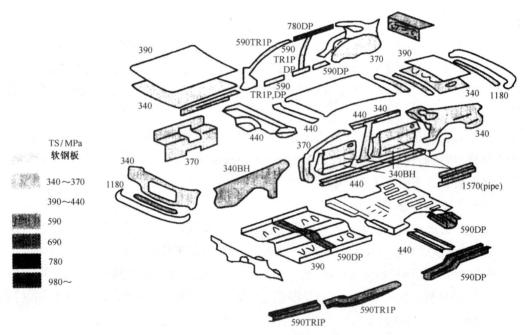

图 3-5 日本某车型车身使用高强度钢板的情况

(二)表面处理钢板

表面处理钢板即在普通钢板表面进行处理以提高其耐腐蚀的能力,常用于车身上容易发生腐蚀的部位,如悬架周围、车门的门槛下部、油箱和排气系统等。

1. 镀锌板

车身最常用的表面处理钢板是镀锌板,将锌覆于钢板表面的方法有电镀和热浸涂两种,采用热浸涂的方法涂覆的锌层比较厚一些,虽然锌层与钢板的附着性略差,但防腐能力很好;采用电镀的方法镀锌,镀层薄,表面质量良好,车身板件常用镀锌板制造。

镀锌板可分为单面处理、双面处理等几种。单面处理的镀锌板即只有一面有镀层,另一面是普通钢材;双面处理即两面都有镀层,其中一面镀层薄一些,只有一层,而另一面镀层厚一些,有两层。不同表面处理的板材在使用上有所差异,一般来讲,有镀层的或镀层厚的一面应朝向内,因为里面无法进行防腐处理,只能依靠板材自身的防腐能力;而没有镀层或镀层薄的一面应朝向外,可以在其上进行涂装操作,增强其防腐能力。

镀锌板依靠表面活性较强的金属锌作为保护层,锌先产生氧化物而保护内部的钢板,因此镀锌层在进行车身维修时应尽量保持其完好,不得将锌层磨去,尤其是用于内部的锌层,由于无法再次进行防腐处理,必须保证完好。

镀锌板在进行焊接操作时要注意,高温会使锌层汽化,汽化的锌具有较强的毒性,因此在对锌板进行焊接时需要做好防护工作,在通风良好的环境下进行。如确有必要,允许将焊接点周围的镀锌层刮去或磨去,但影响面一定要小。

2. 镀锡钢板

镀锡钢板是在冷轧钢板表面被覆一层锡铅合金,俗称"马口铁"。由于锡和铅都为软金属,所以其覆层具有良好的润滑性,有利于冲压成形,其焊接性能也非常好。这种软金属的覆层与底材的附着力很强,不会产生剥落,耐蚀性也很好,常用于汽车的油箱等。

3. 镀铝钢板

镀铝钢板在高温下的耐腐蚀能力非常强。车辆行驶时底盘上受到飞溅泥水和排放废气等的影响,使排气管等排气系统的零部件快速腐蚀。在这样的条件下,使用镀铝钢板比一般的镀锌钢板更加稳定耐用,且价格比不锈钢要便宜许多,因此被广泛使用于排气管等排气系统上。

4. 不锈钢

不锈钢主要是由铁、铬及含量不同的碳元素合金而成的,此外,还含有少量的锰、磷、硫、硅、镍、钼、铜、铝、氮等重要合金元素。作为合金钢,不锈钢在各种腐蚀环境(无论是大气还是强氧化性液体或气体)下,都具有一定的抗腐蚀能力并保持着一定的力学性能。不锈钢的强度可以比普通钢高50%,高强度质量比及其非凡的抗腐蚀能力,使得不锈钢广泛地应用于机械加工及冷成型车身零件。

三、车身金属板损伤的类型

车身在经历碰撞后的损伤状况非常复杂,没有完全相同的损伤,但构件的损伤也有一定的规律,即同种加强形式的构件其损伤类型通常是一样的。掌握了构件的损伤类型和其科学的修理方法,对整个车身的整形修复工作具有指导意义。将整个车身的损伤分解为若干个小的损伤区域再分别修复之,可以将整形工作化整为零、由繁而简,提高工作效率,并有利于减少维修造成的二次损伤,保证全车身的总体强度。

作为车身维修工作人员,必须要分辨车身损伤的类型,采取适当的维修工艺和方法。下面就车身构件的基本损伤类型和维修指导思想两方面来作介绍。车身碰撞后的损伤可以分为直接损伤和间接损伤两个类型,对于这两种类型的损伤要采用不同的修理方式区别对待。对于板件和构件的具体损伤状况,根据其结构形式和加强形式,又有单纯铰折、凹陷铰折、单纯卷曲和凹陷卷曲等4种类型,这4种类型要分别采取不同的修复方法。

(一)直接损伤和间接损伤

直接损坏通常以断裂、擦伤或划痕的形式出现,用眼睛即可看到。直接损坏是引起碰撞的物体与金属板上受到损坏的部位直接接触而造成的,如图3-6所示。在所有的损坏中,直接损坏通常只占10%~15%,但是,如果碰撞产生了一条很长的擦伤或折痕,它将在总的损坏中占80%。当今汽车上使用的金属往往太薄,难以重新加工,矫正修理需花费很多时间,所以一般不对受到直接损坏的部位进行修理。修理直接损坏通常使用塑料填充剂,有时还需要使用铅性填充剂。

间接损坏是由直接损坏引起的。通常在所有的损坏中,大部分都是间接损坏。大多数碰撞都会同时造成这两种损坏。各种构件所受到的间接损坏没有什么区别。它总是产生同样的弯曲,同样的压缩力。对间接损坏的修理方法也是相同的,只是由于受损坏部位的尺寸、硬度和位置的不同,所用的修理工具有所不同。

汽车上的钢板构件在受到碰撞时,造成的折损加重了加工硬化的程度。但要注意,金属被弯曲后,不一定会出现折损。如果弯曲后,金属能够恢复到原来的形状,则金属没有受到折损,如图3-7所示。图3-7中其他的一些受损部位只是发生弯曲,但没有折损。了解这些部位对于确定正确的修理方法起着举足轻重的作用。

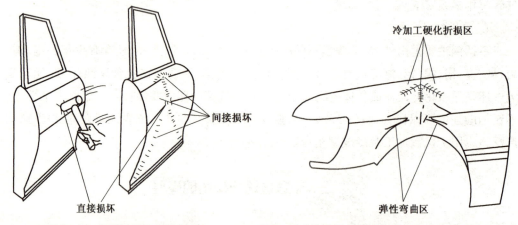

图3-6 直接损坏和间接损坏　　图3-7 典型弯曲中的加工硬化区和弹性变形区

(二)折损的类型

折损是金属的弯曲程度超过了其弹性极限的结果,超过弹性极限以后,弯曲的金属将不能恢复其原来的形状。这时如果要将金属弯回到其原来的形状,将会产生新的加工硬化。间接损坏中的折损主要分为单纯铰折、凹陷铰折、单纯卷曲、凹陷卷曲四类。

1. 单纯铰折

单纯的铰折这概念很容易理解。它的弯曲过程像一个铰链一样,沿着其整个长度均匀地弯曲(图3-8)。从图3-8中可以看出,产生这种变形时,金属上部的表面受到拉力而产生拉伸变形,而下部的表面被推到一起而产生收缩变形。由于上部受到拉伸而下部受到压缩,很显然,在金属的中间有一个未发生变形的区域。采用正确的修理方法可以矫正金属的变形,铰折处可以完全恢复。如果修理方法不正确,将会对邻近的区域和折损处造成新的损坏。单纯的铰折总是形成一条"直线"形的折损。

修理单纯铰折的正确方法是沿造成铰折的碰撞力的相反方向施加拉力将铰折大致展平,在保持拉力的情况下再在铰折部位加工硬化区域沿铰折线用手锤和顶铁做轻敲整形,如图3-9所示。

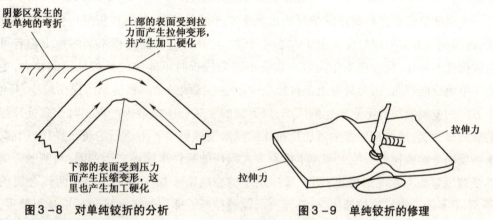

图3-8 对单纯铰折的分析　　　　图3-9 单纯铰折的修理

2. 凹陷铰折

以上对单纯铰折的描述是针对实心的金属板而言的。箱形截面上发生弯曲的规律与实心的金属相同。但是两者弯曲的结果有一点不同之处。箱形截面的中心线上没有强度,所以顶部的金属板主要被向下拉而不是受到拉伸。底部的金属板

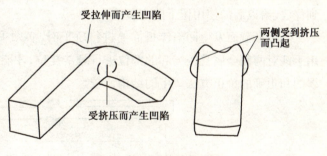

图3-10 凹陷铰折分析

受到两边的挤压而向中间空心部位凹陷,两侧的金属板被向外挤出形成两个"尖"状的突起。如图3-10所示。这种铰折形式称为凹陷铰折。

当由破坏力或冲击力而造成的单纯铰折发生扩展,并通过带有加强翻边、边缝、褶皱和箱形截面的车身板件时,导致板件弯曲、折损、凹陷,使整个板件长度尺寸变小时,就会形成凹陷铰折。在整体式汽车车身上,有许多结构复杂的箱形截面构件,其中包括箱形结构梁、车门槛板、风窗支柱、中心立柱、车顶梁等。任何被弯成一个角度的金属件都可看作是具有箱形截面。汽车板件中带有大量的隆起和凸缘,这些部位都产生了加工硬化,都被看成是局部的箱形截面,整个翼子板可看成是具有局部箱形截面的构件,如图

3-11所示。局部箱形截面也会发生凹陷，两者凹陷的结果相同，两者折损的名称也相同，都是凹陷铰折。

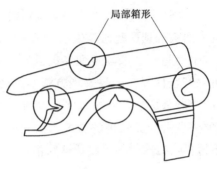

图 3-11 局部箱形截面

在对凹陷铰折进行矫正时情况要比单纯铰折复杂得多，单纯铰折只是校正单一的钢板，而凹陷铰折需要同时矫正上下左右 4 个方向的钢板，任何操作不当的地方都有可能造成构件的损坏，使修理工作失败。在矫正凹陷铰折时不能单纯地施加反向拉力，更不能简单地反向弯曲，因为只有上部被拉向中心空心区域的金属板受到的损伤最小，其他 3 个方向的金属板都有不同程度的压缩，以下面的金属板压缩最为严重。对于高抗拉强度的薄钢板而言，抵抗拉伸变形远比抵抗压缩变形要强得多。不适当的矫正操作，例如，简单的反向弯曲或拉伸会使上部原本没有多大损伤的板件压缩而产生凹陷；两侧的金属仍然受到压缩而不能得到矫正；而下部压缩了的金属由于加工硬化作用和两侧金属的阻碍，不但不能被很好地拉伸出来，甚至有可能被拉断。即使原来凹陷铰折不是很严重，可以被拉伸的方法矫正，矫正后的长度尺寸也会有很大的变化，且原变形区域的应力得不到释放，给以后的使用留下隐患。

当箱形截面发生凹陷铰折需要进行矫正时，必须采用加热的方法并伴随拉伸操作，用手锤对两侧金属受压突起的部位进行敲击复位，才能使其恢复。如图 3-12 所示为错误的和正确的矫正方法产生的结构比较。

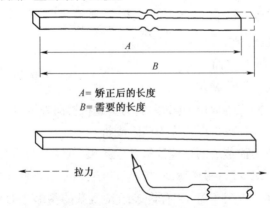

图 3-12 对凹陷铰折金属构件进行矫正的方法比较

对于凹陷铰折不是很严重的部件，有时可以采用单纯的拉伸矫正并伴随敲击整形来实现（使用专门的拉伸设备）。对于较严重的凹陷铰折，由于需要用到加热方法进行矫正,需特别注意待矫正金属构件的加热时间和温度限制,对于不能采用加热的方法进行矫正或对加热矫正后的强度没有把握的时候,最好采取整体更换或局部更换的方法来进行修复。

3. 单纯卷曲和凹陷卷曲

当车身板件受到碰撞力产生的折损穿过隆起加强的板件表面时,所发生的折损与前面所述的两种类型又有不同。由于折损贯穿的是弧形的表面,所以产生的变形与凹陷铰折有类似的地方,都是顶面的金属被向下拉产生凹陷,但是因为隆起加强的表面是弧形的,随着折损的扩展,弧面对折损的抵抗就越强,于是在折损的两端尽头出现了非常严重的挤压变形,形成两个像"箭头"样的损伤形状,箭头的尖端和两侧受到挤压而隆起并向下翻卷,箭头的下面受到拉伸而凹陷产生向上的翻卷,这种折损称为凹陷卷曲。箭头的尖端挤压最为严重,具有很强的加工硬化程度,两边形成箭头的隆起部分是受到压缩力和中间塑性变形的桎梏而形成的弹性卷曲变形,在中间尖端部位的塑性变形消失后多半可以很好地回弹,称为单纯卷曲,如图3-13所示。

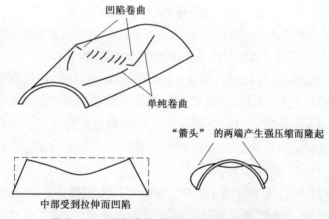

图3-13 隆起表面产生凹陷卷曲和单纯卷曲

凹陷卷曲和单纯卷曲是同时发生在隆起加强表面上的折损,这种双箭头结构是这种铰折的代表形态。车身外部覆盖件都采用隆起加强,所以在见到的车身外部损伤中,凹陷卷曲最为普遍。

对于凹陷卷曲部位的矫正比较简单,只要在折损区域沿铰折方向的横向施加一定的拉伸力,促进中间被拉下凹陷的金属部位回弹就可以在很大的程度上恢复其轮廓形状。由于整个折损只有箭头的端部加工硬化程度最高,其他部分都为弹性变形,所以在施加拉伸力使大致轮廓得到回复后,用手锤和顶铁整理箭头端部的轮廓形状就可以了。对于箭头两侧的单纯卷曲变形,只要箭头端部得到整理,单纯的卷曲会回弹,基本不用过多的整形操作。

4. 金属板件损伤的"压缩"与"拉伸"

人们经常用"压缩"和"拉伸"来形容金属受损以后的状况,也可用"高点""低点"来描述。金属被推上去的部位称为"压缩区",被拉下的部位称为"拉伸区"。图3-14中,A点处与B点处高于原轮廓,被称为"压缩区"或"高点";P处低于原轮廓,被称为"拉伸区"或"低点"。

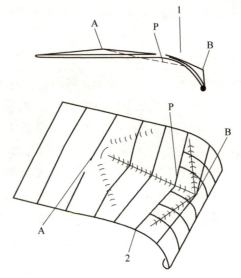

图 3-14　复合隆起板件损坏后的修整

P—作用力的作用点；A—低隆起区域的凹陷卷曲尖端；B—高隆起区域的凹陷卷曲尖端
1—碰撞力的方向；2—高隆起和低隆起的交汇处

在任何损坏发生以前，金属的内部就已经存在压缩和拉伸，这是由于构件制造时冲压成需要的形状而形成的，例如，所有隆起的部位都是受到压缩力而形成的塑性变形。但这里所讲的压缩并不是我们讨论金属板件损坏时所提到的压缩。车身碰撞所产生的撞击力沿板件传播时会对板件造成新的压缩，这种压缩力使金属板件向外隆起形成高点（因为金属板多采用向外隆起的加强形式，所以板件在受到挤压时多是向外隆起），这个压缩力才是我们讨论的压缩力。由于部分金属受到挤压而聚集并向上隆起，在其周围的金属则必然受到拉伸，拉伸结果或是使周围金属变薄而产生延展，或是向下凹陷而低于原来的轮廓。所以在分析金属板件损伤的时候一定要明确板件未受损伤时的轮廓形状，凡高于原轮廓的部位一定是受到压缩的，需要用拉伸力使其展开或是采用敲击的方法使其沉降并展开；凡是低于原轮廓的部位一定是受到拉伸的，需要释放压缩处的金属使其恢复原有形状，对于已经被拉伸延展的金属板有时还要用到收缩工艺促使其恢复。

矫正板件损伤时，分析压缩区和拉伸区与分析损伤类型同样重要，然后根据实际情况确定修理方法和正确使用工具设备。决不可用手锤敲打拉伸区域，也不能对拉伸区域施加拉力，这样会造成更大的损坏；同样也不能用填充的方法修整压缩区，这样会使原本高于原轮廓的部分更加增高。

正确分析构件和板件的损伤有助于合理的修复，在进行修复时还要考虑到损伤的重点部位和次要部位。对损坏面积较大的板件进行修复时，要将整个损坏进行划分，区别出损伤严重的部位，即加工硬化程度高的部位和塑性变形大的部位，这些部位是修复的重点。重点区域得到修复后，次要部位的损伤也会得到很大程度的缓解，因而减少工作量并避免了维修造成的二次损伤。

先要确定受损部位受到的是拉伸还是压缩,然后才可确定修理的方法和使用的工具。决不可用锤子敲打拉伸区,也不可用顶铁敲打压缩区的内侧。要根据压力的方向来决定需要施加的力。当损坏部位存在压缩区时,不可使用塑料填充剂。

各种金属板的隆起程度有所不同。隆起很高的金属板称为"高隆起",而接近平坦的金属板称为"低隆起"。汽车外部面板上的隆起有三种类型,即单向隆起(图3-13)、复合隆起(图3-14)和双向隆起(图3-15)。

如图3-14所示为复合隆起加强的板件,作用力P作用的点位于高隆起和低隆起交汇的区域,形成了一个很大的凹陷卷曲折损区域。由于高隆起部位抵抗变形的能力远高于低隆起部位,所以它产生的变形量要小得多,而低隆起部位抵抗变形的能力差,所以变形量大且面积也很大。在对这类损坏进行修复时,哪里是修理的重点区域呢?很显然是PB段,因为这一段加工硬化程度高,对整个折损的限制力也大,当这一段得到恢复时,PA段的大部分变形已经得到恢复,只要对A点周围区域进行简单的修整即可使整个板件的轮廓得到恢复。如果认为PA段是整个损伤中区域较大的部位而首先进行整理,那么在整理到PB段时,由于进入到高隆起区域,维修造成的二次变形会使已经得到修整的低隆起部位又产生新的变形损坏。

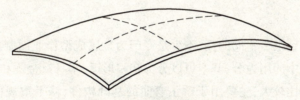

图3-15 双向隆起的金属板

四、车身钢板的锤击法修复

车身钢板目前常用的修理方法大致有三种:锤子和顶铁配合的锤击法、焊接介子拉拔法、收缩法,每种方法的适用区域见表3-2。

表3-2 钢板修复的方法及使用区域

修理方法	锤子和顶铁配合的锤击法	焊接介子拉拔法	收缩法
适用损伤区域	内侧可触及部位	内侧不可触及部位	刚性减弱部位
范例	前翼子板;后翼子板后段;后下围板;车顶钢板中段;发动机盖和行李厢盖	后翼子板轮弧部位;前后车门;车门槛板;前柱、中柱、后柱;车顶钢板的前侧、后侧及两侧;发动机盖和行李厢盖	延展的钢板;过度使用对位敲击作业的钢板

(一)敲击原理

假如将一块平钢板置于底座上敲击,则钢板的两端将会如图3-16所示向两边翘曲。锤子表面的圆弧度越大,此种翘曲的现象会越明显。从敲击后的钢板可以了解到表面圆弧度大的锤子在敲击后会产生较明显的凹陷和较深的凹痕,钢板表面会朝着凹痕的方向延伸和翘曲;反之,表面圆弧度较小的锤子在敲击后产生的凹痕较小或没有凹陷。所以修理钢板时,通常使用表面圆弧度较小的手锤。

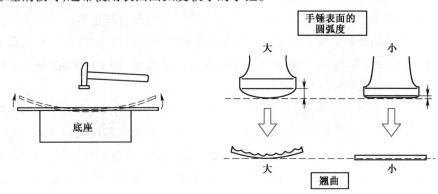

图 3-16 敲击原理

(二)工具的选择和使用

工具包括一些人们非常熟悉的普通金属加工工具和专门用于汽车车身修理的专用工具,其中钣金修复最为常用的工具是手锤和顶铁以及专用于特殊场合的各种匙形铁等。

1. 手锤

钣金修理应用到很多不同的锤,不少是专门为金属成型作业而制成特殊形状的。从各种锤在钣金作业中的用途分,基本可以分为初整形锤、车身钣金锤和精修锤等几类。

初整形锤质量比较大,主要用于矫正弯曲的基础构件、修平重规格部件和在未开始使用车身锤和顶铁作业之前的粗成形工作。一般初整形锤的质量多在 500~2500g 之间,锤面较大而且较平,适合于较大面积的修整。初整形锤的材质主要有铁质、橡胶和木质等,如图 3-17 所示。铁质的初整形锤是复原损毁的较重金属构件必需的工具,质量较大且配以较短的把柄,能够在比较紧凑的地方使用。橡胶锤和木锤由于质地较软,多用于柔和地敲击较薄的钢板,不会引起表面的进一步损坏,适用于薄钢板上较大面积的损伤初步修复。有些木锤的形状被制造成锥台形,大头为纯木质,作用与橡胶锤相同,小头为木质的锤芯外包铁箍,由于接触面积较小且质量小,也适用于金属薄板的精整形。

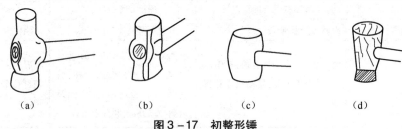

图 3-17 初整形锤
(a)球头锤;(b)铁锤;(c)橡胶锤;(d)带有铁箍的木锤

车身钣金锤是连续敲打钣金件恢复其形状的基本工具,用于初步整形之后的精整形阶段。它有许多种不同的设计,头部有扁头、尖头、圆头等多种,可以用于各种专门的用途;锤底部基本都是圆形且底部中央突起而四周略低,这样有利于将力量集中于高点或隆起变形波峰的顶端。车身钣金锤的质量要比初整形锤小很多,多在300～500g之间,这样的质量有利于进行精度较高的整形修复工作,同时对周围的二次损伤也较小。如图3-18所示为常用的几种车身钣金锤。

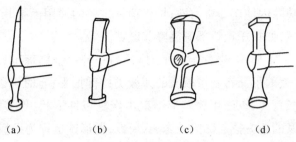

图3-18 车身钣金锤

(a)尖头锤(撬镐);(b)扁头锤;(c)弧面锤;(d)普通钣金锤

尖头锤的尖端有的可以被制造得很长,兼有撬起凹陷部位的能力,也称为撬镐,其主要用途是利用尖端对小的凸起部分进行修平,并可以利用长长的尖部进行撬起整形;扁头锤的扁头对于制筋等部位的轮廓修整非常有用,常用来修整板件上的制筋轮廓边缘;球头弧面锤的球头曲率比较大,适用于很多高隆起加强的板件的内部;常用的上方下圆钣金锤方头一边接触面积较大,可以进行大面积整形,圆头的接触面积较小,多用于小范围的精整形操作。

精修锤与车身钣金锤在形状上没有太大的区别,只是质量上更轻一些,适用于精度较高部位的修整。

2. 顶铁和匙形铁

顶铁是配合手锤进行钣金整形的常用工具,它的作用相当于一个小的铁砧,用手握持顶在需要用锤敲击的金属背面。用锤和顶铁一起作业,使高起的部位下降,使凹陷的部位提升。顶铁有许多不同的形状,各个面的曲率也不同,分别用于特定的凹陷形式和车身板件的外形。如图3-19所示为常用的顶铁。

在选用顶铁时,顶铁使用面的曲率与面板外形的配合非常重要,假如在高隆起的表面使用了低曲率的顶铁,在加工中会造成更大的凹陷。所以在选用顶铁时要把握一定的原则,即使用隆起弧面略高于需要修整的板件隆起弧面的顶铁,随着板件的修整其外观逐渐得到恢复,要不断调整和更换不同隆起弧面的顶铁。如图3-20所示,顶铁平面端不可置于钢板的弧度面,因为顶铁的尖端将使钢板面留下伤痕,一般建议顶铁表面的圆弧度约为钢板原始弧度的80%。

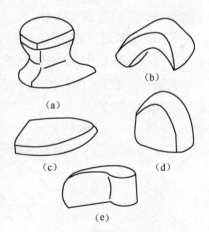

图3-19 常用的各种顶铁

(a)万能顶铁;(b)护板顶铁;(c)足尖形顶铁;

(d)足跟形顶铁;(e)楔形顶铁

如图3-19所示的各种顶铁中,万能顶铁有许多不同隆起的弧面,基本上可以适应各种隆起表面的板件,因此称为万能顶铁,但由于体积较大,在有些修理空间不够大的情况下无法得到施展,因此还要许多不同薄厚和形状的顶铁配合,足尖状顶铁和足根状顶铁比较薄,适合于加工空间较小的位置使用;楔形顶铁有一个尖锐的扁平头,在车门外板内侧等许多窄小的缝隙内使用非常有效;护板顶铁主要的使用面是其高高隆起的部位和前端较为平坦的区域,如翼子板背部等高隆起区域。

匙形铁(如图3-21所示,也称为修平刀)是另一种钣金修理工具,它有时可以用来当锤使用,利用其宽大的平面将变形较大的薄板类构件拍平;有时可以当作顶铁使用,垫在需要整形的金属板背面,正面用轻整形锤敲击恢复板件形状;更多的时候是用匙形铁伸入到用手不能触及的地方撬起凹陷的金属,所以,匙形铁也称为撬板或拍板。

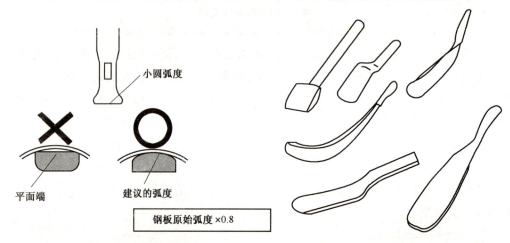

图3-20 顶铁的选择　　　　图3-21 常用匙形铁

在选用匙形铁时,与选用顶铁一样,都要考虑到需要修整的表面的形状。平直表面的匙形铁可以将敲击力均匀分布到其宽大的表面上,在皱褶和隆起部位非常有用,通常将匙形铁垫在需要修整的表面上,然后用锤敲击匙形铁来修复褶皱较大且板件厚度较小的部位,如图3-22所示。

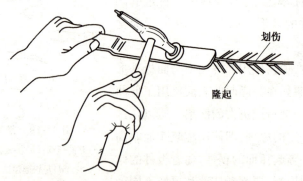

图3-22 用锤和匙形铁修整划伤部位

(三)手锤和顶铁的握持方式

手锤和顶铁的握持方式如图3-23和图3-24所示,锤击方式如图3-25所示。正确握持和敲击将在钢板表面留下平整的记号,否则会留下不均匀的记号,如图3-26所示。敲击时,不要过猛,因为很少的几次猛烈敲击对金属造成的延展比多次轻微敲击对金属造成的延展还要多。在敲打板件时一个有经验的修理人员每分钟施行100～120次的轻微敲击。

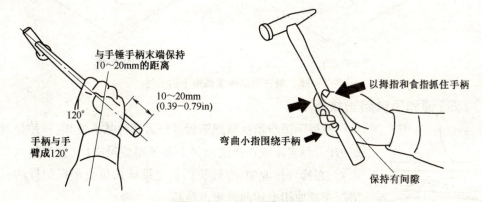

图3-23 钣金锤的握持

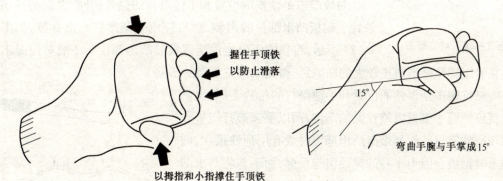

图3-24 顶铁的握持

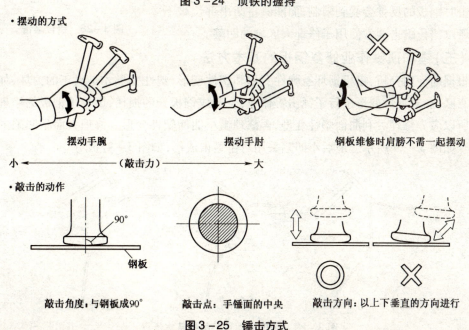

图3-25 锤击方式

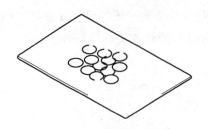

平整的记号　　　　　　　　　不均匀的记号

图3-26　敲击后钢板表面留下的记号

（四）锤和顶铁敲击技巧

图3-27　对位敲击

使用手锤与顶铁修理钢板可分为两种基本技巧：一种是对位敲击（又称实敲或正托法），另一种是错位敲击（又称虚敲或偏托法）。在修理作业中，有经验的钣金维修人员会根据钢板的损伤情况交替使用上述两种敲击技巧。

对位敲击是顶铁的位置和手锤敲打的位置相同，也就是将顶铁置于钢板凸出部位的内侧，然后使用手锤敲打凸出部位，如图3-27所示，将顶铁正确地顶至钢板的凸出部位。一般对位敲击是在使用错位敲击修正较大的凹陷后，再用来修整细微的凹陷。

错位敲击是顶铁的位置和手锤敲打的位置不同，也就是将顶铁置于钢板内侧较低的部位，而以手锤敲打钢板外侧较高的部位。假如敲击凸出部位时没有用顶铁顶住，则敲击时钢板会因为本身的弹性引起反弹，而不易将凸出部位敲下去，此时若将顶铁置于钢板内侧，如图3-28所示，则敲击时钢板的反弹会受到限制，而能够将凸出部位敲下去。所以错位敲击通常使用于修理大区域的凹陷。

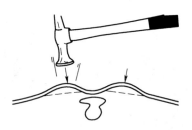

图3-28　错位敲击

（五）锤和顶铁作业修复钢板的基本方法

根据前面的分析，钢板损坏有弹性变形和塑性变形，塑性变形才是真正的损坏，如果不注意区分，对弹性变形进行了锤击等作业，会造成钢板新的损伤，影响了钢板的修理质量。所以应先修理尖利曲面塑性变型，再修理微小曲面塑性变形。修理大面积凹陷的基本步骤如图3-29所示。最后小凹陷采用对位敲击成形，如图3-27所示。

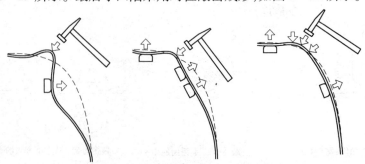

图3-29　修理大面积凹陷的基本步骤

五、设备、工具和材料准备

（1）有凹陷的前翼子板若干。
（2）直尺、手锤、顶铁及匙形铁等。
（3）安全防护用品：工作帽、工作服、安全鞋、棉手套、护耳器。

六、技术标准及要求

为了保证钢板的修理质量，原子灰的厚度应不超过2mm，这就要求在对外部钢板修复时，应最大程度地使其接近原始形状和状态。同时还需保证钢板具有一定的强度，并且没有高点（即压缩区）。

七、操作步骤

准备好工具和材料，穿戴好防护用品，按照下述步骤进行。

（一）判断损伤范围

判断损伤范围的方法一般可分为三种：目视判断、用手触摸判断、用直尺判断。

（1）目视判断是利用钢板上折射的光线来判断损伤范围和变形的程度，判断方法如图3-30所示。在此阶段检测操作区域和周围的零件是非常重要的，因为一旦实施修理之后，将很难判断正确的损伤区域。而且，若没有修理到真正的损伤区域，将造成喷涂面不平整。

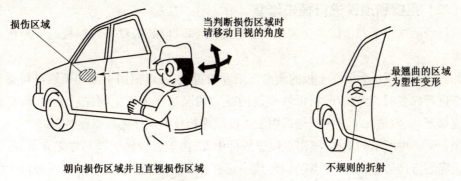

图3-30 目视判断

（2）用手触摸判断。从各个方向触摸损伤区域，不要施加任何力量于你的手上，并且要专心注意手的感觉。为了正确判断小的凹陷，你的手必须覆盖大的面积，亦包括未受损的区域。判断方法如图3-31所示。

（3）用直尺判断。先将直尺置于未受损的钢板面，检测直尺与钢板面的间隙；再将直尺置于受损的区域，以判断受损与未受损区域间隙间的差异。判断方法如图3-32所示示。相对于其他方法而言,该方法更能定量地去判断损伤区域的损伤程度。

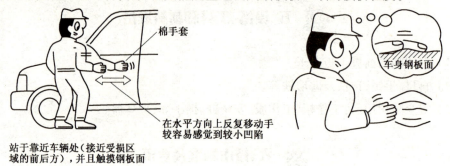

图3-31 用手触摸判断

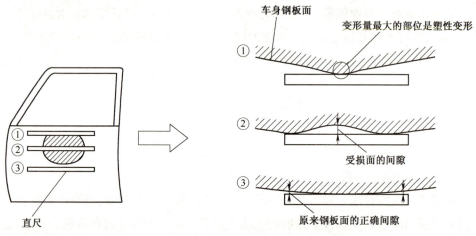

图3-32 用直尺判断

（4）综合运用这三种损伤判断方法,判断出前翼子板的损伤范围,并用彩色水笔画出损伤与未损伤的分界线。

（二）用锤和顶铁进行捶击修复

选择合适的锤子和顶铁并交替使用错位敲击和对位敲击对车身钢板的变形区域进行整形。

如图3-33所示为前翼子板的典型凹陷卷曲折损,可以使用手锤和顶铁进行整形修复。在进行修复时,首先应分析板件损伤的受力情况和折损发生的先后顺序,辩证地进行矫正修复,一般情况下应按照与折损发生的顺序相反的次序进行修整矫正。

图3-33中所示的损伤,撞击点位于板件中部,由于板件属于隆起加强表面,所以碰撞力沿隆起方向传递,在碰撞点两侧形成一道凹槽,这个凹槽是除碰撞点以外最大的变形区域。随着凹槽向外的扩展,隆起加强对碰撞力的抵抗也越来越强,最终在凹槽的两端形成新的压缩隆起（箭头）,箭头的两侧为单纯卷曲变形,凹槽部位实际上是弹性变形区域。

分析了具体情况后可以确定,这处损伤应首先从折损的外端压平,逐渐向中心处（碰撞点）接近,按照与发生损伤相反的顺序进行。

先将顶铁紧压在槽端部箭头部位的内面,这里的弯曲程度最轻但压缩最严重且加工硬化程度最高，然后使用平工作面的钣金锤在隆起处的外端离顶铁最近的地方进行轻度到中度的错位敲击。敲击迫使隆起的部位逐渐下降，顶铁处上顶的力量迫使端部凹陷的金属向上抬升，形状逐渐得到恢复。在槽的另一端箭头部位和箭头部位的两侧也重复同样的过程，如图3-33（b）所示。

随着隆起处和槽内变形应力的释放，周围的弹性金属必然会返回到它们原来的位置。同时也可以用顶铁在槽的内面向上敲击促使回弹，如图3-33（c）所示。当折损处的形状基本恢复以后，再用铁锤与顶铁进行对位敲击的方法加以整平（注意不要引起过多的金属延展），操作顺序如图3-33（d）、图3-33（e）所示。

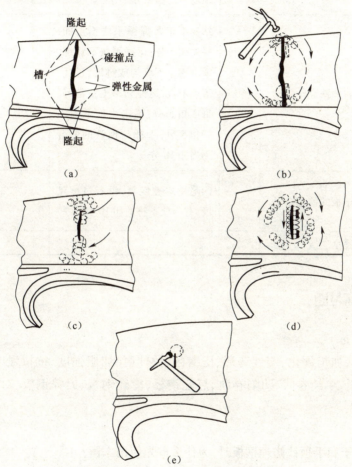

图3-33 前翼子板典型损伤的捶击法修复步骤
(a)典型凹陷卷曲折损；(b)顶铁紧压，错位敲击；(c)顶铁敲击促使回弹；(d)、(e)顶铁与手锤的对位敲击

（三）钢板收缩

用手触摸已经整形的部位，判断哪些地方是高点、哪些部位钢板整形后变薄了，然后使用车身外形修复机（介子机）对钢板的高点进行收缩。如果没有比较明显的高点，此步可省略。具体的收缩方法参见任务3.2。

（四）背面防锈处理

使用手锤和手顶铁实施修理时，可能会使钢板背面漆层龟裂或脱落，因此必须在钢板的背面喷涂防锈的底漆,防止其腐蚀。

八、考核技能表

序号	考核内容	配分	评分标准	考核记录	扣分	得分
1	前翼子板的修理程序的规范性,操作的规范性	20	程序不规范一次扣5分;除手锤和顶铁工具外,工具使用不规范一次扣2分			
2	手锤和顶铁操作	60	站姿不正及握锤手法不正确,每项扣5分;运锤手法不熟练,锤击落点不均匀或过近、过远,落点不直,运锤频率不正常等,每项扣5分;锤击力度掌握不好扣5分;手锤与顶铁的配合不当扣10分			
3	前翼子板的修理结果	20	凹陷基本被恢复,没有过度延展,有一项不符的扣10分			
教师签字				年　月　日		

课后练习题

1. 名词术语

弹性变形、加工硬化、塑性变形、压缩区、拉伸区、屈服强度、抗拉强度、刚性、单纯铰折、凹陷铰折、单纯卷曲、凹陷卷曲、热轧钢板、冷轧钢板、镀锌钢板、对位敲击、错位敲击。

2. 选择题

(1) 用锤子和手顶铁修理钢板时,为什么首先使用木锤?(　　)
A. 防止钢板收缩　　　　　　　B. 防止钢板划伤
C. 防止钢板延展　　　　　　　D. 防止工作时发出噪声

(2) 以下哪项不是热轧钢的用处和特性?(　　)
A. 用于较厚的部件如车架支柱和横梁　　B. 具有黑色氮化表面外观
C. 较冷轧钢的加工性差　　　　　　　　D. 高精度的厚度尺寸

(3) 加工硬化通常出现在(　　)。
A. 汽车制造厂冲压成型板件的弯曲部位　B. 车身板件的受折损部位
C. 板件整形时过度敲击的部位　　　　　D. 都是

(4)(　　)类型的高强度钢做成的部件必须更换,不能修理?

A. 高强度低合金钢　　　　　　B. 高抗拉强度钢

C. 超高强度钢　　　　　　　　D. 所有以上的

(5)下图中,A点所受折损的类型是?(　　)

A. 单纯铰折

B. 凹陷铰折

C. 单纯卷曲

D. 凹陷卷曲

(6)以下哪个区域一般不建议使用焊接垫圈拉出法修复?(　　)

A. 后翼子板轮眉区　　　　　　B. 前门中心部分

C. 前翼子板　　　　　　　　　D. 前中后车身立柱

3. 思考题

(1)怎样判断钢板的损伤类型?

(2)钢板修理时,先修理弹性变形还是塑性变形?为什么?

(3)锤和顶铁配合修复钢板的基本程序是什么?

任务3.2　钢质车门面板的修理

学习目标

1. 熟悉拉拔法修复钢板的原理与方法。
2. 熟悉钢板收缩的原理和方法。
3. 熟悉钢质车门面板修理的流程和方法。
4. 能够用拉拔法修复钢板。

一、拉拔法修复钢板的原理和方法

(一)拉拔法修复钢板的原理

由于现代车身的结构日趋复杂,许多车身板都由于受到焊接在一起的内部板件和车窗等结构的限制而难以触及到它们的内部;或是因为损伤比较轻微且只局限于金属外板,内板没有损坏,如果拆卸内板或拆卸相关构件,对于车身维修来讲工作量会无形之中加大很多,生产效率大大降低。因此车身维修中还使用另一种方法专门用于上述的情况,即将凹陷的金属用拉拔的方法抬高,在拉拔的同时,用钣金锤对高点进行敲击。这种方法,有些类似于锤和顶铁的错位敲击,如图3-34所示。

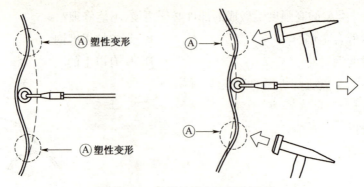

图 3-34 拉拔法修复钢板的原理

（二）焊接介子的原理

采用拉拔法修复钢板需要在钢板表面焊接用于拉出的介子,如图 3-35 所示,垫圈焊接机为电阻焊的一种,其原理是利用夹于电极上的垫圈和钢板接触,再通以大电流,使其产生电阻热而将垫圈焊接于钢板上。在图 3-35 所示的回路中,电阻最大的部位位于垫圈和钢板的接触部位。当电流通过电阻最大部位时,因为高电阻消耗电能而产生高热能。

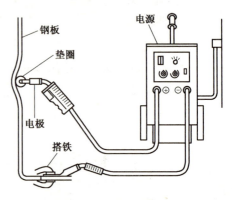

图 3-35 焊接垫圈

现在有很多车身维修设备制造厂商针对车身板件的拉拔操作设计、开发、制造了多功能的车身整形机,俗称介子机,集焊接介子(供拉拽用的介质)、拉拽操作、单面点焊、电加热收火等功能于一体,给车身的整形带来了方便。介子机可以焊接的拉拔介子有很多,常用的有普通垫圈、小螺钉和销钉等,可以根据惯性锤的头部结构更换。车身整形机的详细使用及注意事项请参见相应设备的说明书。

（三）拉拔的方法

将凹陷的金属拉拔出来的方法有很多,常用拉拔的方法可以分为四种,见表 3-3。

表 3-3 拉拔的方法

方法	说 明	图 例
使用手拉拔器拉拔	使用手拉拔器拉拔焊接垫圈,然后用手锤敲击钢板凸起部位。此种方法用于修理小的凹陷部位	
使用滑动锤拉拔	利用滑动锤的冲击力拉出焊接的垫圈来修理凹陷。此种方法用来做粗拉拔和在钢板强度高的部位修理凹陷	

(续表)

方法	说　　明	图　　例
使用拉塔拉拔	此种方法用于修理大的凹陷,将众多的垫圈焊接于钢板上,并且用较大的力量将垫圈一起拉出;此外链条能够维持拉拔的力量,以修理人员的双手能够空出来去执行其他作业,如敲击作业	
使用具有焊接极头的滑动锤拉拔	此种工具为一种包含有焊接极头的滑动锤,此种工具的极头可焊接于钢板上,并将钢板拉出。使用此工具时,必须将焊接机的正极头接于滑动锤的后侧	

二、收缩法

当金属受到碰撞而产生严重损坏时,在严重折损处通常会受到拉伸。同样的部位在矫正过程中也会受到轻微的拉伸。在直接损坏部位的隆起处、槽和折损处的金属容易受到拉伸。当金属板上存在拉伸区时,一定要将拉伸区矫正到原来的形状。

金属上某一处受到拉伸以后,金属的晶粒将互相远离,金属板变薄并发生加工硬化。可以采用收缩的方法将金属分子拉回到其原来的位置上,使金属恢复到应有的形状和厚度。收缩的目的是移动受拉伸的金属,但不影响周围的未受损伤的弹性金属。

在进行任何收缩以前,必须尽量将损坏部位矫正到原来的形状。然后,车身修理人员才可以准确地判断出损坏的部位是否存在受到拉伸的金属。如果存在,就要进行收缩。

(一) 收缩锤和收缩顶铁的应用

用图3-36所示的专用收缩锤和收缩顶铁,于膨胀隆起部位进行类似于敲平的锤击操作。为了适应车身覆盖件的形状,收缩锤与收缩顶铁的端面也有几种形状变化供实际操作时选用。

操作时,不允许将收缩锤与收缩顶铁同时使用,而应视实际情形交替使用。用收缩锤(内侧选普通顶铁)或收缩顶铁(外侧选平锤)对板料锤击的过程中,收缩锤或收缩顶铁端面上的花纹,能使被锤击的金属随之发生微小的多曲变形,由此将板件表面拉紧、收缩,凸起变形也将随之被消除。

此外还可以通过起褶法来处理拉伸金属,它是手锤和顶铁在拉伸变形部位做出一些褶。操作时使手锤和顶铁错位,用尖锤轻敲使拉伸部位起褶,如图3-36所示。起褶的地方会比其他部位略低,要用塑料填充剂填满后,再用锉刀或砂纸将这一部分打磨得和板的其他部分齐平。注意:只能在无法使用后面介绍的加热法收缩时才通过起褶的方法来收缩金属。

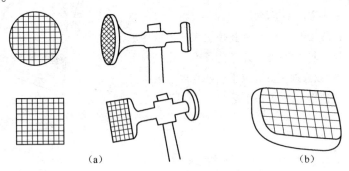

图 3-36 收缩锤和收缩顶铁

(a)收缩锤;(b)收缩顶铁

(二) 热收缩法

1. 热收缩原理

用热法收缩,可以获得比冷作法大得多的收缩延展量,更适合膨胀程度大、拉紧状态严重的变形。热收缩的原理,如图 3-37 所示。加热时,钢棒试图膨胀(图 3-37(a)),但是由于它的两端都无法膨胀,在钢棒内部便产生了一个很大的压力载荷;当温度进一步升高时,钢棒达到赤热状态并开始变软,压力载荷集中在赤热部位并随着赤热部位直径的增大而释放(图 3-37(b));如果钢棒被骤然冷却,便会产生收缩。同时,由于赤热部位直径的增大,会使钢棒的长度缩短(图 3-37(c))。

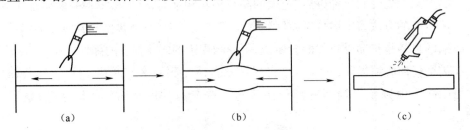

图 3-37 热收缩原理

(a)对两端受到刚性限制的金属棒加热;(b)压缩力使加热变软的金属收缩;
(c)加热去除后原加热部位断面增大,钢棒长度缩短

上面有关钢棒收缩的原理也适用于金属板上变形部位的收缩。将变形区中心的一小块地方加热至暗红色,随着温度的升高,钢板的受热处开始隆起并试图向受热范围以外的地方膨胀。由于受热范围以外的金属既冷又硬,钢板无法膨胀,所以产生了很大的压力载荷;这时继续加热,金属的延伸将集中在柔软的赤热部位,这里的金属被向外推出,使这里变厚并释放了压力载荷;将处于这种状态的赤热部位受到骤然冷却,金属将会收缩,与加热前相比,表面积会减小。当金属板由于冷却而收缩时,它的内部产生拉力载荷以抵抗加热时形成的压力载荷。

2. 热收缩顺序

先让延伸区的最高点收缩,然后再让下一个最高点收缩。依此类推,直到使整个部位均收缩到原来的形状,如图3-38所示。

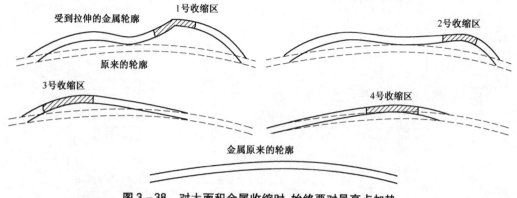

图3-38 对大面积金属收缩时,始终要对最高点加热

3. 冷却方式

冷却方式有风冷和水冷之分。前者的冷却速度稍慢,故收缩量比水冷要小一些;后者为急冷,金属的收缩量相对较大,现主要推荐使用风冷。

4. 加热方法

加热方法有用氧乙炔火焰加热和电加热两种方法,因火焰加热会由于金属的热传导作用而破坏周围的涂层;温度高对周围构件的热辐射也大,甚至需要拆除部分构件后才能施工。所以钣金作业中应尽量避免用火焰法收缩。因此利用介子机的接触电阻生热的收火方法也得到了广泛的应用。

电加热收火是介子机的常用功能之一,其工作原理也是利用导电介质与钢板接触时产生的电阻热来加热钢板的。电加热采用的导电介质有铜极和碳棒两种(图3-39),铜极有一个圆球头,端部接触面积较小,直径通常为5~8mm,适合于较小的点的收缩操作;碳棒的直径以8~10mm居多,使用时需要将端部磨削成较尖锐的圆头,在钢板上画圆来控制加热的面积。两种导电介质导电的性能都很优良,产生的电阻热都集中在钢板上,加热集中且快速(热能产生原理如图3-40所示),收缩效果良好。更主要的是这两种介质都不会因为与钢板发生接触而黏连。具体方法和特性见表3-4。

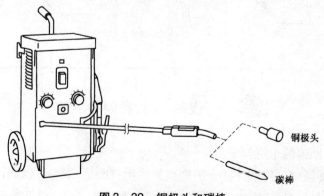

图3-39 铜极头和碳棒

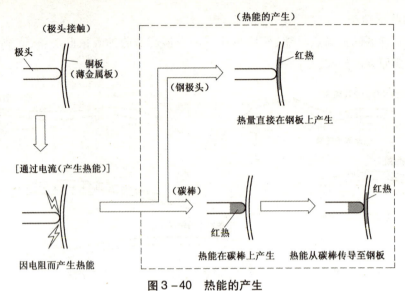

图 3-40 热能的产生

表 3-4 点缩火和连续缩火的方法和特性

缩火作业	点缩火	连续缩火
电极头	铜棒	碳棒
特性	①以单点方式收缩损伤区域。 ②虽然点缩火的覆盖区域较小,但可移动极头至需缩火的部位,作多点缩火	①以螺旋方式收缩损伤区域。 ②此种作业可同时加热和冷却较大的区域
外观		

三、设备、工具和材料准备

(1) 面板有凹陷的车门若干。

(2) 直尺、手锤、车身整形机(介子机)、单作用打磨机、车身防锈剂。

(3) 安全防护用品:工作帽、工作服、安全鞋、护目镜、口罩、棉手套、皮手套。

四、技术标准及要求

为了保证钢板的修理质量,原子灰的厚度应不超过 2mm,这就要求在对外部钢板修复时,应最大程度地使其接近原始形状和状态。同时还需保证钢板具有一定的强度,并且没有高点(即压缩区)。

五、操作步骤

准备好工具和材料,穿戴好防护用品,按照下述步骤进行。

(一)判断损伤范围

综合运用这三种损伤判断方法,判断出车门面板的损伤范围,并用彩色水笔画出损伤与未损伤的分界线。某车门面板损伤如图 3-41 所示。

(二)从工作面磨除旧漆膜

用打磨机磨除损坏区域的涂层,如图 3-42 所示。推荐使用单作用打磨机,60 号砂纸。

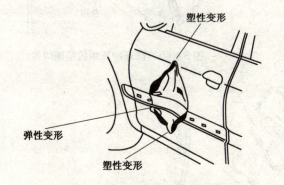

图 3-41 某车门面板损伤情况图

图 3-42 磨除损坏区域的涂层

(三)焊接垫圈拉出法修理

基本流程如下:

(1)调整车身外形修理机相关参数。开始操作之前,必须研读焊机的使用手册。为了获得良好的垫圈焊接,在进行作业之前必须调整合适的电流和电流通过的时间间隔。应采用试焊法以获得良好的参数。图 3-43 显示了垫圈焊接的情况。

(2)在车门面板损坏部位焊接一排垫圈(焊接要点如图 3-44 所示),并用轴穿起。如果轴无法穿过,则重新焊接垫圈并使其排成一条直线。有冲压线的应首先修理冲压线,然后进行平面区域的整形。修理冲压线的垫圈焊接如图 3-45 所示,无冲压线的平面应将垫圈焊在最凹处,如图 3-46 所示。

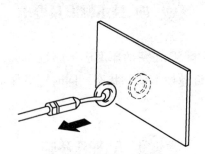
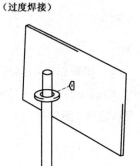

图3-43 垫圈焊接情况

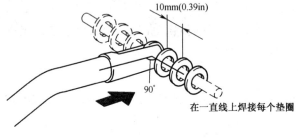
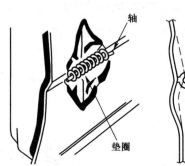

图3-44 垫圈焊接要点　　　　图3-45 修理冲压线的垫圈焊接

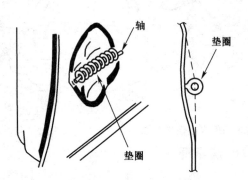

图3-46 修整平面的垫圈焊接

(3) 将链条固定至轴的中间部位,然后外拉并保持,如图3-47所示。

注意:不要用力过猛。

推荐使用拉塔进行拉拔,连接示意图如图3-48所示。拉拔具体步骤如下:

① 估算钢板原来位置。

② 通过移动接头调整角度,以90°的角度从钢板面拉出垫圈。

③ 从原来的钢板面轻轻地向外拉出。每次拉拔量如图3-49所示。

④ 当拉紧链条时,轻轻地敲下凸出部位如图3-50所示。

⑤ 敲击后,确认拉拔量并视需要再次拉拔。

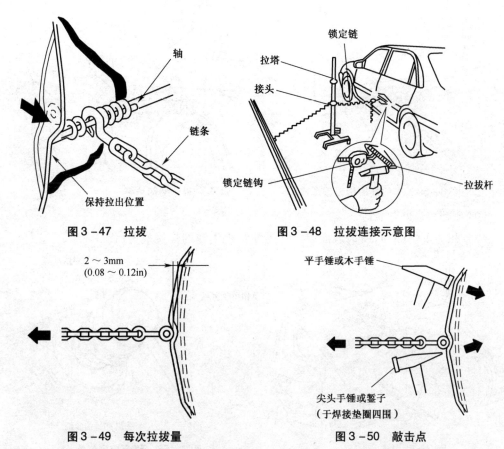

图3-47 拉拔　　　　　　　　图3-48 拉拔连接示意图

图3-49 每次拉拔量　　　　　图3-50 敲击点

(4) 将冲压线上的凸起部位拉出用錾子修整冲压线,如图3-51所示。

(5) 通过轻轻地敲击,修整焊接垫圈周围,如图3-52所示。

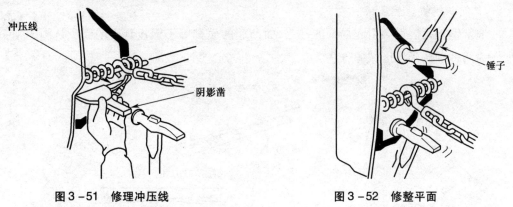

图3-51 修理冲压线　　　　　图3-52 修整平面

其他板件进行拉拔修复应注意的技巧如下:

① 在拉平空心板制零件,如车门外槛板,应多焊些垫圈(图3-53),因为这些板件具有很高的刚度。

② 如果变形不严重可用滑锤局部拉平,如图3-54所示。

③ 如果变形面积较大,则应采用多点拉平,如图3-55所示。

注意:对冲压线和平坦表面同时进行拉平操作将更为有效。

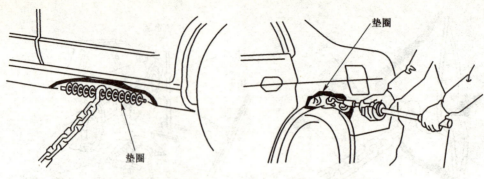

图 3-53 车门外槛板垫圈焊接　　图 3-54 局部拉平

（6）拉平后,拆卸垫圈。

（7）在拆下垫圈后,研磨表面以去除易使钢板生锈的焊接痕迹(图 3-56)。

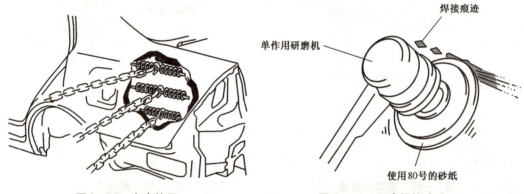

图 3-55 多点拉平　　图 3-56 研磨焊接痕迹

（四）钢板收缩

1. 判断钢板延展区域

通常钢板延展都会引起局部的凸起,而凸起的面积等于钢板延展的面积。图 3-57 所示为两种确认延展区域的方法。

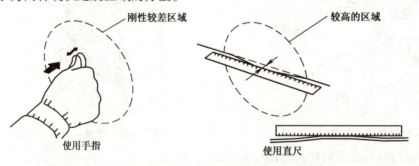

图 3-57 判断钢板延展区域的方法

2. 磨除旧漆膜

从延展区域磨除旧漆膜。推荐使用单作用打磨机,60 号砂纸。

3. 找寻缩火点

综合运用步骤 1 的两种方法,找寻延展区域的凸点。

4. 缩火

(1) 检查电极头。如果电极头脏污或受损,将不能完全使钢板加热和平顺地移动极头,所以当发现极头有脏污或凹痕时,必须用砂纸清洁极头,如图3-58所示。

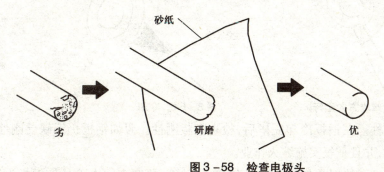

图3-58 检查电极头

(2) 点缩火。首先使用电极头对准最高点并轻轻地压下,使钢板轻微变形,如图3-59所示。接着按下开关,这时钢板将会产生一些反作用力,此时要求将电极头以一定的力量靠住钢板面1~2s,如图3-60所示。然后,使用空气枪迅速地冷却缩火区域,冷却的时间保持约5~6s,如图3-61所示。

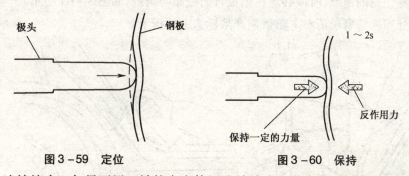

图3-59 定位　　　　　　图3-60 保持

(3) 连续缩火。如果延展区域较大应使用连续缩火。准备好碳棒极头,倾斜并轻轻地接触钢板面,按下开关,极头将逐渐红热,如图3-62所示。

将极头由外侧往内侧以螺旋方向运行,并且逐渐增加运行速度,如图3-63所示。

松开开关,并将极头从钢板面移开,使用空气枪迅速地冷却缩火区域,如图3-64所示。

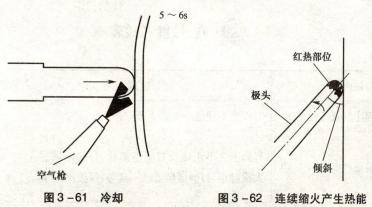

图3-61 冷却　　　　　图3-62 连续缩火产生热能

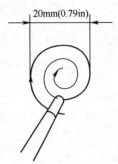
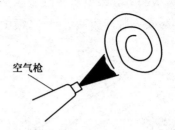

图3-63 以螺旋方向运行　　　　图3-64 冷却

(4) 检查钢板刚性。在钢板冷却完毕后,检查钢板刚性。假如钢板仍旧缺乏刚性,则寻找另一凸出的点,并且重复实施缩火作业。

(5) 磨除缩火痕迹。使用单作用打磨机和80号砂纸,研磨表面去除易使钢板生锈的缩火痕迹。

(五)背面防锈处理

由于在实施垫圈焊接作业或钢板缩火作业时会产生热量,因而影响钢板背面的漆层而导致容易生锈的情形,所以必须在钢板背面喷涂防锈剂,如图3-65所示。

防锈处理注意事项请参考防锈剂产品标志上的指示。

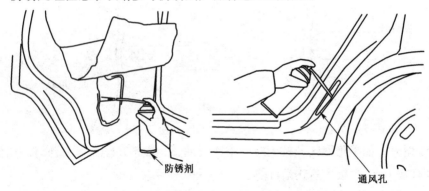

车门背侧　　　　　　　　　　　　后翼子板支柱的背面

图3-65 防锈处理

六、技能考核表

序号	考核内容	配分	评分标准	考核记录	扣分	得分
1	修理程序的规范性	10	程序不规范一次扣2分			
2	表面打磨	10	打磨手法不正确及打磨不彻底、打磨区域过大或过小、打磨区域形状不良等,每项扣2分			

(续表)

序号	考核内容	配分	评分标准	考核记录	扣分	得分
3	垫圈焊接与拉拔操作	30	参数调整不当扣5分；根据凹陷状况焊接介子部位不当扣5分；焊接强度不够扣5分；凹陷拉拔整形操作方法不正确扣5分；焊接垫圈次数过多扣5分			
4	铜极收缩操作	10	介子机调整不当扣2分；加热点选择不当扣2分；过加热或因加热不够造成收缩效果不明显扣5分；造成铜极熔化或板件烧穿扣10分			
5	碳棒收缩操作	10	加热点的选择不当扣2分；介子机调整及碳棒磨削不好扣2分；加热操作不当、加热面积控制不好，加热温度掌握不好等，每项扣2分；烧穿扣10分			
6	修理结果	20	凹陷基本被恢复；没有高点；刚性恢复；表面美观，有一项不符的扣5分			
7	安全防护	5	工作服、工作鞋、工作帽、护目镜、耳塞、面罩、皮手套			
8	5S 及其他	5	全程5S保持、作业结束清洁工具、错误的工具使用方法、操作失误			
	教师签字			年　月　日		

课后练习题

1. **名词术语**

拉拔法、收缩法、热收缩、冷收缩。

2. **选择题**

(1) 在使用垫圈焊接技术修理车身时，推荐的垫圈间距是哪一个？（　　）

A. 1 mm　　　　B. 10mm　　　　C. 20mm　　　　D. 50mm

(2) 下列哪种技术使用了与垫圈焊接修理方法一样的原理？（　　）

A. 手顶铁实敲技术　　　　B. 点缩火技术

C. 硬化处理　　　　D. 手顶铁虚敲技术

(3) 垫圈焊接修理方法修理车身哪个部位最有效？（　　）

A. 从里面可以触及的部位　　　　B. 从里面不可以触及的部位

C. 车身大梁　　　　D. 塑料部件

(4) 用拉拔器拉垫圈时,拉力与钢板表面的正确角度是哪一个?(　　)

A. 45°　　　　　B. 60°　　　　　C. 70°　　　　　D. 90°

(5) 用垫圈焊接机的铜极进行点缩火操作时,哪一个是推的冷却方法?(　　)

A. 自然冷却　　　　　　　　　B. 为防止生锈,用油冷却

C. 用空气快速冷却缩火部位 5~6s　　D. 用水冷却缩火部位

(6) 缩火的目的是什么?(　　)

A. 使钢板表面更光滑　　　　　B. 提高钢板的刚性

C. 减少钢板的抗拉强度　　　　D. 拉伸钢板

(7) 对于硬度降低的钢板,哪种修理方法是最适用的?(　　)

A. 施涂厚层原子灰

B. 在保持最小延伸的情况下,损坏部位使用手顶铁实敲技术

C. 使用垫圈焊接机,用铜极对损坏部位进行缩火处理

D. 在钢板背面施涂原子灰

3. 思考题

(1) 拉拔法和锤击法修复钢板有何异同?

(2) 采用拉拔修复钢板时,在拉拔过程中应注意哪些问题?

(3) 采用拉拔法修复钢板合理程序是什么?

(4) 损坏严重的钢板为什么要进行收缩作业?

(5) 为什么加热法能够收缩钢板?

(6) 采用电热法收缩钢板合理程序是什么?

模块 4

钢质车身严重损坏的修理

如前模块 3 所分析的,严重损坏的车辆,除了车身的外部板件的变形外,车身的结构件也发生了弯曲、扭曲等变形,非车身零部件也会有损伤,一般需要上矫正平台,才能完成修理工作。严重损坏的车辆修理工艺流程如图 4-1 所示。

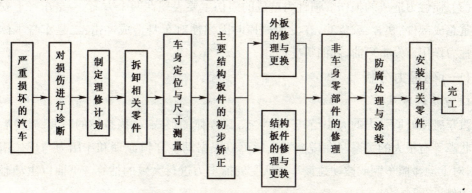

图 4-1 严重损坏的车辆修理工艺流程

任务 4.1 损伤诊断

 学习目标

1. 熟悉车身碰撞的受力分析。
2. 熟悉车身碰撞的损伤类型。
3. 熟悉车身损伤检查的基本步骤和方法。
4. 能正确评价碰撞对车身的影响。
5. 能够完成目测检查车身损伤的工作。

一、车身碰撞的受力分析与损伤种类

车辆碰撞事故引起的车身变形和损坏千变万化,没有碰撞损伤完全相同的车辆。但

由于车身结构的特点,车身在经受碰撞时的损伤也是有一定的规律可循的。掌握这个规律对车身维修,尤其是碰撞损伤的车身维修具有指导意义。车身碰撞损伤都是由外力引起的,掌握车辆碰撞受力的分析方法,再结合车身的结构特点对车身变形进行分析将起到事半功倍的效果。

车辆在经受碰撞后的损伤状况是非常复杂的,引起损伤的最根本原因是受力。只有对车辆在发生碰撞时的受力情况进行科学、正确的分析,才能准确地把握车辆的损伤形式、部位,确定出具体损伤的发生原因,这一点不但对车辆损伤的判定具有重要的意义,对今后的修复工作同样也具有指导性的意义。

车辆在发生碰撞时的受力状况也是非常复杂的,归纳起来主要有以下几个方面:

(1) 直接碰撞部位所受到的撞击力,这是车辆碰撞损伤的主因。

(2) 如果被撞击物体是非固定体,且其遭受撞击部位位于该物体质心的下方,则在撞击发生时该物体会被抛起,以下落的方式将车身砸伤。

(3) 惯性力造成的损伤。惯性力造成的损伤主要表现在两个方面:一是车身上安装的较重总成部件、乘客、载货等,在发生碰撞时因惯性对车身造成冲击;二是车身本体由于惯性力作用而发生弯曲、翘曲等变形。

(一) 碰撞力分析

1. 直接碰撞力

汽车碰撞时所受力的大小与其运动状态、碰撞体的形式、碰撞持续的时间、碰撞后的运动状态等有很大的关系。在碰撞发生后可以根据动量守恒原理和作用力与反作用力原理,对主动碰撞车辆或被动碰撞车辆所受的撞击力进行大致的估算。下面以主动碰撞车辆为例进行讨论。

汽车行驶本身是积聚了一定的能量的,当撞击发生时,运动能量的全部或部分会转换成冲击能量,使车身构件在吸收这一能量的过程中产生变形。车辆在以一定的速度行驶时,其运动能量 W 的大小与车辆的总质量 m 和当时的运动速度 v 的平方成正比,即:

$$W = \frac{mv^2}{2}$$

式中:W 为运动能量(J);m 为车辆的总质量(kg);v 为车辆行驶速度(m/s)。

由上式可以看出,一辆汽车其总质量越大,行驶的速度越高,其积聚的运动能量也越大。在发生碰撞事故时,车辆以一定的速度行驶,这个速度称为初速度,以 $v_{初}$ 表示,由于碰撞使车速迅速降低,碰撞后的车速称为末速度,以 $v_{末}$ 来表示,则在碰撞中转化为冲击能量的动能为

$$W = \frac{mv_{初}^2}{2} - \frac{mv_{末}^2}{2}$$

碰撞力的大小除与车辆所具备的动能有关外,还与碰撞持续的时间、被碰撞物体所具有的总质量和速度、发生碰撞后车辆的运动状态以及两相撞物体吸收动能的能力等因素有关。发生碰撞后其撞击力可由下式计算:

$$P = \frac{m(v_{初} - v_{末})}{t}$$

式中：t 为相撞持续的时间。

由以上分析可知：若车辆与固定刚性体（如建筑物等）发生碰撞，因固定刚性体的总质量可以设为无穷大，碰撞不会产生位移且吸收能量很小，所以车辆碰撞时的车速将在瞬间降为零，则

$$P = \frac{mv_{初}}{t}$$

由于其碰撞能量将全部为车辆本身所吸收，因此对车辆的损伤最大。

若车辆与非固定体（如运动或静止的车辆）相撞，需要具体情况具体分析。如果与相对运动的物体相撞（对撞），且碰撞后两物体的运动速度为零，则有

$$P = \frac{m_1 v_1 + m_2 v_2}{t}$$

式中：$m_1 v_1$、$m_2 v_2$ 分别为相撞两物体的总质量和碰撞发生时的速度。可见碰撞力也非常大，对车辆的损伤会很严重；但与同向运动的物体发生碰撞（追尾）时，由于被追尾车辆获得一定的能量将产生加速度，吸收了部分动能，追尾车辆也不会因碰撞而停止，还会以一定的速度行进，所以碰撞力将会很低，造成的影响不会像与固定刚性体碰撞那样的严重。所以，如果车辆以相同的条件行驶时碰撞对车辆的影响最大。

以上是以车辆正面碰撞为例做出的分析，车身从不同的结构角度上受到其他载荷的冲击时，也有如上所述的性质，可以仿此进行分析。

由于碰撞所造成的车身损伤程度，虽然主要取决于碰撞力，但车身着力点的状况也对车身损伤起决定性的作用。在其他条件等同时，如果车身以其一个平面与另外一个平面物体相撞，那么此时车身所受到的损伤将比车身以较小的端面与另一个非平面（如柱子、墙角等）物体相撞时的损伤小，如图 4-2 所示。

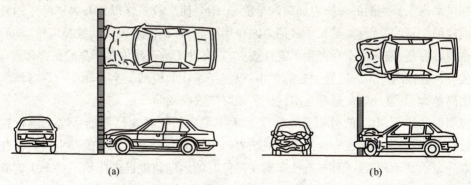

图 4-2 汽车与不同面积障碍物相撞后的结果

(a) 对壁碰撞；(b) 对柱碰撞

如图 4-2(a) 所示的车辆与一堵墙正面相撞，因车辆正面面积较大且墙面平直，所以撞击力以均布载荷的形式作用于车身，总体作用力虽然很大，但由平面均匀分配后对车身的影响减小很多；如图 4-2(b) 所示为车辆与柱状体相撞，虽然其总体作用力与图 4-

2(a)车辆相同,但由于力量作用面积小,所以引起的损伤比前者要严重得多。

另外碰撞时作用力的方向与汽车重心的相对位置,对车身的整体变形也会产生不同的影响。其中,作用力的方向与汽车重心位置重合的,称为向心式碰撞;作用力的方向与汽车重心位置不重合的,称为偏心式碰撞。一般有图4-3所示的几种类型。

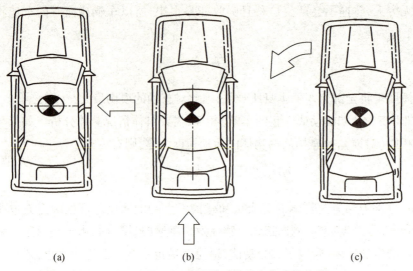

图4-3 碰撞时作用力方向的分类
(a)侧面向心方式;(b)向心追尾方式;(c)侧向偏心方式

显然,正面向心式碰撞的危害是最严重的,而来自后方的向心式追尾碰撞危害则相对要小得多。

来自于车身侧面的向心式碰撞,其冲击力恰恰指向汽车重心,侧向冲击力与重心位置重合的结果是,使碰撞过程中汽车的横移受到了限制(即不易发生整体横向滑移),力的作用时间也因此表现为瞬时性。所以,在其他条件相同的情况下,其损伤程度往往较为严重。

如果来自车身侧面的碰撞力偏离汽车重心,则会使车身整体以重心为轴产生回转现象。而这种扭转的关键,是延长了碰撞力的作用时间,冲击能量也因此被相应地减弱了。更通俗地解释是,偏移使车身产生了避让效应,它有助于减轻碰撞对车身的伤害程度。

偏心式碰撞所产生的回转力矩的大小,决定了避让效应的优劣。即着力点与汽车重心的距离越大,其避让效应越是突出;反之,则避让效应减弱。

应当说明的是,上述的分析是在假定车辆未采取任何减速措施的情况下进行讨论的,且认为车辆的末速度也完全是由于碰撞力而造成的。但在实际事故发生时司机往往会采取一定的制动和避让等措施,使车辆在碰撞时的运动速度已经降到了一个比较低的水平,其原来具备的较大的运动能量大部分会消耗在制动所造成的摩擦中,相撞时的运动能量已经比较低了。碰撞发生后,车辆的运动末速度也会受制动的影响。另外,碰撞时被撞物体会获取能量而产生加速度,并可能有较大的变形而吸收了部分能量,加上碰撞持续的时间难以确定等因素,所以,上面的公式只可对碰撞力进行分析时使用,并大致估算碰撞力的大小,并不能准确地计算车辆的实际受力,但这对车辆的损伤诊断已经足够了。

2. 惯性力

车辆在碰撞时，直接碰撞力是主要因素，对车身的损伤也最大最直接，但由于碰撞而产生的其他力，如惯性力等也同样对车身造成巨大的影响，下面简单地进行分析。

车辆在行驶时具备一定的惯性力，车上搭载的发动机、变速箱等总成以及车上的乘客、载重的货物等，与车辆一同行驶，也具备一定的惯性力。在碰撞发生时，除碰撞力对车身造成损伤外，这些来自车辆自身和载重由于惯性作用对车身同样具有冲击力，造成二次冲击损伤，这种由惯性力对车身造成的损伤同样是非常严重的，在进行碰撞分析诊断时尤其不能忽视。

图4-4所示为发生碰撞时，车辆由于自身的惯性作用而造成的变形情况。汽车与一固定刚性体相撞，车速瞬间降为零，此时车身整体在惯性作用下有一个向前翻转的趋势，车身后部腾起，之后又重重跌落。车身某些强度薄弱的地方经受不住后部巨大的惯性转矩和跌落时的冲击，发生较大变形，车顶后部上翘，车辆后地板弯曲，后翼板等均有不同程度的破坏。

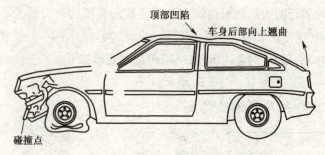

图4-4 车辆自身由于惯性力作用而变形图

如图4-5所示为车辆上的乘客和载货在惯性作用下对车身产生的二次冲击。此类冲击将影响到车顶、后背厢盖、仪表台、前风挡玻璃和车内座椅、饰件等。

图4-5 车上成员和货物对车辆的二次冲击

除上述情况外，车载总成等也会由于惯性作用而对车身造成损伤。以前置发动机前轮驱动车辆为例，发动机总成与传动系统以一个整体固定于车身上，总质量几百千克。如此之大的质量在与车辆一同高速行驶时积聚了很高的动能。当发生正面碰撞时，车身的速度很快下降，而这两个总成由于惯性仍然前冲，巨大的力量会对支撑连接部位造成撕裂并发生位移，影响到整体的定位参数。

3. 下砸力

这个力量多来自于车辆与非固定物体的碰撞。车辆与一个非固定物体相撞时,如果被碰撞物体质量较小且质心较高,而车辆碰撞点位于该物体质心的下方,此时,被撞物体在惯性作用下会向车辆翻倒并可能滚过车身的整个上部,对车身的上部非直接撞击部位造成砸伤。如图4-6所示,车辆与一较高的非固定柱状物体相撞,车辆前部承受直接撞击,发动机

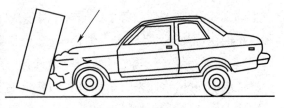

图4-6 下砸力的产生

舱盖在承受撞击力时已经发生较大的变形,当该被撞物体向车辆翻倒时,发动机舱盖又承受了第二次的下砸力,则其变形情况更加复杂。

(二) 力的合成与分解

理论和实践都证明,同时作用在物体上同一个点的两个力可以合成一个力,在力学上称为"合力"。其中合力的作用点不变,其大小和作用方向(作用线):以这两个已知的力为相邻边所做的平行四边形的对角线。该对角线的长度为合力的大小,对角线的方向为合力的作用方向,这个法则称为力的平行四边形法则。如图4-7所示,作用于物体上A点的两个已知力 F_1 和 F_2 的合力 R,可以用向量式表示如下:

$$R = F_1 + F_2$$

即合力 R 等于分力 F_1 与 F_2 的向量和。

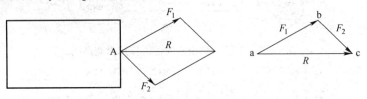

图4-7 力的合成

同理,应用力的平行四边形法则可以将作用于同一个点的多个力进行向量和,也可以将一个力按照已知的方向分解为作用于同一点的两个或多个力。如图4-8(a)所示,欲求作用力 F 沿物体边框方向作用的两个分力 F_1 和 F_2 的大小,只需以 F 为对角线,以已知的两条边的方向为平行四边形的两边作出平行四边形,则可得出沿边框方向作用的两个分力的大小。

汽车在碰撞时碰撞力为一个力,且一般都与车身呈一定的角度,如图4-8(b)所示。在这种情况下碰撞力 F 的作用线是一个空间结构,它不能向内延伸,碰撞力只有沿着车辆的板件或构件结构传递。这个例子,我们将力 F 简单分解为沿板件方向传播的3个分力 X、Y、Z,即垂直分量 Z、水平纵向分量 X 和水平横向分量 Y。在已知力 F 的大小(向量长度)、作用点 O 和3个分量的坐标轴夹角 α、β、γ 的情况下,3个分力可由以下公式求得:

$$X = F \cdot \cos\alpha$$

$$Y = F \cdot \cos\beta$$
$$Z = F \cdot \cos\gamma$$

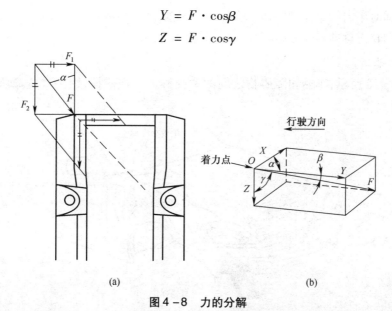

图 4-8 力的分解

以前车身的碰撞事故为例,如图 4-9 所示,如果碰撞力与水平方向呈角 α 作用于前翼子板上点 A 时,则力 A'A 可分解为垂直方向 AB 和水平方向 AC 两个方向上的力,如图 4-9(a)所示。若碰撞力 A'A 同时侧向角 β 作用于 A 点,于水平、垂直两个方向均于车身构件形成一定的夹角时,则力将沿 3 个方向分解。其中,AE 的分力向内,将翼子板前端推向散热器上架及发动机盖;AC 分力向后,将翼子板前端推向中间车身;AB 分力向下,将翼子板前端推向前车身下部,如图 4-9(b)所示。

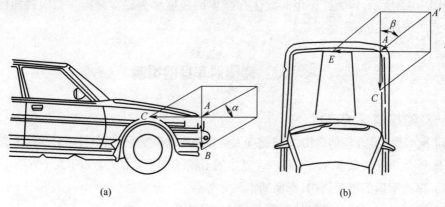

图 4-9 前车身承受冲击力的分解实例
(a)正向力;(b)侧向力

从以上的例子我们可以看出,通过对车辆碰撞点的受力情况进行分析,可以很快地找到车身损伤的受力传递路线,沿着这条路线可以发现距离碰撞点较远的地方的损坏情况。用受力分析的方法对车身进行损伤检查是非常全面的,它可以指导我们对一些重点部位进行必要的检测,不会只局限在碰撞损伤点周围而漏掉非常重要的部位。

(三)损伤种类

当车辆撞击障碍物时,会产生很大的减速力量,车辆于十万分之几秒或万分之几秒内停下来,同时车内的乘客和物体将会以车辆碰撞速度继续往前移动。因此,当减速度较大时,他们将会碰撞到仪表板、方向盘和其他内饰。

1. 一次损伤

如图4-10所示,车辆和障碍物之间的碰撞称为一次碰撞,因一次碰撞所导致的损伤称为一次损伤。

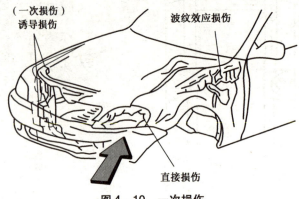

图4-10 一次损伤

(1) 直接损伤,被障碍物(外力)直接损伤的部位。

(2) 波纹效应损伤,在撞击力传输期间所造成的损伤称为波纹效应损伤。

(3) 诱导损伤,由直接或间接损伤所产生的挤压或拉伸力对其部件造成的损伤称为诱导损伤。

2. 二次损伤

如图4-5所示,因惯性作用而发生在车内的碰撞称为二次碰撞。二次碰撞所造成的损伤为二次损伤(或惯性损伤)。

二、碰撞对车身的影响

(一) 碰撞情况的确定

为了准确地判定车辆的损伤,车身修理人员要准确地掌握碰撞事故发生时的具体情况,通过与司机交谈、现场观察等,对车辆有一个基本的了解,并且要非常注意以下几个方面:

(1) 事故车辆的车型结构、车辆基本尺寸等。

(2) 碰撞时的车速和碰撞位置等。

(3) 碰撞的准确位置、碰撞力的方向和角度等。

(4) 车辆的载重情况,人员或货物的数量和位置等。

在了解了上述基本情况后,再结合上一节所述的受力分析将会比较顺利地对车辆进行检查。有经验的车身维修人员还应对不同类型的车辆在发生碰撞时的不同变形特点有更进一步的了解,这对车辆的损伤判断和制定修理方案有很好的帮助。

车辆发生碰撞事故后,由于碰撞力的大小、位置、方向和力的传递等,对车身板件和结构件所造成的损伤无一相同,但事故发生时驾驶员的反应和车辆的结构等在某种程度上对车辆的损伤也有一定的决定作用,这是有一定的规律可循的。

如果驾驶员紧急转向,想躲开障碍,那么车辆将受到侧面撞击和侧面损坏,如图4-11所示。如果驾驶员的反应是紧急制动,那么车辆将受到正面碰撞,如图4-12所示。正面碰撞时,如果撞击点较高,就会引起车发动机罩和车顶上翻,车尾下凹;而如果撞击点较低,由于车身惯性就会使车尾上翻,而车顶将前移,前车门顶部和车顶轮廓线间将出现较大裂口,如图4-4所示。

另一种需要考虑的情况是一辆轿车撞上一辆正行驶的轿车,如图4-13所示。如果汽车1撞到行驶中的汽车2的侧面上,汽车1的运动将向后挤压其前端。同时汽车2的运动还将汽车1向侧面拖动。因此虽然仅有一处碰撞,却在两个方向上都有损坏。

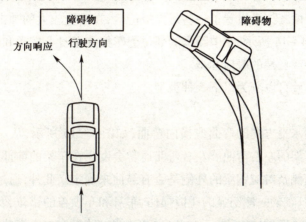

图4-11 驾驶员第一反应躲开障碍,那么车辆将受到侧面撞击

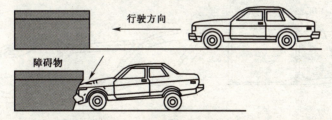

图4-12 驾驶员的第二反应是紧急制动,那么车辆将受到正面碰撞

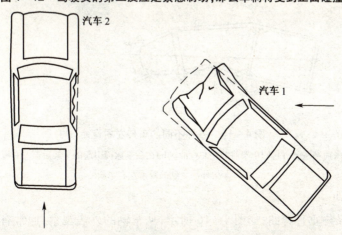

图4-13 典型的侧面碰撞(箭头方向为汽车碰撞前的行驶方向)

（二）碰撞对非承载式车身的影响

许多车辆采用非承载式车身结构，如皮卡、越野车辆等。这些车辆有坚固的车架，车身通过螺栓和橡胶垫固定在车架上，在发生碰撞时，由于有坚固的车架承受巨大撞击力，车身的损伤程度往往会轻一些，因此在对车辆进行修复时重点是对车架的矫正。

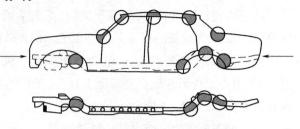

图4-14 车架和车身上的碰撞吸能区

非承载式车身的车架上设置了一些碰撞吸能区，在遭受较大的冲击时发生变形来吸收碰撞能量，如图4-14所示，图中圈出的部位为车架和车身上较柔和的缓冲部位，主要用来缓冲来自前端或后端的碰撞冲击。

车架的变形大致可以分为以下5种类型。

1. 左右弯曲

左右弯曲又称水平方向的弯曲或横向弯曲，如图4-15所示，从一侧来的碰撞冲击经常会引起汽车车架的左右弯曲。左右弯曲通常会发生在车架的前部或后部，一般可以通过观察钢梁的内侧及对应钢梁的外侧是否有皱曲来确定。此外，通过车门长边上的裂缝和短边上的皱褶、车辆一侧明显的碰撞损伤、车身和车顶盖的错位、发动机罩和行李厢盖与相应的开口部不匹配(或不能正常开启)等也可初步断定左右弯曲的变形。

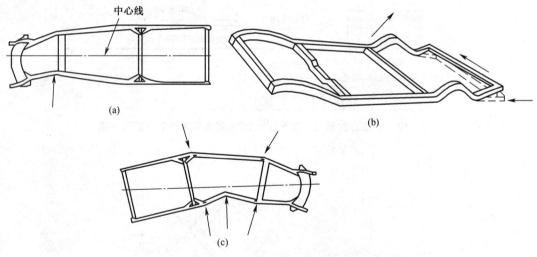

图4-15 各种不同的车架左右弯曲

(a) 由前端碰撞引起的车架前部左右弯曲；(b) 由后端碰撞引起的车架后部左右弯曲；
(c) 车架外部受到的双重左右弯曲

2. 上下弯曲

上下弯曲又称垂直弯曲，如图4-16所示，从车辆的外表观察，通常有前部或后部低于正常车辆的现象，整个车身在结构上也有前倾或后倾的现象。上下弯曲一般来自前方或后方的直接碰撞引起,可能发生在汽车的一侧,也可能发生在两侧,判别上下弯曲变形可以查看翼子板与车门之间的缝隙是否在顶部变窄、在下部变宽;也可以查看车门在撞击后是否下垂。

上下弯曲是碰撞中最常见的一种损伤,它发生在交通事故的大多数车辆上。严重的上下弯曲变形能够破坏上车身的准直,即使在车架上看不出皱折和扭曲。

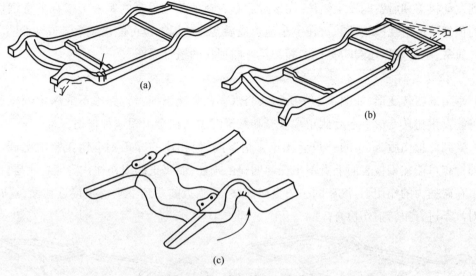

图 4-16 车架的上下弯曲

(a)左前端上下弯曲;(b)后尾端上下弯曲;(c)车架上下弯曲的形式

3. 轴向压缩

轴向压缩多为来自前方或后方的直接碰撞而引起,具体损伤情况如图 4-17 所示。轴向压缩通常表现在发动机盖的前移或后窗的后移。有时,车门可能吻合得很好,看上去也没有受到任何干扰,但皱折或其他严重的变形有可能发生车身或车架的拐角处,而且侧梁还会在车轮挡板圆顶处向上提升,引起车身的损坏。受到轴向压缩,保险杠一般会有一个非常微小的位移。

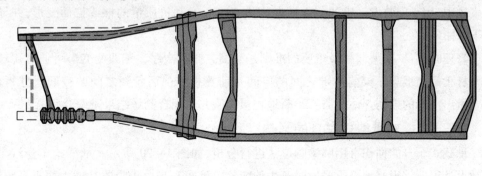

图 4-17 车架的轴向压缩

4. 菱形变形

车架的一角或偏心点受到来自前方或后方的撞击时,其一侧整体向前或向后移动,引起车架或车身的歪斜,使其形成一个接近平行四边形的形状,称为"车架的菱形变形",如图4-18所示。

菱形变形会对整个车架造成影响,而不仅仅是汽车一侧的钢梁。从外观上我们可以看到发动机盖和后备厢发生错位,在接近后车轮罩的相互垂直的钢板上或在垂直钢板接头的顶部可能出现褶皱,同时,在主车地板或后备厢地板上也可能出现褶皱或弯曲。

通常,菱形变形还会附有许多断裂及弯曲损伤的组合损伤。

5. 扭转变形

车架的扭转变形,如图4-19所示。当汽车在高速下撞击到路缘石或路中隔离石时就可能发生扭转变形。在后侧角端碰撞和翻滚时也往往会出现这种损伤。

受到此损伤后,汽车的一角会比正常情况高,而相反的一角则会比正常情况低。细心的检查可能在钢板表面上看不出任何明显的损伤,而真正的损伤往往隐藏在底层。

在碰撞力的作用下,汽车的一角会向前移,而临近的一角下垂得很接近地面,这时就应对汽车进行扭转损伤检查。

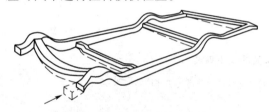

图4-18 车架的菱形变形

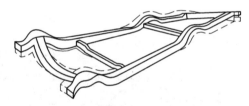

图4-19 车架的扭转变形

6. 损伤发生的次序及对其维修时应注意的问题

车架发生各类损伤的次序:左右弯曲—上下弯曲—轴向压缩—菱形变形—扭转变形。但大多数碰撞及事故结果是以上所述损伤类型的混合。左右弯曲和上下弯曲经常几乎同时发生,而且碰撞力的分力还作用在车架的横向构件特别是前部的构件上。在倾翻事故中,用于安装发动机的前部横向构件会由于发动机质量的推或拉而变形,并导致上下弯曲。

修理时车身/车架调整最重要的准则是颠倒方向和次序。车架的变形可通过比较检查车身车门槛板与车架前后部之间的空间及前翼板与前后轮毂之间的空间尺寸得出。但要做出准确的损伤评估还需要不断地积累经验并且配合测量结果来综合判断。

(三)碰撞对承载式车身的影响

承载式车身的损伤可用圆锥图形法进行分析,如图4-20所示。承载式车身汽车通常被设计得能够很好地吸收碰撞时产生的能量。汽车车身由于吸收冲撞力而折合收缩,渗透入结构之中的碰撞力因被车身更深入的部位吸收而逐渐扩散直至完全消除。我们将碰撞点看成锥体的顶点,圆锥体的中心线表示碰撞的方向,其高度和范围表示碰撞力穿过车身壳体扩散的区域。圆锥顶点是直接损坏的部位,为主要的受损区域。

由于整个车身壳体由许多薄钢板连接而成,碰撞及引起的振动大部分被车身壳体吸收了。碰撞冲击波穿过车身结构(图4-21)而产生的影响被称作间接损坏(或二次损伤)。这种损坏朝着承载式车身的内部结构或朝着车辆的相对一端或相对一侧发展,如图4-22、图4-23所示。

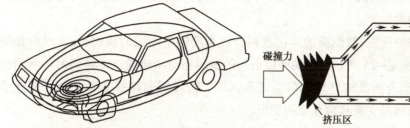

图4-20 运用圆锥图形法确定碰撞对承载式车身的影响

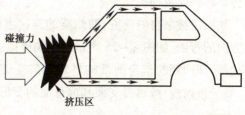

图4-21 碰撞能量沿车身结构件传递

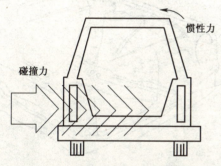

图4-22 碰撞对车身一侧的影响(1)

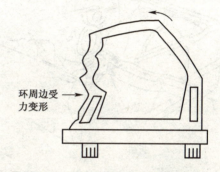

图4-23 碰撞对车身一侧的影响(2)

为了控制二次损坏变形并为乘客提供一个更为安全的乘坐空间,承载式车身在其结构上采取了不同刚度等级的方法,在其前部和后部都设计有"碰撞损伤吸能区(也称为缓冲区或挤压区)",车辆前后部发生碰撞时,这些吸能区可以吸收大量的碰撞能量,从而保护中部的成员空间;来自侧向的撞击则被主车底板侧梁及其加强梁、中心立柱、侧向防撞杆等加强部件抵抗和吸收。这些内容在模块1中已经作了介绍。下面主要介绍承载式车身在碰撞时的损伤情况分析。

承载式车身的碰撞损伤情况大致可以分为以下几种:

1. 前端碰撞

前车身碰撞变形的程度与碰撞力的大小、方向和碰撞对象等有很大的关系。

正面碰撞程度较轻时,一般会使车前部保险杠及其连接支架受到损坏,并首先波及散热器及散热器支架、前翼子板和发动机罩等。有时由于前翼子板内板受到碰撞力的作用而变形,前轮悬架也会受到影响。

正面碰撞程度较重时,其损坏的范围会扩大很多——前翼子板后移,造成前门开启困难;发动机罩严重变形并伴随铰链翘曲,有时可触及前围板、上罩板;散热器和散热器支架严重变形,波及风扇和空调散热器等其他机件;前侧梁发生弯曲或裂伤,如图4-24所示,前悬架严重变形等。

严重的前端撞击则会使前保险杠、前翼子板、散热器支架、发送机罩、前翼子板内板、前侧梁等主要结构件和板件产生严重的损坏和变形,通常大部分已达到不可直接修复的程度(可采取更换的方法)。碰撞力沿车身传递的结果,会造成A柱、B柱等产生不同程度的变形和损坏,如前门下垂、门隙增大、主车地板及顶板拱曲变形等。车辆的许多机械总成和构件也会有很大程度的损坏,如发动机及变速箱支撑错位甚至损坏,前驱车辆动力传动和转向机构损伤等。

如果碰撞来自斜前方,前侧梁的连接点则会成为旋转中心或旋转面,发生侧向和垂直方向的弯曲,如图4-25所示。侧向碰撞引起的振动还会从碰撞点传递到另一侧的前部构件,即两侧的车身前部构件均会发生变形损坏。前部斜向碰撞主要会导致前翼子板、翼子板内板、散热器支架和前悬架的变形。

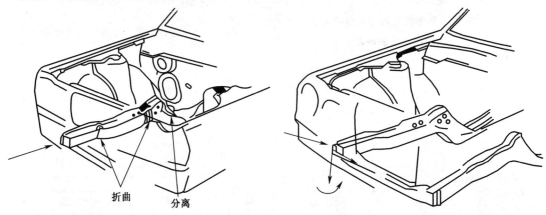

图4-24 车辆前端碰撞引起的前侧梁损坏　　　图4-25 前侧梁的侧向和垂直的弯曲

2. 后端碰撞

车辆受损的程度取决于碰撞的面积、碰撞时的车速、碰撞的对象和车辆的总质量等。如果碰撞较轻微,后保险杠、后地板(或行李厢地板)、行李厢盖、后翼子板等变形,相互垂直的车身板件扭曲;如果碰撞比较严重,后顶盖的侧板会塌陷至顶板底面,四门车的B、C支柱可能弯曲,车辆的顶板弯曲等现象。

3. 侧面碰撞

确定车辆侧面碰撞损坏时,分析汽车的构造十分重要。车辆系两门车还是四门车,普通顶还是硬顶,车门有无侧向防撞杆,车辆的中心立柱(B柱)的结构和主车地板的结构等都会对车辆的侧向防撞能力造成不同的影响。因为车辆发生侧向碰撞时,碰撞力必须为强度很高的构件抵抗住并将碰撞力分散至车身整个侧板才能有效保护成员空间,因此,这部分车身构件一般都设计制造得非常坚固,没有碰撞吸能区。为了提高车辆的侧向防撞能力,现代车辆一般都在车门内侧配有防撞杆,B柱采用三层加强结构等,硬顶车辆已经比较少见了。

发生侧向碰撞时,对于严重的碰撞,车门、前部构件(前翼子板、翼子板内板和前侧梁等)、中心立柱以至于主车底板侧梁、底板和顶板等,都会有不同程度的变形。当前翼子板或后顶盖侧板受到垂直方向上较大的碰撞时,振动波会传递到车辆的另外一侧,使车辆整体产生弯曲。当前翼子板中心位置受到碰撞时,前轮会被推进去,振动波也会传到前侧梁,甚至通过副梁传递到另一侧车轮,造成另一侧车轮定位失准,发动机支撑、转向系统等也会因此而发生损坏。

4. 顶部碰撞

由坠落物体而使汽车顶部受到损坏时,受损的不仅仅是车顶钢板,而车顶侧梁、后顶盖侧板以及车窗等可能同时被损坏。

如果车辆倾翻之后,车身支柱和车顶钢板已经弯曲,那么相反一侧的支柱同样也会损坏。汽车损坏的程度可通过车窗车门的变形来确定。有时,在车辆倾翻后,车身的前部和后部部件也可能被撞伤。

5. 承载式车身碰撞损坏的过程及损坏分析

损坏过程分析以轿车发生严重的正面碰撞为例。在碰撞的瞬间,碰撞的力量试图使汽车的结构缩短,从而引起中部车身横向及垂直方向的弯曲变形,而且碰撞力以冲击波的形式开始向撞击点以外的区域扩散。但略有弹性的刚性车身结构力图使车身保持原来的形状,变形并没有马上产生。随着碰撞的持续作用,在碰撞点上和前部的碰撞缓冲区就会产生显著的挤压而导致变形和断裂,碰撞的能量被结构的变形吸收,保护成员舱。同时冲击波加剧扩散,其他区域也出现皱折、断裂和松动。如果碰撞的能量足够大,将引起中央车身向外鼓起变形,以保护乘客不受伤害,车门能够顺利打开。

承载式车身的损坏类型和损伤顺序:左右弯曲变形、上下弯曲变形、断裂、扭转变形和增宽损坏等。

(1) 左右弯曲变形。从一侧来的碰撞冲击经常会引起车身的左右弯曲或一侧弯曲。左右的弯曲通常发生在汽车的前部或后部,一般可通过观察车辆一侧明显的碰撞损伤、车门等板件与周围板件的缝隙及高度的变化、车身和车顶的错位等来判断。

(2) 上下弯曲变形。上下弯曲是碰撞中最为常见的一种损伤,一般由前方或后方的直接碰撞而引起,可能发生在汽车的一侧也可能是两侧,基本现象是车身有倾斜或离地间隙不一致。可以通过查看车门的缝隙是否在顶部变窄、下部变宽、车门在撞击后是否有下垂等来判断。

(3) 轴向压缩。当碰撞过程持续进行时,在碰撞点上就会产生显著的挤压。这样碰撞的能量被结构的变形吸收(以保护乘客舱),离中心点较远的部位可能会产生皱折、断裂或松动。

轴向压缩损伤通过测量其长度是否超出配合公差来判别,它与传统车架式车身的轴向压缩损伤相似。

(4) 增宽损伤。对承载式车身而言,正面碰撞时传到乘客舱的碰撞力会使侧面结构弯曲远离乘客(而不是向内侧挤压),同时侧梁变形,车门的缝隙增宽。通常可以通过测量门隙的变化和门高的变化来加以判断。

(5) 扭转变形。当轿车高速撞击到路沿或道路的中央隔离墩时,可能导致扭转变形。发生扭转变形以后汽车的一角通常较正常位置高或低些,而另一侧的情况与撞击一侧相反。即使最初的碰撞直接作用于中心点,但再次的冲击还是能够产生扭转力的,从而引起车身的扭转损坏。整体式车身的扭转变形与非承载式车身车架的扭转变形相似,通常是最后的碰撞结果,可以通过测量其高度或宽度的尺寸变化来判断。

发生在非承载式车身和承载式车身上的损伤类型是极为相近的,尽管后者可能更为复杂。但要注意:剧烈的碰撞在整体式车身不会引起菱形变形。如同非承载式车身的车架的调整一样,采用先进后出的原则,首先矫正最后发生的损伤,也是修复承载式车身的最佳方法。间接损伤通过精确的测量才能确定。

三、设备、工具和材料准备

(1) 前部碰撞变形的承载式轿车。
(2) 车身举升器,钢卷尺及必要的拆装工具。
(3) 安全防护用品:工作帽、工作服、安全鞋、棉手套、护耳器。
(4) 对应车型的维修手册。

四、技术标准及要求

应全面、准确地确定汽车所有碰撞损伤。

五、操作步骤

对大事故车的损伤诊断,首先应通过目测判断车身及其他机械零部件的损伤大致情况,对车身的前部和下部等精确度要求高的部位必须通过精确的测量,才能评价其损伤程度。损伤检查一定要注意合理的顺序,这样才能不至于遗漏损伤。下面主要以正面碰撞为例来分析损伤检查的基本步骤。

1. 了解碰撞情况

了解碰撞事故发生情况,有助于全面、准确、迅速地检查所有损伤。具体内容请参见上面的相关知识。

2. 确定损坏部位

观察整个车辆,具体方法从碰撞点开始,环绕汽车一周(图4-26),并统计撞击处数,评价其幅度,确定其损坏顺序。

3. 检查外部损伤和变形

从车辆的前部、后部和侧部观察车辆,并从侧面检查横向和垂直弯曲、扭曲、变形的线条,以及车身上的隆起和凹陷,如图4-27所示。同时,检查外板变形或其他与碰撞部位相关联的部位。

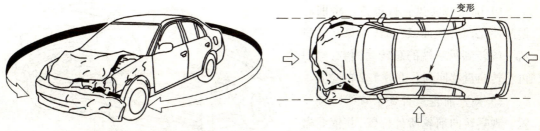

图4-26　环绕汽车一周　　　　　图4-27　检查外部损伤和变形

4. 检查外部车身板件的定位情况

仔细检查所有带铰链部件(如发动机盖、车门、行李厢盖或后背舱门)的装配间隙和配合状况是否正常(图4-28),开启与关闭是否正常。通过这些检查除了可以判断覆盖件的变形情况,还可以判断安装这些覆盖件的结构件变形情况。比如:车门是通过铰链安装在车身门柱上的。通过开关门和观察门边缘与车身二者间的曲面是否吻合及装配情况等,即可确定车门或支柱是否受到损伤(图4-29)。

 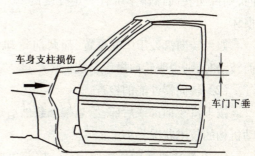

图4-28　检查外部车身板件的定位情况　　　　图4-29　车门和支柱的检查

5. 检查发动机室

检查发动机支承以及变速箱支座的变形,辅助系统与底盘以及线束与底盘间的接触情况。检查车身各部分的变形以及焊缝密封胶的剥落。

6. 检查乘客舱和行李厢

检查乘客舱或行李厢内撞击力造成的间接零件损伤。检查转向柱、仪表板、内板、座椅、座椅安全带以及其他内饰件上因驾驶员或货物而导致的损坏。

7. 检查车身下部

检查发动机机油、变送器油、制动液或散热器冷却液的泄漏情况。检查车身底部各部分的变形以及焊缝密封胶的剥落,如图4-30所示。

8. 对前轮转向装置进行性能检查

转向性能检查结果可以用于分析车身、转向和悬架装置的故障,为测量和鉴别行驶装置的性能提供帮助。

(1) 转向操作装置的检查

转内盘中心位置的检查,包括确定转向轮直行时是否在转向器分量的中心位置并由此判断机件是否正常。可按下述方法操作:

1)确定转向盘直行位置。将前轮架起使之离开地面,转动转向盘并计量从一端转到另一端的总转动圈数,然后再将转向盘移回到总圈数1/2的位置。

2)检查前轮是否处于直线行驶位置。观察转向前轮所处位置,并依此做出相应分析:

如果转向盘在中心位置,并且两前轮均指向正前方,且车轮能够随转向盘的转动而自由摆动,则说明整个转向系统基本无损坏。

如果转向盘居中而车轮有明显偏离,或其中某一车轮偏离直线行驶方向,则说明转向操作系统有一定程度的损坏。

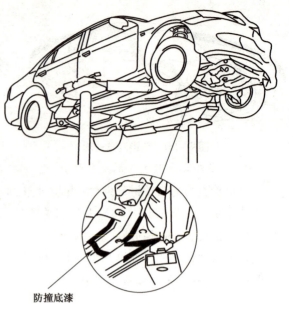

图4-30 检查车身下部

如果转向盘处于中间位置,而两前轮却没有指向正前方,并且不能随转向盘的操作而转动时,则说明转向操作系统损坏严重。

(2)转向器性能的检查

按下汽车前部或后部,给悬架加载然后迅速释放,同时观察转向器、转向器柱以及联动机构的技术状况:

1)在转向盘居中位置作记号。按前述方法使转向盘居中,用一块胶带在转向盘边缘上端做出中间位置标记。

2)观察转向盘是否有运动。在车前部连续做加载、释放的振动、回跳试验,同时观察转向盘的位置是否发生明显的移动或转动变化。如果转向盘在连续几次振动、回跳试验过程中有明显变化,则说明转向器或联动机构可能损坏,如图4-31所示。对此,需进一步检查:

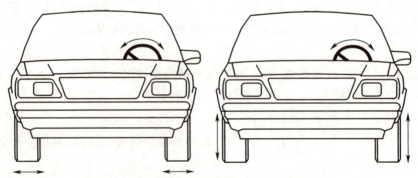

图4-31 两种快速检查方法

将转向盘放在极左和极右位置的中点,然后检查轮胎是否指向正前方,如果有一个没指向正前方则说明有损坏;从一个极限位置向另一个方向转动转向盘时,从车身前部观察,如果车身有轻微抬起和落下,则表明确有机械损坏。

(3)四轮定位检查

如果经初步诊断前轮转向装置工作正常,有条件时还应进行前轮定位检查,以确认碰撞是否对前轮定位参数产生了不良影响。

9. 功能检查

如果一些机械零部件检查完好的话应进行功能检查。主要项目如下:

启动发动机,检查是否有异常的振动噪声或接触噪声;操作离合器、制动器、驻车制动杆以及换挡杆,检查车辆功能是否正常;检查电气系统的功能,其中包括灯光和附件的开关功能。

10. 主要尺寸的测量

检查评估汽车的损坏程度,用测量法检测是必不可少的手段之一,按维修手册给出的技术参数、测量车架、车身各指定部位点对点的距离,将测量结果与已知数据比较,可以查出损坏范围和方向,有助于对损伤程度进行分析。具体内容参见任务4.2 车身尺寸的测量。

11. 完成损伤检查报告

完成所有检查后应认真完成损伤检查报告(常见格式见表4-1)。

表4-1 损伤评估员记录表(参考样式)

用户姓名		联系电话		地址			进厂日期	
车型与厂家		车身类型		牌号			行驶里程	
车辆识别码		基本装备					存放位置	
保险公司名称		保险类型		保险协调员			联系电话	
预计作业项目及需要的零部件				预计涂装费用		预计零部件费用		预计工时费
				数量	金额	数量	金额	数量	金额
合计									
附加说明				预算费用总计					
				其中包括	涂装费				
					零部件费用				
					工时费				
					管理费				
评估员			日期		税费				

六、技能考核表

序号	考核内容	配分	评分标准	考核记录	扣分	得分
1	损伤检查过程中工具使用的规范性	10	工具使用不当一次扣 2 分			
2	损伤检查步骤的合理性	20	基本按照推荐的步骤进行损伤检查,不合理一次扣 5 分			
3	损伤检查的全面性	70	漏查一处损伤扣 10 分			
	教师签字			年　月　日		

课后练习题

1. 名词术语

向心式碰撞、偏心式碰撞、左右弯曲、上下弯曲、轴向压缩、菱形变形、扭转变形、增宽损伤。

2. 选择题

(1) 一辆汽车发生碰撞时,下列哪个参数变大会使汽车的损伤减轻?(　　)

　　A. 汽车的质量　　　　　　　　B. 汽车的行驶速度

　　C. 碰撞时间　　　　　　　　　D. 汽车的质量

(2) 查看一辆事故车时发现,前翼子板与车门之间的缝隙是否在顶部变窄、在下部变宽,请问此车架或车身最有可能发生下面哪种类型的变形?(　　)

　　A. 上下弯曲　　　　　　　　　B. 菱形变形

　　C. 左右弯曲　　　　　　　　　D. 扭转变形

(3) 如果观察到车架式发动机罩及行李厢盖发生错位,车架可能发生了(　　)。

　　A. 上下弯曲　　　　　　　　　B. 菱形变形

　　C. 左右弯曲　　　　　　　　　D. 扭转变形

(4) 下列哪种变形在承载式车身中不会出现?(　　)

　　A. 上下弯曲　　　　　　　　　B. 菱形变形

　　C. 左右弯曲　　　　　　　　　D. 扭转变形

(5) 车身中,(　　)在碰撞中不吸收能量,只传递能量。

　　A. 前纵梁　　　　　　　　　　B. 后纵梁

　　C. 挡泥板　　　　　　　　　　D. 车门槛板

(6) 侧面中部发生严重碰撞,(　　)。

　　A. 损伤主要集中在中部　　　　B. 整个车身会变形

　　C. 损伤主要集中在中部和前部　D. 损伤主要集中在中部和后部

3. 思考题

(1) 碰撞力在车身上如何传递？

(2) 简述车架的损伤类型，并说明每种损伤类型的判断方法。

(3) 碰撞承载式与非承载式的影响有何异同？

(4) 如何才能全面、准确、迅速地确定汽车所有碰撞损伤？

任务 4.2　车身尺寸测量

学习目标

1. 熟悉各种车身测量的基本工作原理。
2. 能够识读车身尺寸图。
3. 能用专用尺距尺测量车身两点尺寸，并分析车身的损伤情况。
4. 能用电子测量系统测量车身三维尺寸，并分析车身的损伤情况。

一、车身测量的重要性

车身维修的主要任务是维持或恢复车身的正常工作能力，延长使用寿命并使其处于良好的技术状态。同时，这也是高质量的车身维修所追求的目标。如果由于车身变形导致车身整体定位参数发生变化，对行驶性、稳定性、平顺性、安全性、使用性等都有至关重要的影响。所谓整体定位参数，是指那些对汽车发动机、底盘、车身主要构件的装配位置，有着直接影响的基础数据，如：汽车的前轮定位、轴距误差和各总成的装配位置精度等。而这些可以定量测得的表征车身外观和性能的参数值，恰恰又是原厂技术文件中有明确规定的重要技术数据。

车身维修时对这些参数进行测量，一方面用于对车身技术状况的诊断，另一方面用于指导车身维修。因此，车身测量在车身维修中非常重要。

车身维修中的测量，一般分为三个步骤。维修作业前的检测，旨在确认车身损伤状态和把握变形程度；维修作业过程中的检测，旨在对修复过程的质量进行有效的控制；竣工后的检测，为验收和质量评估提供可靠的数据。

车身维修作业前的测量，为技术诊断提供了可靠的依据。它不仅有助于对变形做出正确的技术诊断，同时也为合理地制定维修方案提供了依据。其中，属于单一构件变形时，可以通过更换或修复构件来解决；属于关联部件变形时，可从变形较大的构件入手，逐一进行矫正和修复；而对于车身的整体变形，则应以基础构件为基准，对整体定位参数值进行校对和恢复性修理。

对车身的矫正或更换主要构件，都需要通过测量来保证其相关的形状尺寸精度和位置准确度;维修过程中不断测量车身定位参数值所处的状态,可以判定修复作业是否循序渐进地在质量控制之下。

竣工后测量的主要任务是复核,以检验车身修竣后的技术状况参数是否符合标准或达到预定的修复目标。其中,有时还要包括对前轮定位角、轴距、侧滑等参数的检测。如果仅以目测为手段检验,车身维修的内在质量难以控制。只有用数据说话,才能满足车身维修的质量要求。

二、车身测量的主要工作

虽然在事故车修理发展过程中,有很多测量方法和技术,目前常用的主要有两种:

(1) 可以测量怀疑其变形的控制点到某未变形的控制点尺寸数据,在与车身尺寸图上标注的两点尺寸进行比较以判断该点的变形情况。车身上大多数的控制点都是孔洞,而测量两点尺寸,是中心点到中心点的距离。如果所测的孔不是同一尺寸,它们通常也是同一类型的圆孔、方孔、椭圆孔等。

(2) 可以测量汽车车身上的控制点三维尺寸与车身尺寸图上的三维标准数据进行比较,以判断该点的变形情况,从而判断车身变形情况。

三、车身尺寸图

正如上面所述,通过测量车身上特定的点并借助车身尺寸图,就可以完成精确的损伤诊断。车身尺寸图给出了各种车型的测量点和规范尺寸。必须根据所修的车型使用相应厂家和车型的尺寸图,利用图中的数据,就可以将损坏车辆的测量尺寸与正确的尺寸进行比较。

图 4-32 为配合测量两孔中心距常见尺寸图的样式,表 4-2 为对应两点的标准数据。比如在图 4-32 中可以直接量取 A 到 C 的距离应是 901mm,如果不是则说明该处有变形。

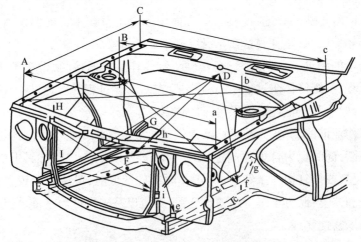

图 4-32 某承载式轿车前车身尺寸图

表4-2 某承载式轿车前车身尺寸图名称及数值示例　　　　　　　　（单位：mm）

测定方向	前车身测定部位	参数示例	测定方向	前车身测定部位	参数示例
发动机室长度方向上的测定	A—C	901	发动机室对角线的测量	A—c	1557
	a—c	901		a—C	1557
	B—C	454		B—c	1168
	b—c	454		b—C	1168
发动机室宽度方向上的测定	A—a	1256		B—f	921
	B—b	901		b—F	921
	C—c	1284	水箱支架宽度方向上的测量	H—h（KE系列）	762
	D—G	561		H—h（TE、AE系列）	538
	D—g	561		I—i（KE系列）	758
发动机室高度方向上的测定	D—E（四门轿车）	978		I—i（E、AE系列）	538
	D—e（两门轿车）	980	水箱支架对角线的测量	H—i（KE系列）	779
	D—F（四门轿车）	652		H—i（TE、AE系列）	580
	D—f（两门轿车）	653		I—h（KE系列）	783
	H—E（KE系列）	287		I—h（E、AE系列）	580
	h—e（TE、AE系列）	297			

图4-33为另一种样式的尺寸图,可配合测量两孔中心距和控制点的三维数据的测量。要识读该图,首先要弄清车身的三维测量基准。

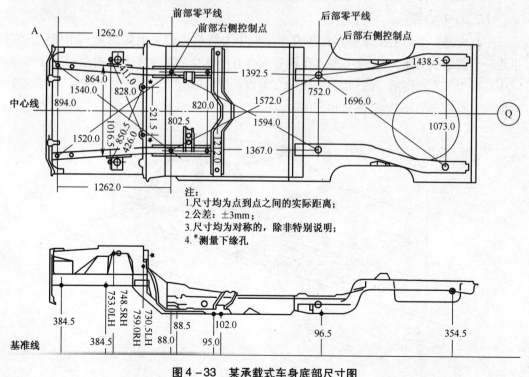

图4-33 某承载式车身底部尺寸图

(一)基准面

汽车设计时,为了便于测量车身高度尺寸,而假想的一个平滑的平面,该平面称为基准面,如图 4-34 所示。该平面与车身中心水平面平行并与之有固定的距离。生产厂家测得的汽车垂直(高度)尺寸都是以它基准;它也是在维修检测过程中的主要参考平面。

因为基准面是一假想平面,所以与车身地板之间的距离可以增加或减小,以方便测量。

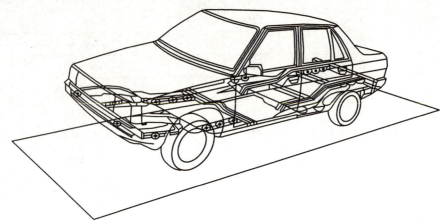

图 4-34　基准面

如果测量中以设定的基准面安装测量仪器困难,可以调整基准面的高度,选取合适的安装位置。但要记住最后的测量结果应减去调整值。

基准面在车身尺寸图上投影为基准线,如图 4-32 中所标注的。

(二) 中心面

中心面是一个与基准面垂直并与汽车纵向中心线重合的平面如图 4-35 所示。它也是一个假想的平面,在长度方向将车辆对称分开。车身所有宽度方向的横向尺寸都是以中心面为基准测得的。通俗地说,从中心面到车身右侧特定点的尺寸与中心面至车身左侧同一对称点的尺寸,应该是相同的。

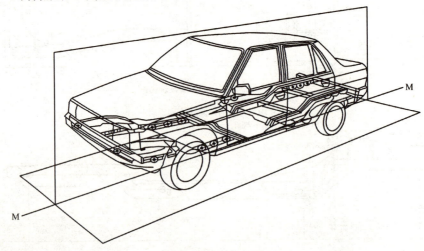

图 4-35　中心面

中心面在车身尺寸图上投影为中心线,如图4-32中所标注的。

(三)零平面

为了正确分析车身的损伤程度,有必要将汽车看作一个方形结构并将其分成前、中、后三部分,如图4-36所示。分割三部分的基准面称为零平面。

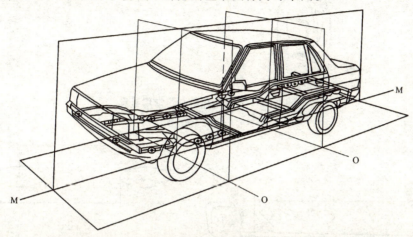

图4-36 零平面

汽车撞伤时往往影响到很多部位,但车身中部被制造得很坚固来保护乘客,不会轻易地弯曲。通常把这部分作为测量基准,来测量不同零部件的宽度和长度。在这个部分的边缘上定义了两个零平面,前面的零平面从地板部分到前横梁,后面的零平面从后门到后横梁。它可以用作检测车身沿长度方向的变形测量基准,车身上各道横梁与零平面的相对位置,是衡量其相对于零平面有无变形的重要参数,是车身测量和矫正的主要部位。

相对于零平面的检测,表示车身上所有结构是相互平行的。这里所指的平行与任何外界参照物(如地面)无关。

零平面在车身尺寸图上投影为零平线,如图4-32中所标注的。

具体读图时,一般将基准面作为高度方向上的基准;中心面作为宽度方向上的基准;零平面作为长度方向的基准,比如在图4-32中,以前部零平线作为长度方向上的零点,并且前部零平线之前的为正,之后的为负,那么图中一些点的长、宽、高尺寸:前部右侧控制点(0,802.5/2,88);A(1262,894/2,384.5)。

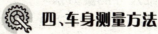 四、车身测量方法

(一)测量的两孔中心距的方法

测量两孔中心距(也称测距法)可以直接获得定向位置点与点的距离,是最简单、实用的一种测量方法,它主要通过测距来体现车身构件之间的位置状态。

测距法所使用的量具是钢卷尺、专用测距尺等。钢卷尺测量简便、易行,但测量精度低、误差大,仅适用于那些对精度要求不高的场合(图4-37(a))。尤其是当测量点之间

不在同一平面或其间有障碍时,就很难用钢卷尺测量两点间的直线距离。使用图 4-37(b)所示的专用测距尺,可以根据不同位置将端头探入测量点,应用起来十分灵活、方便。用法如图 4-38 和图 4-39 所示。

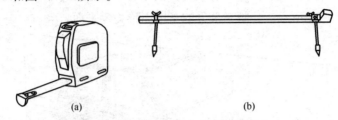

图 4-37 测量两孔中心距常用量具
(a)钢卷尺;(b)专用测距尺

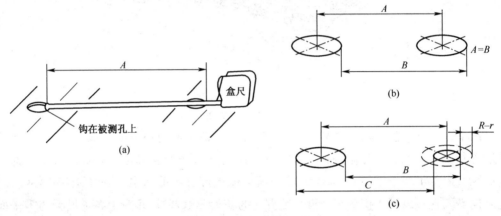

图 4-38 用钢卷尺测距
(a)钩在孔边上测量;(b)当孔径相等时;(c)当孔径不等时

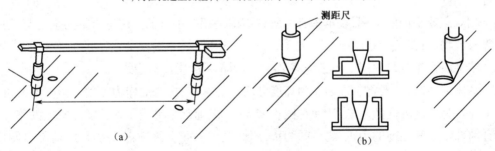

图 4-39 用测距尺测量

(二)车身关键点的三维尺寸测量方法

如前所述,对于影响汽车的前轮定位、轴距误差和各总成的装配位置精度的关键点必须进行精确测量,变形误差应控制在 3mm 以内,达到这样的要求必须借助先进的测量设备,进行三维尺寸的测量。常用的是通用测量系统,该系统是最有效应用轨道式量规、中心量规技术的一种测量装置,它使大部分的测量工作更为简易,更为精确,但需熟练掌握操作技术,并对一些细节加以注意。通用测量系统具有同时测量所有控制点的能力,但要得到正确的测量结果,还必须依据生产厂家的规范将其调整好。

目前常使用的通用测量系统有机械测量系统和电子测量系统。

1. 机械测量系统

在大多数机械式通用测量系统中,机械指针都装附在精密的测量桥上,如图 4-40 所示。根据车辆厂家规定的水平和垂直规范,在测量桥上定位好测量系统的量针。

具体使用方法请参见后面的操作步骤和该设备的使用说明书。

图 4-40 机械测量系统

2. 电子测量系统

随着科技的发展,针对车身尺寸的测量不断涌现出各种各样的电子测量系统,它们的出现将使得车辆的损伤鉴定和维修工作更加方便、准确。通常的电子测量系统将机械测量系统的测量指针变为电子测量头,通过传感装置将测量头测得的车身数据直接传输到电子计算机中。由于计算机中已经预先存储了各种车型的大量车身数据,所以利用计算机强大的计算能力对测得的数据进行分析和比对,经计算后直接得出车身的变形量,有的还可以给出修复的建议。因此,电子测量系统可以说是一种智能的车身测量系统,对于损伤鉴定人员和维修操作人员来讲都是十分得力的帮手。

目前常用的电子测量系统主要包括超声波测量系统、机械臂测量系统、激光测量。具体使用方法请参见后面的操作步骤和该设备的使用说明书。

五、设备、工具和材料准备

(1) 供测量用的承载式轿车(或车身)1 台。

(2) 测距尺、钢卷尺、车身举升器、车身矫正平台 1 台、机械式米桥三维测量系统 1 套及配套车身尺寸图和测量附件、车身电子测量系统 1 套、供学生测量后填写的空白车身尺寸表。

(3) 工作场地供电、配气及照明良好。

(4) 安全防护用品:工作帽、工作服、安全鞋、棉手套、护目镜。

(5) 对应车型的维修手册

六、技术标准及要求

关键控制点的尺寸测量要确保误差在 3mm 以内。

七、子任务1：利用测距尺测量车身尺寸

以该车型的车身尺寸图为基准，利用测距尺测量车身各部分的实际尺寸。将测得数值与手册中对应的尺寸进行比较，以确定损坏程度。此外，未损坏部分的测量值也可用于正确评价损坏程度。主要步骤如下：

准备好要测量车身的尺寸图，测距尺等工具，准备测量。

1. 车身上部尺寸的测量

测量示例如图4-41所示，对照维修手册或厂家说明书，还可以找到更多的检查、测量点，这些都足以判定车身上部所发生的变形。

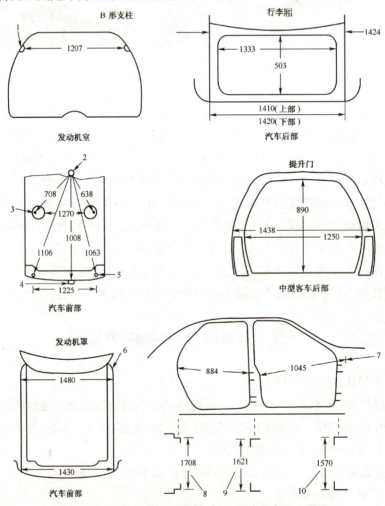

图4-41 车身上部尺寸测量示例（福特汽车公司供图）

1—安全带紧固螺栓；2—刮水器枢纽；3—减振器安装支座孔；4—发动机锁门；5—发动机罩减振孔；6—车颈部位；7—前翼板支架；8—两个C柱之间的距离，是从锁扣安装区外缘测量的；9—两个B柱之间的距离，是从两边上部铰链顶部的立柱边缘测量的；10—两个A柱之间的距离，是从上部铰链顶部的立柱边缘测量的

注：(1) 所有尺寸单位均为mm；(2) 尺寸公差为±5mm；(3) 所有尺寸均为真实长度。

2. 车身前部尺寸的测量

图 4-42 给出了典型的前部车身的测量控制点,对照厂家推荐的车身尺寸表即可对变形程度加以验证。

检验汽车前端尺寸时,关键是选择的测量点必须符合手册中的要求。控制点的对称度是关键性参数,故每一尺寸应该对照另外的两个基准点进行检验,其中至少有一个基准点要进行对角线测量。

通常,测量的尺寸越长,其精确度越高。例如,测量发动机室后部上端至下部前端发动机底座间的尺寸,就比测量同一断面内端的尺寸要精确。因为它是在车身长度和高度方向上较大范围内的尺寸。从每一对控制尺寸交叉测得两个或多个数据,既保证了测量精度,又能够帮助辨别损伤的范围及变形方向。

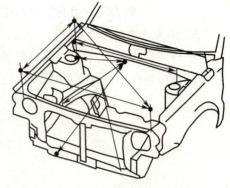

图 4-42 车身前部尺寸测量控制点

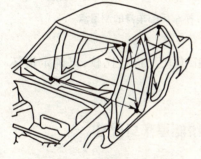

图 4-43 车身侧板上的测量点

3. 车身侧板的尺寸测量

如图 4-43 所示为典型车身侧板的测量控制点。

4. 对角线测量应用

为了确定车身是否歪扭变形,通常采用测量车身左右对称点(部件安装孔或参考孔)间的对角线尺寸来检查,如图 4-44(a)所示。如果 YZ 等于 yz,则表明此处车身无变形。

对角线测量方法若用来检查汽车两边都发生变形损伤时,对角线的测量法就不适用了,因为有可能测量不出对角线的差异。如图 4-44(b)所示,若向左侧偏斜,则 $YZ>yz$;若向右侧偏斜,则 $YZ<yz$,可以测量出,但如果左右变形程度相同时,用对角线测量则不易发现它们的差异(图 4-44(c)),除非有规定的对角线尺寸标准。

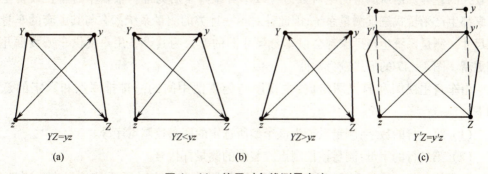

图 4-44 使用对角线测量方法

(a)车身无变形时 $YZ=yz$;(b) $YZ>yz$,向左偏斜,$YZ<yz$ 向右偏斜;(c)左右变形量相同时,对角线尺寸相等

图 4-45 所示为测量比较左右边及对角线长度,若 $yZ<Yz$,则表明右边发生折皱损

伤。因此,若将测量边长与对角线测量方法结合起来,就可应用于左右边对称的部件测量。

若 $yZ < Yz$ 则表明右边有折皱损伤;若 $Yz < yZ$ 则表明左边有折皱损伤。

5. 车身后部的尺寸测量

车身后部的损伤,可通过车身后部行李厢盖开闭是否正常来判断,但若要精确地确定变形部位和程度,则仍应用测距尺按图4-46所示进行测量。

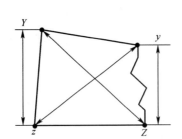

图4-45 边长和对角线的测量方法

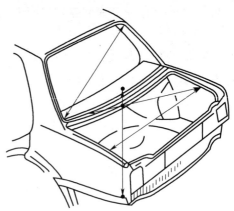

图4-46 轿车后部车身的测量点

6. 判断车身变形情况

将测得数值填写在相应表格中并与手册中对应的标准尺寸进行比较,以确定损坏程度。

八、子任务2:利用机械测量系统测量车身尺寸

车身上各主要控制点的尺寸在该车型的技术手册中都可查到,但使用特定的车身测量系统时应使用测量系统为该车型配备的车身尺寸图,而不必使用车身修理手册中的尺寸标注,因为各车身测量系统在选定水平面及零平面时可能会各不相同,因此尺寸上会有较大的差异。但所测量的绝对数值应以车身维修手册为准。很多车身矫正设备生产厂家都生产米桥式三维测量系统,因此针对每一种类的测量系统都有与其配套的车身三维尺寸。测量系统生产厂家都会以车身尺寸图的形式为其设备用户提供车型数据并定期更新。图4-47的形式较为常见。

由车身主视图和俯视图组成,主视图与俯视图中间的一排排圈点和数字的意义如下:

(1) 第一行的数字:测量系统为该车型所选定的底盘控制点序号。

(2) 第二行的字母:测量该控制点应装配的测量杆代号。

(3) 第三行的符号:表示测量该点应选配的测量头,如该点为孔则选择尖状测量头;如该点为螺栓或螺母则选择套状测量头,套状测量头内的数字为套头的直径。

(4) 第四行的数字:表示该点的高度值,单位为mm。若有第五行,则方块中的数字

表示拆除发动机后由于车身上抬而产生的高度值。

(5) 每两列之间的数字为零平面至该点的长度值。

在找到测量系统为所测量的车型配套的车身尺寸图后,即可根据车身尺寸图所示对车身的测量点进行测量了。但要注意,一定要找准控制点的位置,否则可能会出现误测的情况。

详细方法和步骤请参考你所用机械测量系统的说明书。一般步骤如下。

1. 车辆的夹持

(1) 查阅车身维修尺寸图,确定车身夹持点,准备车身夹持设备。

(2) 将工作平台降落到上车的高度,放好上车坡板,将拉塔移动到矫正平台正后方,安装上车拉力器。

(3) 使用上车拉力器将车辆拉到工作平台上,将车辆尽量停放在平台正中。将车轮打眼固定。

(4) 使用二次举升将车辆举离工作平台至适当高度,在车身夹持部位下部组装夹持具,车身夹持具的高度应按照车身测量尺寸图所示的高度进行调整。

(5) 将车身轻轻降落,适当调整夹持具的位置使车辆的夹持部位正好落入钳口时停止。放下二次举升的保险器。

详细内容请参见任务4.3 车身矫正。

2. 确定基准面

将测量纵规安放在工作平台车身的正下方,尽量做到与车身轴线重合。调整纵规与工作平台的接触面使纵规保证水平,不得出现因重力作用而弯曲的现象。

将两根横规安放在车身下方前后车颈部位。查看车身尺寸图,选取前后车颈部位的测量点(此处的测量点一般不会产生变形),根据该两处测量点的车身尺寸图要求安装测量杆与测量头并调整宽度和高度尺寸并固定。

调整横规及纵规的位置到上述选取的测量点的正下方,轻轻降落车身。当有一个点完全到位时,调整车身夹具的高度,将该侧的夹持点进行夹持并适当紧固但不要紧死。

继续降落车身并将两个横规上的4个测量头均对准车身上的4个测量点。此时,车身的高度即为测量系统所定的水平面高度。调整4个车身夹持具夹住车身裙边并固定住,将夹具与工作平台也固定住,车辆的水平面即调整完毕。

在调整车辆水平面的同时,由于纵规与横规上都为对准车身前后颈部的两对对称控制点而移动,所以车身的中心线也已经找到。此时应相应固定纵规与工作平台的相对位置,在以后的测量中将不能移动。

3. 测量各控制点的尺寸

按照车身尺寸图移动横规至车身长度尺寸为零的控制点下方,装配相应的测量杆与测量头,使测量头对准该控制点。此时可以从横规上读出该点的宽度尺寸,从测量杆上读出该点的高度尺寸。移动纵规上的米尺,将"0"点对准横规与纵规的交叉读数位置(纵规上的米尺与纵规可以相对移动),此时车身长度尺寸为零的点已经被认为确定,则分割车身前后3段的零平面也已经找到,在以后的测量中横规移动到哪里,所读的纵规上的尺寸即为所测点的长度尺寸。

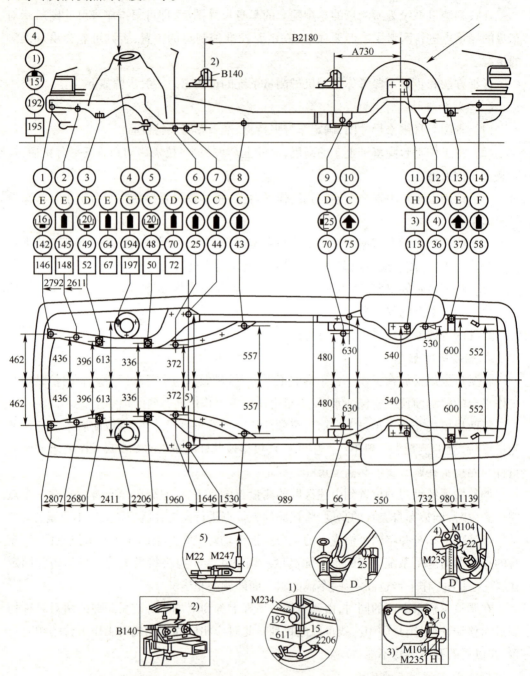

图4-47 与米桥式三维测量系统配套的车身三维尺寸图

4. 判断车身变形情况

将测得三维数值填写在相应表格中并与手册中对应的标准尺寸进行比较,以确定损坏程度。

九、子任务3:利用电子测量系统测量车身尺寸

利用电子测量系统,进行关键控制点的三维数据测量,是较好的方法,比如根据国标,为保证汽车正确的转向及操纵驾驶性能,关键尺寸的配合公差必须不超过3mm。目前只有电子测量系统才能将测量精度的误差控制在3mm以内。而且电子测量系统自动调整基准平面的功能使得测量工作省时、省事。具体的测量步骤和方法在对应的设备说明书里都有详细的说明,请参照。下面以烟台奔腾公司的Shark3测量系统为例,介绍电子测量系统的大致步骤。

1. 电子测量系统的准备

包括连接电源,打开电脑,连接测量设备的相关数据线。

2. 进入电子测量系统

用鼠标在电脑显示器上双击测量系统图标。

3. 进入工单界面

包括输入车主的信息以及车辆的品牌、型号等信息。

4. 进入测量界面

电脑显示屏上会显示该车型的车身尺寸图。

5. 定基准

一般参照显示的尺寸图选择两对未变形的点,并连接相关设备,将这两对点的位置告知电子测量系统。电子测量系统会根据这两对点的信息自动确定测量三维坐标体系。

6. 控制点的测量及变形情况判断

选择要测量的点,并连接相关设备,将该点的位置告知电子测量系统,系统会自动测量该点的三维数据,并与系统中的标准数据进行比较,并在屏幕上显示比较结果。

根据比较结果可判断该点的变形情况。如图4-48所示为某次测量的显示结果,从图4-48中可以看出,一对B点和一对A点,为测量基准点;一对M点为测量点。

长度列:数字前的箭头表示点与基准线的偏差。M左比标准值短了20mm;M右比标准值短了18mm。

宽度列:偏差用正负数值表示。M左是自中心线差-27mm,即变窄了27mm;M右是自中心线差4mm,即变宽了4mm。

高度列:向下的箭头表示点低了,向上的箭头表示点高了。M左比标准值高了23mm;M右比标准值低了13mm。

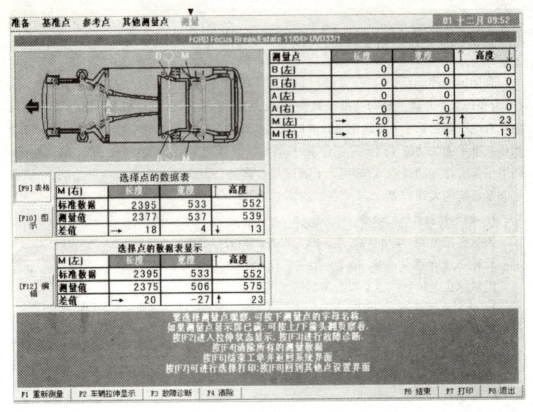

图 4-48 控制点测量结果界面

十、技能考核表

序号	考核内容	配分	评分标准	考核记录	扣分	得分
1	工具使用的规范性	20	在整个测量过程中工具、量具使用不当一次扣2分			
2	用量规或卷尺对车身尺寸的测量	20	测量选点错误每点扣2分;测量方法不正确扣2分;测量尺寸误差超出±5mm以上,每点扣3分;分析车身变形不正确扣5分			
3	机械测量基准平面的确定	20	调整测量基准的控制点选择不当扣5分;3个基准平面调整不当或调整不准确,每项扣5分			

(续表)

序号	考核内容	配分	评分标准	考核记录	扣分	得分
4	机械测量车身各控制点的测量	20	所测量的控制点找点错误,每点扣3分;测量头、测量杆使用错误,每项扣3分;测量尺寸误差超出±3mm,每点扣3分;根据测量尺寸分析车身变形不正确扣5分			
5	电子测量系统的使用	30	基准确定不正确扣5分;控制点测量错误,每点扣5分;分析车身变形不正确扣5分			
	教师签字			年　月　日		

课后练习题

1. 名词术语

基准面、中心面、零平面、基准线、中心线、零平线、车身两点尺寸、车身三维尺寸。

2. 选择题

(1) 车身修理后,关键控制点的尺寸公差要求是(　　)mm。
A. ±2　　　　B. ±3　　　　C. ±4　　　　D. ±5

(2) 车身的测量通常在何时进行?(　　)
A. 矫正前　　B. 矫正中　　C. 矫正后　　D. 以上都是

(3) 所有垂直的车身测量是以什么为基准测量的?(　　)
A. 基准面　　B. 中心面　　C. 后部零平面　　D. 前部零平面

(4) 所有宽度的车身测量是以什么为基准测量的?(　　)
A. 基准面　　B. 中心面　　C. 后部零平面　　D. 前部零平面

(5) 哪一个平面为与汽车底板平行的,且与汽车底板之间有固定的距离?(　　)
A. 中心面　　B. 基准面　　C. 零平面　　D. 上述都不是

(6) 精确的车身损伤情况是通过测量车身上的(　　)并和车身尺寸图比较后得出的。
A. 基准线　　B. 中心线　　C. 零平线　　D. 控制点

(7) 在车辆的头部受到撞击时车架的两个边梁都被弯曲了。修理工 a 说,可以通过将每一边的测量结果与制造厂商的技术标准进行对比来检查出损伤的程度。修理工 b 说,可以通过将两边边梁的测量结果进行比较来检查出损伤的程度。他们之中谁是对

的?(　　)

A. a B. b C. a和b均对 D. a和b均不对

(8)车身电子测量系统设备的测量精度要达到(　　)mm。

A. ±0.5 B. ±1 C. ±1.5 D. ±2

(9)车身三维数据图中,车身俯视图上标有(　　)。

A. 长度和高度 B. 长度和宽度
C. 宽度和高度 D. 长度、宽度和高度

(10)车身三维数据图中,车身主视图上可以标下列哪种尺寸(　　)。

A. 长度和高度 B. 长度和宽度
C. 宽度和高度 D. 长度、宽度和高度

(11)在使用机械通用测量系统测量时,汽车的中心面向右偏离测量系统的中心面50mm,右侧某点的宽度读数是250mm,那么这个点的宽度实际数值是(　　)mm。

A. 200 B. 250 C. 300 D. 350

(12)用对角线方法测量时,两个对角线的数据相同,测量的部件(　　)变形。

A. 肯定没有 B. 肯定有 C. 可能有

3. 思考题

(1)车身测量在车身维修中有什么样的意义?

(2)目前常用的测量工具有哪些,各用在什么场合,并比较它们的优缺点。

(3)机械测量系统进行测量时,怎样才能定好测量基准?

任务4.3　车身变形的矫正

学习目标

1. 熟悉车身矫正的基本原理。
2. 熟悉车身矫正的基本步骤和方法。
3. 熟悉车身矫正设备的类型和功能。
4. 能正确使用轻便式液压矫正设备和平台式矫正设备。
5. 能制定常见车身损坏的矫正方案。
6. 能够实施车身损坏的矫正作业。

一、车身矫正的作用和原理

(一)车身矫正的作用

车身的变形矫正就是使用较大的矫正力对已经变形的车身壳体或构件采用拉、压等

方法使其恢复形状和尺寸。

在修理非承载式车身的碰撞变形时,通常修理的重点是车架。车身由于有坚固的车架抵抗冲击力,变形范围和程度都比较小,采用局部钣金整形的工艺就可以达到整形的目的,而车架必须使用大型设备进行矫正。然后将分别修理好的车架和车身安装在一起,完成整个车身的修理工作。

整体承载式车身由于没有独立的车架,所以在经受撞击时几乎全部的车身构件与板件都参与承载。撞击力沿车身构件和板件进行传递,引起车身广泛部位的变形。车身主要结构件等这些刚度和强度非常高的部件或车身整体产生变形都是由于非常大的力综合作用的结果,必须使用更大的力才能对这些变形进行矫正,由于不能像非承载式车身那样可以对车身进行分解,所以针对承载式车身的变形矫正必须整体进行。经过多年的探索和实践,人们开发了专门针对承载式车身进行整体矫正的设备和相应的操作工艺,矫正的方法与单纯矫正非承载式车身的车架基本一样,使用大型液压牵拉设备配合专门用于车身整体的矫正平台来操作。为了保证车身矫正工作的精度要求,专用的车身矫正工作台往往配有车身三维尺寸测量系统,在进行车身牵拉矫正时控制各部位的尺寸,直到矫正完成。图4-49为目前常用的配备车身三维尺寸测量系统的车身矫正器。

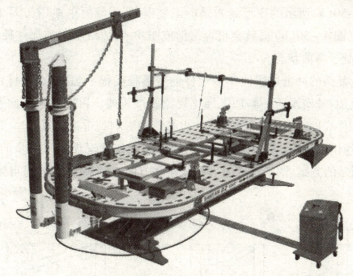

图4-49　目前常用的配备车身三维尺寸测量系统的车身矫正器

对整体车身的变形进行矫正的主要目的是消除车身整体的变形量和变形应力,使车身的总体轮廓和主要的定位尺寸恢复原状,当然也包括对变形的板件进行整形。

对于车身上的主要结构件,例如车身梁等重型构件的损坏和变形,也需要使用车身矫正设备进行矫正。这些主要的构件即使需要进行更换处理,也要在车身整体矫正完成后才能进行拆换,因为如果车身的总体控制尺寸没有被修复之前,需要更换的构件是没有相对尺寸根据的,所以必须首先进行车身的总体矫正,然后才能进行更换。

对车身的矫正工作是车身维修的基础工作,它要完成的不仅仅是车身变形的简单整理,更主要的是矫正时必须完成车身上所有主要控制尺寸的修正。矫正之后的车身构件和板件的具体轮廓和相对尺寸在进行车身矫正时不必过多地考虑,因为在完成总体的矫正之后,需要将车身分为若干个小的区域,进行局部的整形或更换修复。因此,正如图4-1中所描述的严重损伤的整体式车身的修理工艺可以简单地分解如下:

(1)通过损伤检验确定车身的损伤部位和损伤程度。

(2)通过车身的总体矫正手段完成车身变形的矫正和所有主要车身控制尺寸的修正。

(3)更换或修理车身主要结构件的损伤。

(4)更换或修理车身外覆板件的损伤。

(二)车身矫正的原理

车身变形的矫正原理的描述:充分利用力的性质(合成、分解、可移性和平行四边形法则等),按与车身碰撞力大致相反的方向拉伸或顶压变形部位,使受损伤的构件得以修复。

对于碰撞程度较轻的局部变形,一般运用较为简单的拉伸方法,就很容易使变形得到矫正。但对较为严重的车身碰撞变形,由于其受力的严重性和复杂性,便不能简单地依靠这类矫正方案了。如图4-50所示,当车身构件受到来自F力的重度角碰按时,就会形成如图4-50(a)所示的变形。如果矫正过程中,仍然简单地用与F力相反方向的力P进行拉伸(图4-50(b)),就会很容易形成图4-50(c)所示的那一种结果,将A段拉直但B段仍处于弯曲状态。

究其原因,复杂的冲击过程使车身构件的变形程度很不匀称,金属材料的强度也因此发生了变化,如:皱褶多的一侧加工硬化现象就严重些。再用同一方向上的力加以矫正时,受损伤构件表面上存在的强度差异,也必然会影响到矫正的复原率,这就是简单拉伸难以奏效的缘由。如果灵活地运用力的性质,对损伤状况做出进一步的细致分析,按图4-50(c)所示的方案,调整矫正力P的大小和方向,变形就比较容易得到矫正。

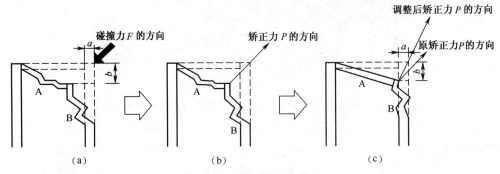

图4-50 矫正力方向分析

(a)碰撞力F形成A、B两段弯曲;(b)按与碰撞力相反的方向P拉伸;
(c)如果A、B两段的复原率不等,应调整矫正力P的方向

对局部损伤已经基本得到修复的构件,应以其轴线的延长线作为拉伸的施力点一次完成矫正,如图4-50所示。

事实上,由于车身构件多属于立体刚架式结构,这就决定了其碰撞时的受力状态多为空间力系。即作用在车身构件上的冲击力由于分解的结果,使力的作用线(即分力方向)不在同一平面内。尽管大多数场合,也可以将空间的受力简化为平面力系来对待,但总不如在详尽分析的基础上进行矫正来得好。这里并不需要对构件的受力作更专业化的分析,只需建立起关于空间力系的概念,就可以按照后面推荐的方案矫正各类复杂的变形。

当然,许多变形都很难通过一次矫正来完成,而是需要不断修正力的大小和方向,有时甚至还要调整矫正力的作用点或者从多点进行同时拉伸。

例如:矫正如图4-51所示的严重弯折,由于受拉伸条件的限制而不能按理想方向施加矫正力时,也可以将拉伸力分解成两个或两个以上的分力,进行多点拉伸。于垂直和水平两个方向同时拉伸纵梁,就比较容易使变形恢复到正常工作位置。另外对于这样的箱式梁,应夹注内侧弯曲(图4-52的A面)表面拉伸,拉伸方向应施加在一条假象部件原位置的延长线上。

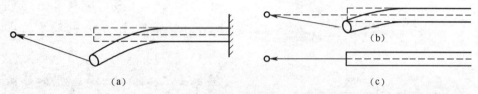

图4-51 基本拉伸方向

(a)假设构件的局部变形已经得到矫正;(b)在其轴线的延长线上设定一点作为拉伸施力点;
(c)构件经拉伸后被矫直

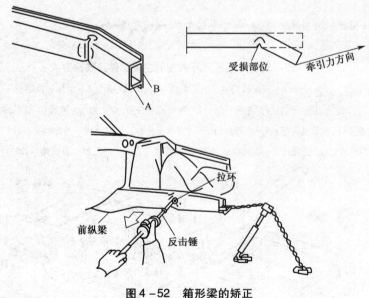

图4-52 箱形梁的矫正

二、车身矫正设备

(一)轻便式液压顶杆系统

液压千斤顶配备大量附件后,成为车身矫正最通用的一种工具(如图4-53所示),

可以用来完成包括推压、拉伸、夹紧和扩张加强的钢板、车身上的部件以及对车架的局部修理。可修理车门、前挡泥板、前翼子板、前裙板、发动机罩和后翼子板等，特别适用于更换新零件时对车身的调整。图4-54概括了这种轻便式液压顶杆系统的各种用途。

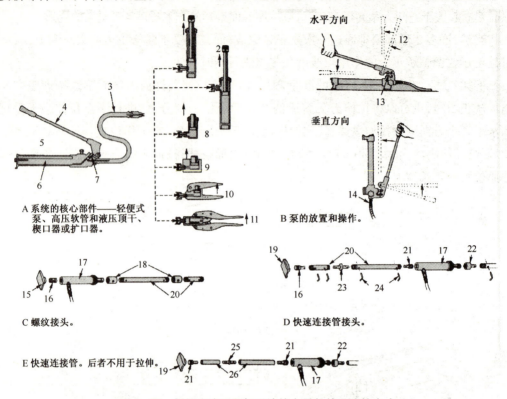

图4-53 轻便式液压顶杆系统的主要部件及连接方式

1—推压顶杆；2—拉伸顶杆；3—高压软管；4—液压泵操纵杆；5—液压泵；6—液压储油罐；7—泵活塞；
8、9—各种行程的油缸；10、11—扩张液压缸；12—视线控制位置；13—为了方便操作，泵活塞向下；
14—为了方便操作，软管端向下；15—连接件；16—外螺纹接头；17—油缸；18—内螺纹接头；19—连接件；
20—延伸管；21—外螺纹转接器；22—内螺纹转接器；23—管接头；24—锁销；25—管转接器；26—快速连接管

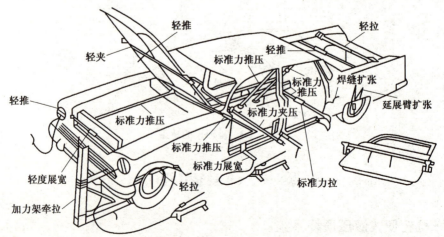

图4-54 轻便式液压顶杆系统在车身矫正中的应用

(二) 地框式矫正系统

地框式矫正系统(也称为无底板矫正系统)是一种简易的车身矫正系统,如图4-55所示,俗称"地八卦"。通用的地框式矫正系统适用于车身的损伤较小的情况,使用时将车身用支撑架固定于地面上并用铁链与预埋的框架进行锚固,拉伸用的液力顶杆或加力塔架等也固定于预埋的地框中,这样就相当于地面就是一个巨大的车身矫正台架了。矫正完毕后将车身和液力顶杆等工具设备移开,地面仍是平整的,可以用于其他的操作,因此比较节省空间。

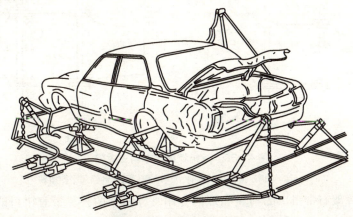

图4-55 地框式矫正系统

地框式矫正系统建设成本低,使用比较灵活,拉伸操作的工具设备简单并可以实现多点固定和多向的拉伸,因此操作简单,最大的优点是节省空间,在我国很多的车身修理车间被广泛应用。但地框式矫正系统也有一些缺点,比如车身的位置相对过低而且不能上下移动,因此限制了某些操作;车身的固定使用支撑架,需要进行多点牵拉固定(图4-56)。相对来讲稳定性差一些。但总的来讲使用性能仍然很好,尤其是对于较大的车辆,地框式矫正系统更加经济和方便(图4-57)。

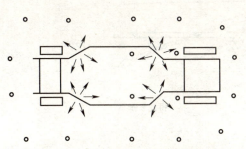

图4-56 用支撑加固定车身要考虑到拉伸时的受力均衡

图4-57 对大型车辆采用地框式矫正系统

1. 车身固定

使用地框式车身矫正系统时,车身的固定必须牢固可靠,不能在拉伸时产生移动或造成车身坠落。在进行车身固定操作时,要用千斤顶将车身同时或分别举升到一定的高度,用专用的支撑架进行夹持和支撑。支撑架的高度是可以调整的,支撑时务必将车底部 4 个主要支点支撑架调整到相同的高度,这样才能使车身具备测量用的水平面,便于尺寸的测量。用支撑架将车身进行固定和支撑后,还要用专用的锚固链将支撑架固定在地框上,保证支撑架的稳固。采用几条锚固链将支撑架进行固定要根据拉伸方作用力的大小和方向来确定,有时可能需要三四条锚固链同时使用,但一般情况下可以根据拉伸力的方向随时改变锚固链的位置和方向,只要达到平衡拉伸力和固定车身的效果就好,如图 4-58 所示。

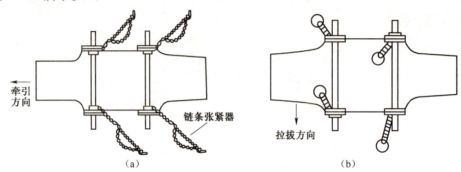

图 4-58 用锚链固定车辆支撑架

(a)向后的锚固平衡向前的拉伸力;(b)前后反向的锚固平衡扭转

常见的支撑架有带钳口的马凳和地框专用支撑钳架两种。带有钳口的马凳与一般支撑用的马凳形状基本一致,只是支撑柱上端有专门用于固定车身的虎钳口。支撑柱的高度可由支撑柱上的棘牙和支座上可活动的固定齿来调整,虎钳口用螺栓固定和产生夹持力。在使用时一般将支撑前部或支撑后部的两个支撑架用一根横管进行联固,起到平衡两侧支撑力的作用。横管由支撑架支撑并用来自几个方向的链条固定在地框上,如图 4-59 所示。带有钳口的支撑马凳使用比较灵活,它可以在地框上任意位置使用,不需要车身相对于地框有准确的位置。

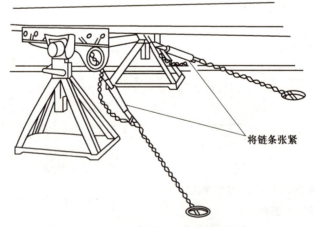

图 4-59 有虎钳口的支撑马凳固定车身

专用支撑架与带钳口的支撑架相似,支撑柱上有虎钳口用来固定车身,支撑柱与支撑座用方牙螺纹调节高度,支撑座用楔形铁块固定在地轨上。专用支撑架由于直接通过楔形垫块与地轨进行固定,因此不需要额外的固定锚链,支撑工作比较容易操作,但要求车辆的停放位置准确,要正好在地轨上方,如果地轨的宽度和车身的宽度出入较大,使用起来就不是很方便。

2. 牵拉工具设备

用于地框式矫正系统的牵拉设备非常广泛,几乎所有可以固定在地框上的拉伸工具都能使用,但最为常用的是三点式液力顶杆系统,如图4-60所示。

三点式液力顶杆系统是车身拉伸矫正的拉伸设备,它安装和使用简便,价格便宜,多组三点式液力顶杆系统共同使用可以起到多点多向拉伸的效果,因此被非常广泛地应用于车身矫正领域。三点式液压顶杆系统并不局限于地框式矫正系统,在下面介绍的车身矫正平台上配合主拉塔对车身进行拉伸或单独进行矫正,都有很好的效果。由于它便于安装和固定且使用灵活,在地框上有利于实现对车身的多点多向拉伸,因此几乎所有的地框式矫正系统都配备若干组三点式液力顶杆作为拉伸动力工具。

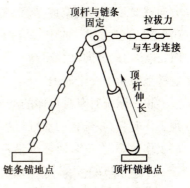

图4-60 三点式液力顶杆系统

三点式液力顶杆系统的拉伸力由液力顶杆提供,用压缩空气开关控制压力顶杆的伸长与回缩,在液压缸伸张时可以产生50~100kN的拉伸力。液力顶杆的尾端通过球头与固定在地框内的支撑座相连,球头可以使顶杆在一定的范围内实现万向运动。与顶杆的头部相连的铁链分为两部分,与地框相连接的部分长度不可变,主要起固定和导向的作用;与车身需要拉伸部位相连的部分为拉伸链,与夹持在车身矫正部位的夹具固定在一起。当液力顶杆伸长时,由于固定链的长度不变,因此顶杆的头部就沿以固定链的固定端为圆心,以固定链的长度为半径的圆作为运动轨迹,将拉伸链向外拉伸,达到矫正车身的目的。

三点式液压顶杆系统在进行拉伸矫正操作时要特别注意以下几个方面:

为了防止在牵拉过程中固定链与地面锚固点过载和控制拉伸的方向,拉伸工作要伴随矫正部位的测量一点一点地进行,并不断调整固定的位置和拉伸的方向。在安装拉伸装置时,要掌握好链条和液压撑杆的角度,两链条被撑杆顶起所呈的角度必须是钝角,这样才能保证顶杆机构的稳定。当顶杆伸长,两链条所呈的角度达到直角时,即使顶杆仍有较大的升程也应当放松顶杆并重新调整固定链的锚固位置,然后再开始新的拉伸。当顶杆伸长使两链条的夹角变成锐角时,是绝对不能继续撑拉的,如图4-61所示。

图4-61 三点式液压顶杆系统的位置

在进行拉伸操作时要首先找到一个拉伸方向的参考点,拉伸参考点的选择在拉伸工作中非常重要,如果选择不当就可能造成过度拉伸。使用三点式液压顶杆系统在拉伸的过程中拉伸力的方向始终是在变化的,因此,要保证拉伸力始终朝向拉伸矫正所希望的方向就要正确安装拉伸系统,将参考点的方向调整到撑杆的拉伸初始点和拉伸最高点(链条呈直角的点)的中间方向,并保证顶杆有足够的行程。当顶杆运动到越过最高点时,拉伸力的方向又会逐渐向下,背离了预计的拉伸方向,所以这也是不能使拉伸链和固定链呈锐角的一个原因。

顶杆系统对车身拉伸的动力源自液压缸,行程有 150~250mm 等多种。当顶杆作撑顶工作时,有一部分的油缸行程要消耗在张紧链条上,为充分利用液压缸的有效行程,提高工作效率,在安装时要尽量将链条拉紧,另外还需要正确使用顶杆系统的附件。

(三) 台架式矫正系统

台架式矫正系统是应用比较广泛的另一种车身矫正系统,有具有工作平台的平台式车身矫正器和没有平台的组合框架式车身矫正器两个大的类型,平台式矫正器如图 4-62 所示,虽然根据生产厂家的不同设计,其结构也有较大的差异,但总体的功能上是大致相同的。

与其他类型的车身矫正设备比较,台架式矫正系统主要有以下特点:

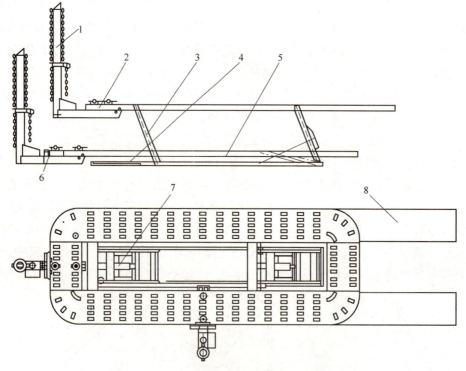

图 4-62 平台式车身矫正设备的结构示意图

1—液压拉塔;2—矫正平台;3—平台升降支撑杆;4、5—平台支撑座;6—拉塔固定装置;
7—平台升降液压油缸;8—上车板

(1) 具有供车辆固定的可以进行升降的专用平台或矫正架,利于车辆的上下和车身各个部位的修整工作。车辆正确固定后无须再次调整水平,台架的工作面即为水平标准面。

(2) 配备可以围绕工作平台进行360°位置安装的拉塔,能实现对车辆全方位的拉伸操作。

(3) 配有专门用于车身固定和拉伸使用的夹持具,车身固定工作简单,拉伸容易实现。

(4) 通常配有与工作台相配合使用的测量系统,可以快速、方便、准确地测量车身的形变,对矫正操作做出指导,并使矫正的梢度大大提高。平台式车身矫正设备的结构如图4-62所示。配备的夹具与附件如图4-63所示。

图4-63 平台式车身矫正设备配备的夹具与附件

1. 车辆的固定

台架式车身矫正器一般都配有4组供固定车身的基本夹具,如图4-63所示。这4个夹具分别夹持车身底板4个角上的夹持区,具有定位、夹紧、支撑等作用,其高度一般都是可以调整的,用来调整车辆的水平标准面,并可以根据所固定的车辆要求的固定方式不同进行组合,适应性很强。

车身上基本夹具安装的区域称为车辆的控制区,一般都是车厢下部比较不容易变形的地方并得到特殊的加强,绝大多数车辆的夹持控制区都是门槛板与主车地板的裙边。根据不同车身要求的固定位置和固定方式不同,每一种车身矫正器都配有专门的组合夹具。

基本夹具能够提供的夹持力是非常大的,当需要对车身底板部位进行矫正,首先找到必需的4个基本控制支撑点,这些支撑夹具甚至可以作为钣金整形工具起到拉伸作用。

当利用基本夹具进行车身的固定时要注意以下几点：

（1）根据待修车辆的损坏程度和部位确定车辆在台架上的位置，在拉塔与车身之间要保留至少 500~700mm 的拉伸空间。

（2）根据车身尺寸图确定需要夹持的部位位置，并正确选择和组合夹具。

（3）在车辆处于举升状态时摆好 4 个基本夹具的位置，此时虎钳口和基本夹具与矫正台架的固定螺栓都要松开，以利于调整夹具的位置。

（4）落下车辆时要保证车辆的夹持控制点顺利进入钳口，当 4 个钳口都与车身配合好后首先固定车身，然后才能固定夹具与矫正台架的紧固螺栓。

（5）在夹持固定过程中要防止车辆发生打滑和坠落，做好安全防范工作。

2. 拉塔的安装

矫正平台相配套的拉塔有固定塔臂式和活动塔臂式两种，这两种拉塔的工作原理都是利用气动液压缸来驱动的。无论是什么形式的拉塔，都可以通过塔臂下部的支撑杆与角轮与矫正器的台架相连接，并可以围绕矫正台架做 360°的旋转。

活动塔臂式拉塔在液压缸的驱动下，塔臂摆动产生拉力，原理与三点式液压顶杆系统相同，实际上就是一个变形的三点式液压顶杆系统。由于塔臂的运动轨迹是一条弧线，所以在拉伸时拉伸力的方向实际上是在不断变化的，但对于较小形成的拉伸来讲近似一条直线，对拉伸的效果没有影响。另外，活动臂式的拉塔可以在与拉伸方向垂直的平面上做 180°的摆动，更好地适应需要拉伸的部位，如图 4-64 所示。

固定塔臂式的拉塔是一个竖直放置的液压缸，拉伸链通过导向轮与拉塔上部可活动的塔臂顶部相固定。当液压缸伸张，塔臂顶部被顶起时，拉伸链就沿着车身固定点与塔臂上的导向轮的直线方向产生拉伸力，达到拉伸的目的，如图 4-65 所示。固定塔臂的拉塔不能做摆动，但拉伸的方向始终保持直线，对控制拉伸作用点的位移比较有帮助。调整导向轮的高度可以调节拉伸力的上下方向，左右移动塔臂可以调整拉伸力的左右方向，如此就可以实现任意方向的拉伸。但有一点要注意，在拉伸操作时，塔臂必须固定，而导向轮与塔柱的固定螺栓应该是放松的，导向轮只能使用导向轮固定环与塔柱的自锁来完成导向定位，而不能靠固定螺栓来固定。

拉塔与矫正台架的安装很容易，在矫正台架的边缘上都开有专门用于安装拉塔的轨道槽，拉塔的支架上有角轮和固定臂，将角轮和固定臂装进台架的轨道槽里就可以推动拉塔沿轨道框运动。当需要拉伸时，将拉塔摆放在需要拉伸的车身旁，将固定臂用附带的紧固螺栓进行固定，拉塔的位置就固定了。在拉伸时要注意，一定要将拉塔的固定臂紧固牢靠，否则巨大的拉伸力有可能使拉塔发生移动，造成危险。

拉塔的液压顶杆都是用压缩空气控制的，控制压缩空气开关实现顶杆的伸张与回缩，使用时需要将压缩空气控制开关的空气软管与液压顶杆的空气接头接好，在不使用时一定要将压缩空气接头拆下。

拉伸铁链的安装也比较简单，对于活动臂式的拉塔，在塔臂的背面都有锯齿状的齿牙是为在不同高度位置上固定铁链而设计的。在拉伸时，将铁链的一端与车身上的拉钩或夹具固定好,余下的部分要拉直,选择适当的高度齿牙,绕过塔臂用拉钩将拉链多余的一段与产生拉神力的一段固定好即可。对于固定式塔臂,塔臂顶端的"圆帽子"的后部有一个豁口,是专门用于固定锁链的,使用时将锁链一端与车身的拉构或夹具固定好,另一端穿过导向轮后引到塔有顶端的帽子上,圆帽子中心有一道凹槽,是专供锁链通过的,将锁链拉直,通过帽子顶端后卡入帽子后部的豁口中即可。

图4-64　活动臂式拉塔

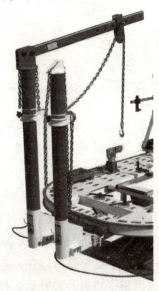
图4-65　固定式拉塔

固定拉链时一定要在没有拉伸之前就将拉链收到最紧的位置,否则会造成塔臂运动了很多还没有产生足够的拉伸效果。铁链的选择要合适,有时宁可长一些也尽量避免用两根短链相接的方法接长。

(四) 小型快速矫正系统

对于车身矫正设备来说,怎样使车身的固定更加方便和稳固,增样能使拉伸矫正工作更加容易进行是一个重要的课题。尤其是对于不太重的损伤,如果将车身固定在大型的矫正台架上是比较麻烦的,需要做的辅助工作太多,设备的功能也得不到充分的发挥,操作人员也不愿进行这样的操作。

针对这种情况,很多厂家开发制造了一些小型的简易的车身矫正系统用于车身不太复杂的拉伸矫正工作,其最大的特点是灵活、方便,在对车身需要矫正的部位进行固定的同时,又能实现拉伸操作,而且使用简便,不占空间,因此一经推出就受到广泛的关注和欢迎。

图4-66所示的是利用类似于地框式支撑架的支撑装置来固定车身,拉塔支座与车身支撑架相连接起到固定的作用。这种设备的拉塔可以摆动,但由于必须依靠车身的支撑架来进行拉塔的固定,因此限制了它的灵活性。

小型快速矫正系统适应能力强,可用于车身上几乎各个方位,并可以与多种其他矫正系统和设备共同配合使用,来达到更好的使用效果,因此应用非常广泛。

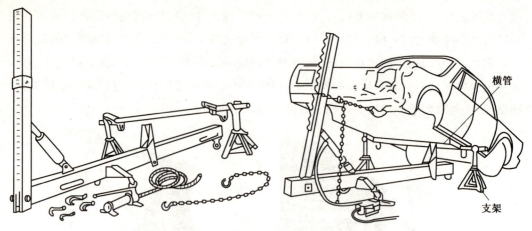

图4-66 与车身支撑架配合使用的小型快速矫正系统

(五) 车身矫正专用夹具

车身的碰撞变形是复杂的,在进行拉伸矫正操作时要将拉伸力作用于需要的作用点,要借助于各种夹具来实现。各个车身矫正设备生产厂家都有与其拉伸矫正设备配套的各种夹具和拉伸工具,这些夹具和工具有相当一部分是针对于车身上的特别结构而设计的,如针对翼子板内板的前减振器座而专门设计的拉伸夹持工具等,应用非常方便。但多数夹具和工具都是可以在一定的使用范围内通用或组合的,在使用中,车身修理人员完全可以根据当时的需要创造性地使用这些工具和夹具。这要求修理人员应熟悉各种钣金工具及夹具的功能和承载能力,对车身的构造和拉伸矫正力的大小和方向等也要心中有数。

1. 钣金工具使用的安全事项

使用钣金工具和夹具对车身进行拉伸矫正首先要注意的问题是安全操作,任何不当的操作都有可能造成工具设备的损坏、车身矫正的失败甚至危及人身安全,因此在车身矫正中一定要注意以下问题:

(1) 根据拉伸工具和夹具等设备的使用规范和承载能力,正确、合理地选用和组合拉伸工具及夹具等设备,并对车身做好防护,杜绝安全隐患。

(2) 使用拉伸工具设备时和拆卸工具后都要确保工具设备的干净清洁,不要留有油污和脏物等影响夹持效果的污渍。

(3) 进行安装拉伸工具、夹具等操作时要注意不要损坏车身的电气和油路等设施,并防止拉伸工具和夹具等对车身造成损伤,夹持必须牢固可靠。

(4) 用安全绳将拉链、拉伸工具或夹具和车身三者进行联固,防止滑脱后飞出。

(5) 进行拉伸操作时要经常观察拉伸工具和设备的夹持位置有无变化,避免产生滑脱。

(6) 控制拉伸力的大小,勿使其超过拉伸工具和设备的承载能力;观察和聆听车身板件和构件在拉伸时的局部形变和声音变化,防止对车身造成损伤。

(7) 在拉伸操作时,操作人员和其他工作人员不得站在拉伸方向上,防止发生危险。

2. 拉伸工具和夹具的使用

每一种类型的车身矫正系统都会配备比较齐全的拉伸工具和夹具,主要有拉伸工具、拉钩、夹具和各种专用工具等。各个车身矫正设备制造厂家一般都配有各种钣金工具的推荐使用图表,供工作人员在修理操作中参考使用,图4-67显示了在拉伸承载式车身以修复损伤时,各种夹钳如何固定到各个不同的部位上的。但这并不限制车身修理人员创造性地使用这些工具和设备,只要运用合理,搭配得当,用于其他相应的位置同样可以起到很好的矫正效果。

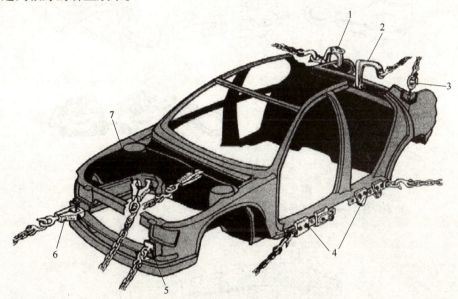

图4-67 车身矫正工具推荐使用位置
1—剪式夹钳;2—大力拉钩;3—带螺纹的拉伸板;4—车身裙边夹钳;5—拉伸板;6—深槽自紧夹钳;7—宽爪夹钳

下面就常见的几种工具、夹具的使用位置和功能及承载能力等作简单介绍。

1. 夹钳

拉伸矫正用的夹钳其主要作用是夹持住车身的拉拔点,使链条的拉力作用于需要进行拉伸的部位。夹钳根据车身不同部位的结构特点并结合拉伸的需要有不同的设计,在使用时可以灵活选用。

夹钳的不同设计用途主要体现在钳口的宽度和钳身的厚度上,但使用的部位基本上都是车身具有焊接翻边等天然的可供夹持的部位。钳口比较扁平、钳身较薄的轻型夹钳适合于车身比较轻薄部位的拉伸夹持,它们的体积小,使用比较灵活,承载能力多在30kN左右。钳身厚重的夹钳承载能力也相应的大些,可达50~60kN,基本上钳身越厚重、钳口越宽大的夹钳承载能力越高,多用于车身底部裙边、车身梁柱等需要较大的拉伸力的场合。如图4-68所示为几种常见的夹钳。

有些夹钳具有自紧功能,即随着拉伸力的增加,钳口的加紧力也逐渐地增大,可以避免产生松脱,自紧的基本原理就是杠杆原理,如图4-69所示。但不能因为自紧夹钳具有自紧功能就忽视锁紧螺栓的固定和支持,单纯靠自紧是不能产生很大的夹持力的,如

图4-69所示的剪式自紧夹钳,完全靠拉伸时的自紧力完成夹持,其承载能力大约在20kN。

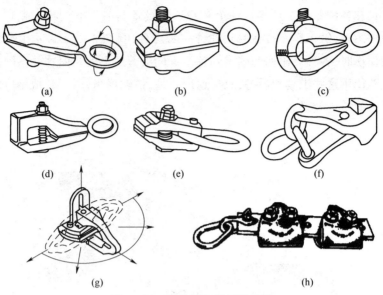

图4-68 拉伸矫正常用的夹钳

(a)扁口自紧夹钳;(b)重型夹钳;(c)C形夹钳;(d)深槽自紧夹钳;(e)小型夹钳;
(f)剪口夹钳;(g)多向拉伸夹具;(h)车身裙边夹具

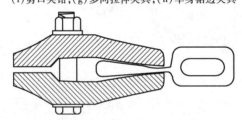

图4-69 自紧式夹钳的自紧基本原理

拉伸操作时夹钳的安装要尽量紧固。同时,拉伸力的方向也要注意,必须使拉力方向的延长线通过夹齿的中间,如图4-70所示。这样做的目的是使拉伸力作用于夹持点上,如果不是这样,拉伸力会造成夹钳的扭转,这不仅会造成夹钳的松脱,也有可能使夹持部分的车身金属被撕裂。拉伸矫正的好坏决定于拉伸力的作用点和作用方向,如果发现拉伸造成了夹具的扭转则应马上停止拉伸工作,调整拉链的位置。

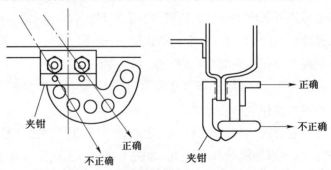

图4-70 调整拉链到正确的拉伸方向

2. 拉钩和拉带

在车身的某些部位不适合使用夹钳等夹持工具进行固定和拉伸,此时可以采用拉钩和拉带等进行拉伸操作。拉钩无须加紧操作,只要挂在需要拉伸的部位就能进行拉拔,使用简便。在拉钩与车身构件接触的部位垫较大的木块可以减小压强,保护车身构件。拉带适合于车身立柱等部位的拉伸,其比较柔软,不会对拉伸的部位造成额外的损伤,其承载能力也不小,可以达到50kN。如图4-71所示为常用的拉钩和拉带。

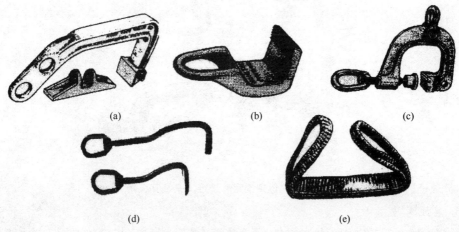

图4-71 常用的拉沟和拉带

(a)大力深拉钩;(b)大力直角拉钩;(c)多向可加紧拉钩;(d)轻型拉钩;(e)尼龙拉带

大力拉钩可以对前围板、前罩板、仪表板周围、车门、后备厢等较深的部位进行拉伸,最大负荷为50kN。大型直角拉钩可以快速安装在车身的纵梁、横梁等部位进行大力的拉伸操作,其承载能力为70kN。多向拉钩既有对较深部位的拉拔功能,也有一定的夹持能力,在夹持状态下可以进行多角度的拉伸操作,最大承载为50kN。轻型拉钩适合于对车身上的孔或缝隙较小的箱型板件进行拉伸,承载能力为20kN。

3. 链条和链条连接工具

在拉伸操作中,链条和链条的连接占有非常重要的地位,不仅涉及拉伸效果,更主要的是安全问题。

拉伸用的链条是专用的链条,其最大承载能力为80kN,一般普通的链条不能用于车身的拉伸矫正。为了更方便地将链条与夹具固定或调整链条的长度,在车身矫正工具设备中还专门制造了链条连接拉钩、链条连接器等专用工具,如图4-72所示。

链条连接拉钩可以将链条快速地与夹持工具进行连接和拆卸,使用方便。对于不同型号的链条可以配备不同规格的连接拉钩,最大的负荷为50kN。

链条连接器可以将两条较短的链条进行连接,使其达到要求的长度,也可以将较长的链条缩短到要求的有效长度。

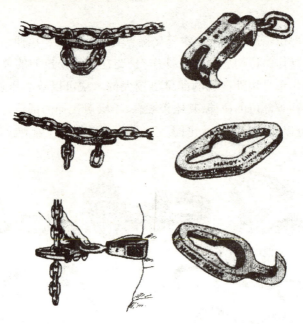

图4-72 链条固定和连接工具及其应用

4. 其他工具

除以上所介绍的常用工具种类外,还有许多专门用于特定场合的专用工具和其他的常用工具等。

如图4-73所示为减振器座专用拉伸工具。这种专用的拉伸工具可以很方便地安装在车辆的减振器支座上,并能够全方位地对碰撞后的减振器支座进行矫正,更有效地保证减振器支座中心孔的对中,保证车辆悬架系统的正确安装。

如图4-74所示为针对车身下部底板部分做下拉矫正的导向轮,将其固定在矫正器的工作平台上,可以实现向下的拉伸操作。

图4-73 减震器专用拉伸工具

图4-74 下拉导轮

如图4-75所示为快速拉板,由于板上有许多直径不同的孔,因此可以很方便地将其固定在车身连接的螺栓部位,实现对这些部位的拉伸。

图4-75 快速拉板

如图4-76所示为螺旋撑拉工具,它利用螺纹产生较大的拉伸和拉伸力对车身进行矫正,用于不方便使用液压顶杆装置的地方。

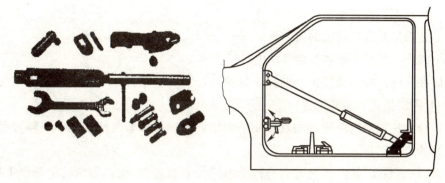

图4-76 螺旋撑拉工具

三、车身矫正过程

(一)拉伸时的测量

在拉伸前、拉伸过程中和拉伸后都需要进行车辆测量。对车辆损伤情况进行测量有助于确定如何进行拉伸,在拉伸过程中的测量有助于检查对损伤的拉伸是否适当,而在拉伸后的测量是对拉伸工作的检查。具体内容请参见任务4.2车身尺寸的测量。

(二)拉伸前的部件拆卸

拆卸汽车零部件的原则:只拆那些妨碍修理的车辆零部件。例如在正面碰撞中,往往不得不拆下翼子板才能接近车架纵梁上的拉伸点。为了靠近汽车上需要修理的部位而必须拆除的部件。

根据车辆的结构和损伤的位置和程度,有时,在继续进行修理之前拆卸部件比较方便。仔细分析车辆情况和损伤情况,以确定必须拆卸的部件。有时最好在将车辆放置到矫正架上之前就拆下部件以便于更好地紧固。

如果损伤的结构件可能要用于拉伸,那么就不要拆下它。在很多情况下,需要在损伤的焊接件上进行拉伸,尽管这些部件将要被更换掉。通过对严重损伤部件的拉伸,往往能帮助矫正其他不要更换的结构件。如果首先拆下了损伤的结构件,就可能使拉伸和矫正相邻部位或板件变得更加困难。

以前,在将承载式车辆放置到矫正器上之前,经常需要将悬架和传动系统拆卸下来。对于大多数现代矫正系统,再加上发动机支架这样的辅助装置,就不需要这样做了。大多数矫正作业都可以在保证主要机械零部件完好的情况下进行。

(三)制定拉伸计划

计划拉伸工序时,应遵循下列程序:
(1)确定拉伸的方向。

(2) 按与碰撞损伤相反的顺序,修理碰撞时出现的损伤(先里后外)。

(3) 按照与引起损伤相反的方向来设计拉伸顺序。

(4) 找到安装拉伸夹钳的正确位置。

(5) 估算修复损伤所需的拉伸量。

(6) 确定必须拆下哪些零部件才能进行拉伸。

最好在实际拉伸车辆损伤之前拟定好修理计划。这个计划中应当给出原厂的和实际的尺寸、固定位置和拉伸位置。

确定拉伸位置最简单的方法就是徒手画出要通过拉伸修复的损伤。拉伸过程中以完全相同的方法工作。

通常,只要悬架、转向系统或动力传动系统安装点损伤,或者车辆的中部严重损伤,就需要进行车辆矫正。要想确定某个碰撞是否符合这个原则,可以用肉眼观察哪里有明显的损伤,或者用卷尺或量规做一些一般性测量。这些测量包括:用对角测量检查是否有菱形变形;用长度测量检查是否有挤压损伤。尽量了解损伤是从哪里开始的,在哪里结束的。利用所有可用的尺寸数据,包括车身/车架尺寸手册和车辆厂家手册,或者通过检查未受损伤的汽车而得到的数据。一旦确定了碰撞对承载式车身的损伤程度并且确定了损伤部位,就可以对损伤部位进行拉伸和矫正了。矫正后的基准点可作为进一步拉伸的有用参考。

在计划修理(拉伸)顺序时,应记住以下两条基本规则,以保证用最少的钣金工作就可以修复错误和损伤,而且不会对车身零部件造成进一步的损坏。

(1) 修理损伤的顺序应当与碰撞时发生损伤的顺序相反(先里后外)。

(2) 拉伸的方向应当与损伤的方向相反。

(四)车身的固定与拉伸

对于承载式车身具体固定时必须用多点固定的方式。一般需要四个点,对于前部受损的汽车,定位夹具应该安放在汽车的中部或后部。对于后部受损的汽车,定位夹具应该放在汽车的中部和前部。当然根据拉伸力及其方向的不同,有时要增加辅助固定点,如图4-77所示。

在准备进行拉伸操作时要注意矫正设备的正确使用,这些内容在车身矫正设备中已经予以介绍,但每种设备有些差异,所以一定要了解你所用矫正设备的使用、安全防护措施。

另外,还应充分利用各种矫正设备,在拉伸或顶压时有多种设置方法。拉伸矢量图是一个简单的三角形,图4-78列举了一些矫正力方向设计方法。

在拉伸过程中应当监测矫正的进程。由于金属板有弹性或可塑性,车身结构在被拉回到规定的尺寸后,会在一定程度上恢复到损伤的状态。因此,提前估算回弹量是很重要。这就是为什么受控制的过拉伸非常重要的原因。

拉链在顶杆的作用力下,一旦松弛部分被拉紧,车身构件的金属就开始移动。一定要不断地检查尺寸,以防拉伸量过大。

模块 4 钢质车身严重损坏的修理

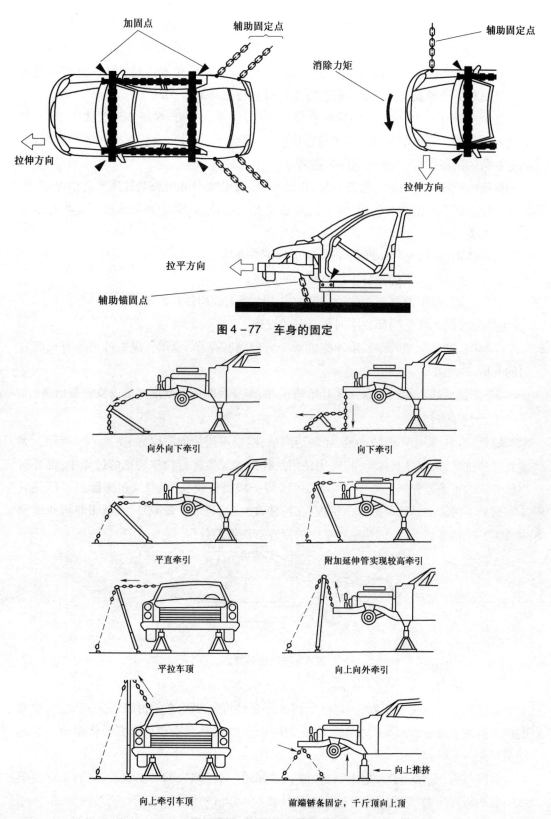

图 4-77 车身的固定

图 4-78 矫正力方向设计示例

为了使损伤部位保持在适当的位置,可能需要做一些工作。可以在拉伸后松开拉力,观察一下板件在拉力释放后的移动量然后再重新进行拉伸和释放,这样慢慢地将部件或面板移动到规范尺寸。每重复一次,板件就会向预期的位置移动一些。敲打临近区域的金属有助于释放应力并保持板件按照需要进行移动。

每次拉伸时拉伸一点点,然后释放拉力,进行测量。一般,在矫正承载式车身/车架的损伤时应当按照从中心到两侧的顺序进行,并要满足以下顺序:长度方向的损伤矫正、宽度方向的损伤矫正、高度方向的损伤矫正。

执行拉伸操作要像徒手作业一样,也就是说,假定唯一可用的工具是手的情况下,怎样才能使金属重新恢复其造型,每一次能矫正几个区域,向哪个方向矫正。这些就是有效拉伸的关键所在。

具体矫正过程的拉伸或顶压可总结为以下几条原则:
① "先重后轻",即优先矫正损伤最大的部位。
② "先强后弱",即同一部位的变形应先由强度大的构件开始矫正。
③ "先中间后两边",即从中间部位开始操作。
④ "先长度后宽度",即长度和宽度两个方向同时存在变形时,优先矫正车身长度方向的变形。
⑤ "先低后高",即由车身底部开始矫正,而车身顶部位的变形则可以放到最后进行。

(五)拉伸过度

如果矫正过程中不能精确地、经常地测量,则很可能拉伸过度,如图4-79所示。为防止拉伸过度,而损坏整体车身,在用任何一种拉伸装置进行拉伸矫正的过程中,都要对损伤部位的矫正进程进行测量。切记,可以将一块钢板拉长,但要反过来通过推压使其缩短则是不可能的。任何损坏的钢板,在拉伸直之后,超过了极限尺寸,就很难再收缩和被压缩了。很多情况下,拉伸过度唯一的修理方法就是替换。

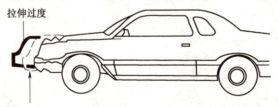

图4-79 拉伸过度

(六)应力消除

车身矫正包括两个任务,一是将受损的钣金件恢复到原来的形状;另一个更为重要的任务是恢复钣金件原来的状态。将受损的钣金件恢复到原来状态需要将碰撞中引起的金属应力消除掉。

金属具有"记忆"特性或叫弹性性能,它"知道"自己原来的初始状态,只有消除由事故引起的板件应力,它才会恢复到原来的状态。

平直的钣金件(图4-80(a))其金属晶粒和原子层都处在相对松弛的位置。钣金件弯曲时(图4-80(b))这些晶粒就会产生轻微的变形,从而产生应力。如果钣金件有足够的弹性,一旦压力消除后,晶粒可以立即恢复到原来的状态;如果钣金件在碰撞中弯曲程度严重,则在弯曲的钣金件的外层,晶粒在剧烈张力的作用下产生严重的变形,而内层则在压力的作用下产生同样的变形(图4-80(c))。这些力引起晶粒变形,改变晶粒结构,而这种结构比受损前更坚硬(加工硬化)并且缺少弹性,同时应力被固定在金属内部。

如果试图在不消除应力的情况下把钣金件拉伸恢复到原来的形状,金属将出现如图4-80(d)所表现的撕裂或变薄。这个形状接近原始形状,但是晶粒结构中仍保留着变形并且有新的变形区域产生。

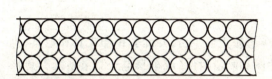

- 金属没有弯曲
- 金属晶粒处于松散状态

(a)

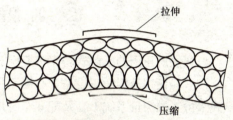

- 金属轻微弯曲
- 外侧的金属晶粒拉伸而内侧压缩
- 如果金属是弹性的,压力施放后,晶粒会恢复到正常的状态

(b)

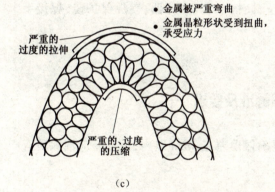

- 金属被严重弯曲
- 金属晶粒形状受到扭曲,承受应力

(c)

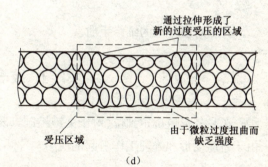

(d)

图4-80 金属状况
(a)平直;(b)轻微弯曲;(c)过度弯曲;(d)整平后(未消除应力)

若应力未被消除,金属疲劳和破裂迟早要发生在这些薄弱区域,或者一旦发生再次碰撞,即使很小的力也将引起同样或更大的危害从而造成严重的后果。

在冶金学教科书上,应力被定义为一种内部阻力,这种阻力是物质在特定的负载下变形时产生的。在碰撞修理业中,应力可定义为一种对维修起阻碍作用的金属的内在阻力。造成这种阻力(应力)的原因:变形和开裂、过度加热、不正确的焊接技术、不理想的应力集中等。

消除应力通常在两个时刻进行:拉伸金属板

图4-81 有控制的加热消除应力

件时和拉伸金属板件之后。对于严重变形的板件,由于其应力非常之大,如果强行拉伸会造成板件的撕裂。而矫正之后的板件消除应力是为了使金属稳定地保持原来的状态。

消除应力有两种方法:弹性敲击和有控制的加热。对于受损严重的板件,弹性敲击可能作用不大,此时可以对金属有控制的加热(图4-81),激活金属的晶粒,使其重新松弛,恢复原来的状态。所谓有控制的加热是指加热的温度和时间不能超过厂家的规定值,因为过度的加热会破坏晶粒结构,导致金属变软,强度降低,尤其是对于承载式车身的高强度钢和结构件。

四、设备、工具和材料准备

(1)供矫正用的承载式轿车(或车身)。
(2)轻便型液压矫正设备2套测距尺、车身矫正器1台,并配套拉伸工具和量具、机械式米桥三维测量系统1套及配套车身尺寸图和测量附件(或车身电子测量系统1套)、测距尺、钢卷尺、必要的拆装工具、氧—乙炔焊接设备1套(用于需要消除应力时的加热)。
(3)操作场地的供电、供气设备齐全。
(4)安全防护用品:工作帽、工作服、安全鞋、棉手套、护耳器、气焊保护镜、焊接手套等。
(5)对应车型的维修手册。

五、技术标准及要求

车身外形应矫正到位,对于关键控制点要确保误差在3mm以内,另外还应消除所有由于碰撞变形和修理工作引起的应力。

六、子任务1:承载式轿车车身前端碰撞损坏的矫正修复

准备好工具和材料,穿戴好防护用品,按照下述步骤进行。
以一辆汽车的一侧从前面受到了中度碰撞为例进行分析,如图4-82所示。
1. 确定车身的损伤部位和损伤程度,并制定修理方案
损伤检验的具体内容可参见任务4.1、任务4.2。对于图4-82的损伤,可以得出如下的大致修理方案:
左侧板件损伤严重,所以左侧前侧梁、挡泥板及散热器支架应更换。右侧变形较轻,应矫正恢复原形。
2. 固定车身
具体内容参见前面的相关知识。

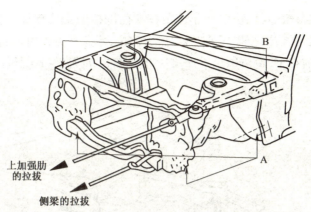

图4-82 汽车的一侧从前面受到了中度碰撞损伤及拉伸图

3. 进行矫正作业

(1) 确定拉力方向,然后连接好相关矫正设备,慢慢拉伸。拉伸操作时,对安装更换零件的连接部位进行整形,同时,对维修侧的前侧梁、挡泥板进行整形。

如果维修侧的前侧梁向内倾斜,则向前部拉伸,如图4-83所示。

如果维修侧的前侧梁向外倾斜,则沿侧前方向拉伸,如图4-84所示。

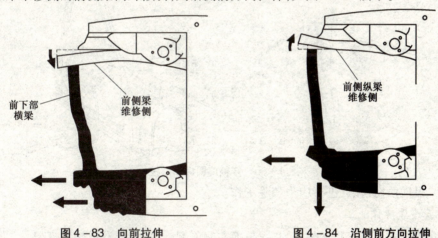

图4-83 向前拉伸　　　　图4-84 沿侧前方向拉伸

(2) 测量尺寸,并确定拉伸位置,对于这样的损伤推荐测量的尺寸如图4-82所示中的A、B,进行对角测量。

(3) 如果侧前侧梁变弯,应进行如下的操作:

通过拉伸操作使对角线线尺寸和车身底部尺寸基本合格之后,切割前下部横梁和侧隔板,夹住前侧纵梁的弯曲部位,然后,同时沿前方和内侧方向施加拉力(或从外侧施加推力),拉动弯曲部位进行整形。

整形之后,通过横向推拉前侧车架,将对角线和车身底部的实际尺寸修整为标准尺寸。此外,还需修整挡泥板和减振器座。并检查它们在车身上部尺寸中是否处于正确的位置,如图4-85所示。

(4) 修理更换侧的前挡泥板和纵梁安装部件时,主要修理接近围板和前围上盖板的地方。如果碰撞严重,损坏会扩散进入车体的前柱(表现为前门关不上)。简单地夹住挡泥板纵梁的前缘进行牵引,无法修理车体前柱或前围板的主要损坏。在这种情况下,应取下挡泥板和侧梁,在前围板损坏处夹紧,然后拉拔,用这种方法可取得最好的效果。与此同时,前柱也向前拉了,也可以用千斤顶从里面推压,如图4-86所示。

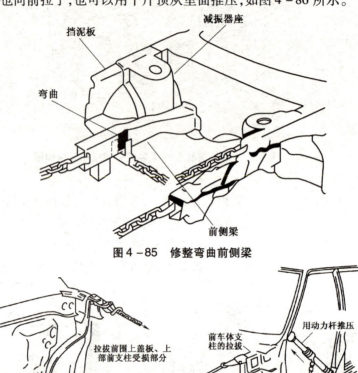

图4-85　修整弯曲前侧梁

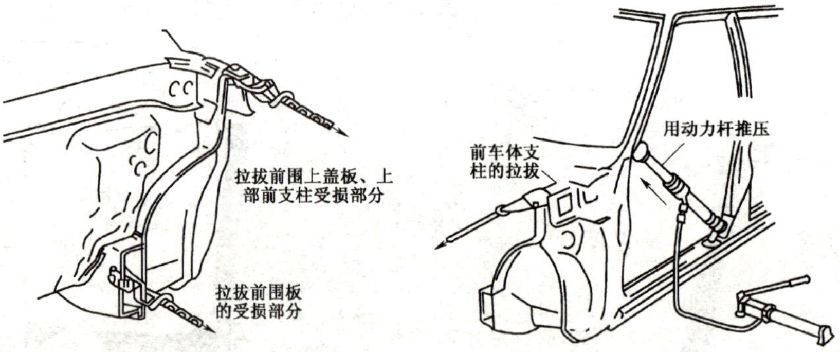

图4-86　修整前围板和前柱

(5) 根据损伤情况,进行应力消除工作。

4. 板件更换作业

维修板件矫正到位并消除应力后,更换左侧前侧梁、挡泥板及散热器支架。

七、子任务2:承载式轿车车身后端碰撞损坏的矫正修复

1. 确定车身的损伤部位和损伤程度,并制定修理方案

对于后部损伤,如果碰撞剧烈,则后轮罩空心部位的后侧梁将发生弯曲;而对于车身上部,损伤将波及后轮罩、后部内板以及后立柱,并导致车顶板发生扭曲。大致修理方案如图4-87所示。

2. 固定车身

具体内容参见前面的相关知识。

3. 进行矫正作业

(1) 沿与撞击力相反的方向,将后板、后地板以及后侧梁一起拉伸。拉伸过程中,修

整后地板。修理后翼子板时,不得直接将其拉出,如图4-88所示。

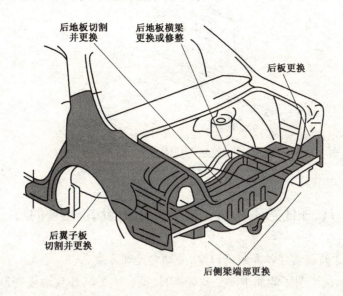

图4-87 后部损伤修理方案

（2）如果不可能将其充分拉伸到位,则切割后板,并在拉出后内板和后轮罩之后,修复后立柱和后车门开口,如图4-89所示。

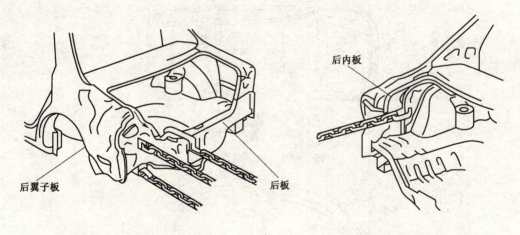

图4-88 后部损伤的拉伸　　　　　　　图4-89 拉出后内板

（3）测量尺寸,并确定是否拉伸到位。

（4）如果在后侧梁和后地板横梁出现弯曲的情况,则进行如下操作:

切割后地板,然后修复后侧梁和后地板横梁,如图4-90所示。整形之后,将后侧梁定位至标准位置。同时,修整后轮罩并确定后减振器座的位置。利用车身底部尺寸,确定后侧梁位置。

（5）根据损伤情况,进行应力消除工作。

4. 板件更换作业

维修板件矫正到位并消除应力后,更换后翼子板、后板。

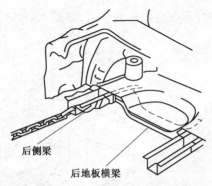

图4-90 修整后侧梁和后地板横梁

八、子任务3：承载式轿车车身侧面碰撞损坏的矫正修复

1. 确定车身的损伤部位和损伤程度，并制定修理方案

图4-91示例说明了侧面中部受到碰撞时，撞击力如何导致地板变形和侧底梁及中间立柱弯曲。整个车身会呈现"香蕉"状的变形，并且轴距缩小。如果撞击力很大，则扭曲变形将延伸至相对侧的侧表面。

对于这样的损伤，大致修理方案如图4-92所示。

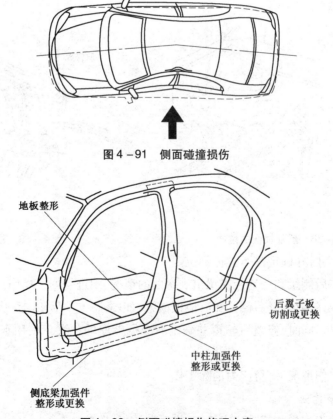

图4-91 侧面碰撞损伤

图4-92 侧面碰撞损伤修理方案

2. 固定车身

具体内容参见前面的相关知识。

3. 进行矫正作业

(1) 对于这样的损伤最有效的方法就是同时沿三个方向拉平。在沿与碰撞力相反的方向拉出侧底梁和中柱的同时，沿前后方向拉动侧底梁、拉伸过程中，对地板板件和车门开口部位进行整形处理。另外要做好辅助固定工作，如图4-93所示。

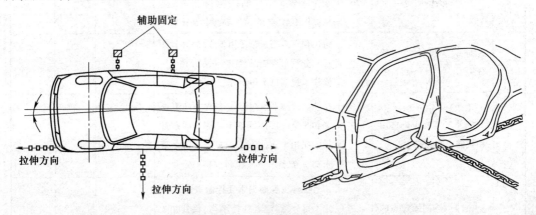

图4-93 侧面碰撞损伤的拉伸

(2) 测量尺寸，并确定是否拉伸到位。

4. 板件更换作业

根据实际需要切割侧加强件，如前立柱加强件、中间立柱加强件、侧底梁加强件。拉出内侧底梁、内板和地板横梁，然后进行整形，通过测量确定其位置。侧面的板件更换如图4-94所示。

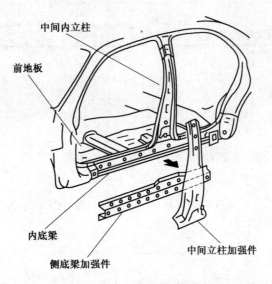

图4-94 侧面板件的更换

九、技能考核表

序号	考核内容	配分	评分标准	考核记录	扣分	得分
1	车辆的夹持固定	20	车辆在上下过程中有违反操作规程的动作,每次5分;车辆夹持点不正确或夹持操作不当、夹持不牢,每项扣5分			
2	对车身尺寸的正确分析	10	每出现一点测量错误扣2分;根据车身尺寸分析车身变形,判断有误扣10分;操作不规范每次扣1分			
3	拉伸工具的正确选用和拉伸点的确定	25	拉伸点选择不当扣5分;拉伸方向不正确扣5分;选用拉伸夹具不正确或有明显错误扣5分;拉伸工具安装不符合要求扣5分;操作不规范每次扣1分			
4	拉伸点周围固定点的合理选用、固定	20	未对拉伸位置周围主要控制点进行固定不得分,固定点选择不当,每处扣3分;固定操作时固定夹持具选用不合理扣3分;操作不规范每次扣1分			
5	拉伸基本操作	20	拉塔调整和固定、拉伸方向的确定、拉链的安装及保险工作、拉伸过程操作等,每项不符合规定扣5分;操作不规范每次扣1分			
	教师签字			年 月 日		
考核说明:主要考核学生车身矫正作业的基本操作能力						

课后练习题

1. 名词术语

车身矫正、单向拉伸、多向拉伸、拉伸过度、应力消除。

2. 选择题

(1) 如果拉力作用于如图中的圆柱体钢板上时,哪个区域会发生应力集中(　　)?

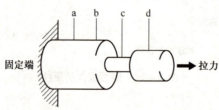

A. a　　　　　B. b　　　　　C. c　　　　　D. d

(2) 单一方向的拉伸和多方向同时拉伸相比,谁更易变形恢复到正常位置?（　　）
　A. 单一方向　　　B. 多方向　　　C. 都一样　　　D. 看情况
(3) 在车身维修设备发展历史中,最早出现的矫正系统是(　　)。
　A. 地框式矫正系统　　　　　　B. 平台式矫正系统
　C. 通用框架式矫正系统　　　　D. 带专用定位夹具的框架式矫正系统
(4) 如图所示,哪个是正确的拉拔方向(　　)?

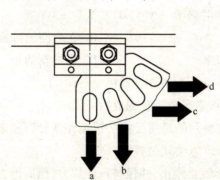

　A. a　　　　　B. b　　　　　C. c　　　　　D. d
(5) 对中立柱进行拉伸时,推荐使用下面哪种夹具(　　)?
　A. 重力拉钩　　　　　　　　　B. 尼龙带
　C. 只要能夹紧的钣金工具都可以　D. 轻型拉钩
(6) 对后备箱等较深的部位进行拉伸时,推荐使用下面哪种夹具(　　)?
　A. 重力拉钩　　　　　　　　　B. 尼龙带
　C. 只要能夹紧的钣金工具都可以　D. 轻型拉钩
(7) 在使用链条和液压顶杆进行拉伸时,链条的角度不能小于(　　)。
　A. 45°　　　　　B. 60°　　　　C. 90°　　　　D. 120°
(8) 以下关于车身矫正中固定描述错误的是(　　)。
　A. 辅助固定增加了安装设备的时间,因此会降低矫正效率
　B. 辅助固定可以有效地防止二次损伤
　C. 对于前部受损的汽车,定位夹具应该安放在汽车的中部或后部
　D. 对于后部受损的汽车,定位夹具应该放在汽车的中部和前部
(9) 以下关于基本车身矫正方法的描述中,正确的是(　　)。
　A. 正确的车身矫正顺序:外侧钢板—内侧钢板—大梁
　B. 在车身矫正中,最重要的是基本车身固定和辅助车身固定
　C. 在拉拔之前没有必要测量车身尺寸
　D. 只要固定车身上2个顶点就足够
(10) 车身前端受到损坏时在何处夹紧?（　　）
　A. 汽车前部　　　　　　　　　B. 汽车前部和中部
　C. 汽车的后部和中部　　　　　D. 汽车的前部、中部和后部

(11) 正确的拉伸校正顺序是(　　)。
A. 宽度、长度、高度　　　　　　　B. 高度、宽度、长度
C. 长度、宽度、高度　　　　　　　D. 长度、高度、宽度

(12) 在拉伸矫正车身的过程中是否需要消除应力?(　　)
A. 是　　　　　　　　　　　　　　B. 否
C. 看情况　　　　　　　　　　　　D. 无所谓

(13) 车身板件在拉伸时破了一个大裂口,要(　　)。
A. 对接焊起来　　　　　　　　　　B. 在后面加衬板焊起来
C. 在正面加衬板焊起来　　　　　　D. 更换新的

(14) 针对车身矫正作业下列叙述正确的是(　　)。
A. 拉伸中应不断测量,它影响矫正的成败
B. 车身矫正作业的主要目的是将受损的钣金件恢复到原来的形状
C. 拉伸过度唯一的修理方法就是替换
D. 拉伸出现一定变形后要停止,并保持拉伸拉力,然后泄力,测量后再拉伸

(15) 针对承载式车身矫正作业下列叙述不正确的是(　　)。
A. 如果汽车前部一侧收到中度撞击,维修侧的前侧梁向内倾斜,则向前部拉伸
B. 如果汽车前部一侧收到中度撞击,维修侧的前侧梁向外倾斜,则沿侧前方向拉伸
C. 后端碰撞,最好沿与撞击力相反的方向,将后板、后地板以及后侧梁一起拉伸
D. 侧面中部受到碰撞时,向外拉伸时,另一侧一般不需要辅助固定

3. 思考题
(1) 矫正时,车身固定应注意哪些问题?
(2) 矫正时,应怎样较好的设计矫正力的方向?
(3) 在车身矫正作业中,为什么要消除应力,怎么消除?
(4) 车身测量在矫正作业中起到什么样的作用?

任务4.4　车身焊接外板件的更换

学习目标

1. 熟悉车身各外板件的连接方式。
2. 熟悉车身各外板件的各连接方式的拆卸方法。
3. 熟悉焊接板件的更换品质控制。
4. 熟悉常用切割工具的切割原理和方法。
5. 能正确地更换与处理车身焊接的外板件。

一、车身外板件更换概述

（一）车身板件修理与更换的依据

车身钣金件主要有车身结构件和车身覆盖件两类，车身结构件对车身整体性能影响较大，车身覆盖件主要体现外部形状。因此，对车身结构件的修理与更换，一定要慎重，一定要确保修理质量。

车身钣金件属于可修理零件，但对于严重损伤的钣金件，如果是结构件，修理很难恢复到事故前的状态，应更换；对于覆盖件，严重损伤往往修复困难，也应考虑更换。目前车身钣金件以钢材为主，下面主要考虑刚质钣金件的修理与更换。

但是什么样的损伤算严重损伤，却不太好判断。美国汽车碰撞修理协会（I-CAR）经过大量的研究，得出关于损伤结构件的修理与更换的一个简单的判断原则，即"弯曲变形就修，折曲变形就换"。

弯曲变形特点：损伤部位与非损伤部位的过渡平滑、连续；通过矫正可使它恢复到事故前的状态，而不会留下永久塑性变形。

折曲变形的特点：弯曲变形剧烈，曲率半径小于3.2mm，通常在很短的长度上弯曲90°以上，如图4-95所示；矫正后，零件上仍有明显的裂纹或开裂，或者出现永久变形带，不经过调温加热处理不能恢复到事故前的状态。

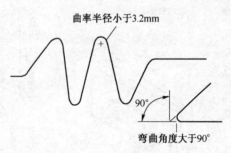

图4-95 折曲变形

具体确定车身钣金件是修理还是更换，除了以I-CAR提供的准则为基本依据外，还要根据零件的具体结构、修复难度、表面类型、损坏位置及范围、零件的功能和受力情况等几方面因素而定。下面提供一些判定准则可以供评估时参考：

（1）如果损坏的位置靠近纵梁末端，碰撞挤压的范围对整体没影响，更换的要求就不像整体挤压损坏那么严格。但是，如果碰撞挤压范围内伴随折曲变形时则应考虑更换。

（2）若损坏发生在发动机或转向装置的安装和支撑件范围内，考虑重复应力加载会使支撑件产生疲劳变形，故当这些安装部位发生折曲变形时，均应更换。

（3）贴合式折叠在一起的构件，由于激烈的冲击而使局部金属变硬，应更换。

（二）汽车车身外板件的连接方式

车身是用机械紧固和焊接两种方法将构成车身的为数众多的板件连接在一起的。很多外板件（图4-96）用紧固件连接，例如汽车的前翼子板、发动机罩、行李厢盖、保险杠等有关的金属构件，通常是用螺栓连接到框架上。更换这些板件时，只要拆卸紧固件即可。而像顶盖、侧围等板件是焊接的，更换这些板件时，将比较麻烦。

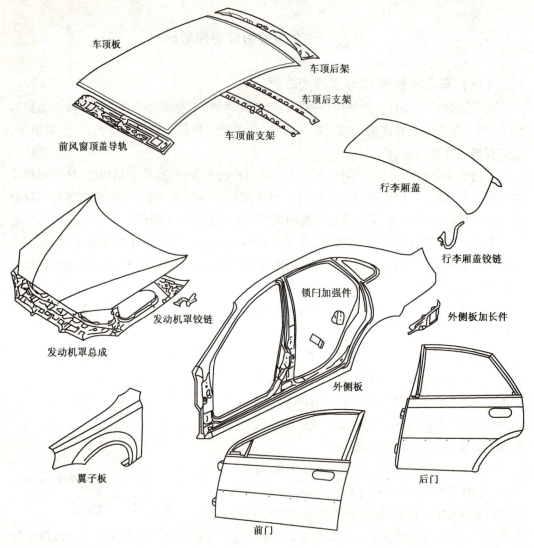

图 4-96 汽车车身外板件

(三) 焊接板件的更换方式

在焊接板件的更换工作中有两种方式,即一个板件总成的整体更换和一个零件的局部更换,后者也称为分割更换,见表 4-3。

表 4-3 焊接板件的更换方式

更换方式	说明	图例
总成整体更换	这个方式需依厂方零件的供应方式整组地更换损伤板件	

(续表)

更换方式	说 明	图 例
分割更换	这种方式需要切割损伤的钢板,再更换相同部位的钢板,并在更换后实施焊接。 这种方式是在损伤钢板不能更换总成或是更换时技术有困难或作业效率太低时使用	

(四) 焊接板件的更换品质控制

在修理工作中,达到高品质的要求是非常重要的。基本上,必须将车辆的品质和功能恢复至事故前的状态。高品质的维修必须具备安全、强度、美观、耐久(防锈)4个要项。将这4个要项应用至钢板更换时,则必须完成下列修理品质,见表4-4。

表4-4 4个要项对应的修理工作

要项	对应修理工作	说 明
强度	钢板焊接强度	车身钢板的焊接是以逻辑理论推算出焊接的点数后,再将车身钢板焊接组合,以提供全车身应有的强度和刚性。虽然汽车厂和修理厂的焊接设备及钢板结构并不相同,但是在维修时必须通过维修手册的辅助与专业技巧的结合,使车身获得原有的强度和刚性
安全	钢板的定位	焊接完成后钢板是无法实施调整,因此必须在焊接前实施精确的安装。 梁件:为了确保车辆的基本性能(行驶、转向和停止),机械零件(发动机和悬架)必须安装至正确的位置
美观	钢板的定位	车身外板:外板的组装并不会影响车辆的基本功能,但是会影响车辆外观品质。当更换外板时,必须配合周边钢板和零件,实施精确的定位
耐久和防锈	防水和防锈	车辆要耐用必须具有良好的防水和防锈性能。而这些性能不能在修理完成后再来要求。防水和防锈若处理不良时,不会立即产生问题,而在出现重大问题时,才作对策就会变得非常困难,故必须在修理过程中要求其品质

二、车身板件的拆卸方法

车身板件除了螺栓连接外,还有以下几种方式(图4-97)。

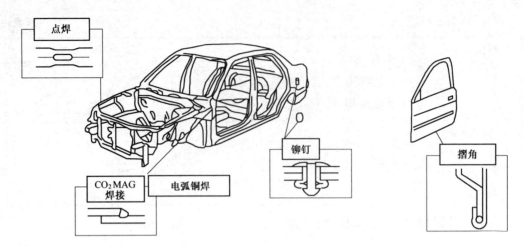

图 4-97 车身钢板的连接方式

拆卸铆接部位,应钻除铆钉凸缘,如图 4-98 所示。拆卸褶角加工部位,应磨除外钢板的弯角,如图 4-99 所示。

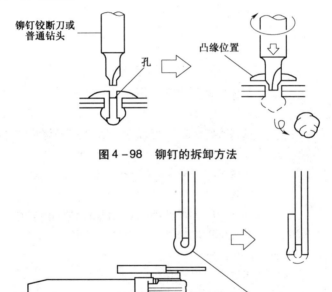

图 4-98 铆钉的拆卸方法

图 4-99 褶角加工拆卸方法

车身焊接板件的拆卸主要作业就是分离点焊和焊缝。

(一)分离点焊

分离点焊的第一步应是确定点焊的位置。可以用钢丝刷、砂轮等方法去除底漆、保护层或其他覆盖物。如果清除油漆以后,点焊的位置仍不能看见的区域,可在两块板件之间用錾子錾开,这样可使点焊轮廓线显现,如图 4-100 所示。

确定点焊的位置以后,使用图 4-101 所示的点焊切割器,钻掉焊接点。分离时要小心,不要切割焊缝下面的板件,并且一定要准确地切掉焊接点,以避免产生过大的孔。

用高速砂轮也可分离点焊的板件,仅仅在用钻头够不到焊接点,或更换的板件是在上部,或者那里的柱形焊接点太大,以致不能钻掉时,才采用这种方法,如图 4-102 所示。

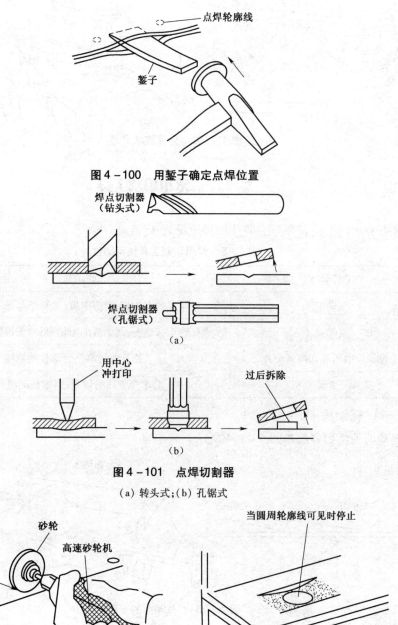

图 4-100 用錾子确定点焊位置

图 4-101 点焊切割器
(a) 转头式;(b) 孔锯式

图 4-102 用砂轮机清除焊点

(二)分离连续焊缝

有些板件是用连续的惰性气体保护焊焊缝(包括钢焊丝和铜焊丝)连接的。由于焊缝长,因此要用砂轮或高速砂轮机来分离板件。如图 4-103 所示,割透焊缝而不割进或割透板件。握紧砂轮以 45°角进入搭接焊缝。磨透焊缝以后,用锤子和錾子来分离板件。

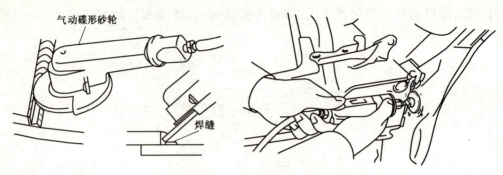

图4-103 分离连续焊缝

三、常用切割工具

常用的切割工具名称与主要使用部位见表4-5。

表4-5 常用切割工具使用部位

工具名称	使用部位
气动剪	厚度约1.2mm的薄钢板;无复杂车身线的钢板
气动锯	所有的车身钢板;薄钢板的粗切割;对头焊接部位的切割
滚轮式研磨机和切割研磨片	能有效切割复合部位的钢板
等离子弧切割机	前车身梁的粗切割;厚钢板的粗切割

(一)气动剪

气动剪的使用方法如图4-104所示。

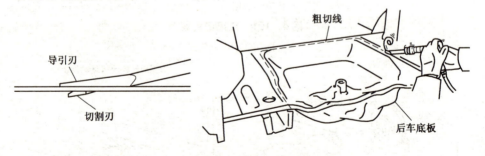

图4-104 气动剪的使用

(二)气动锯

使用如图4-105所示,具体步骤如下:

(1)把锯片安装在气动锯上,将锯片的切割面朝向拉动方向。

(2)在开始工作前先滴入1~2滴气动工具润滑油,并空转气动锯约5s。

(3)将锯片的切割面抵住钢板的弯角部位作一切缝。开始切割时轻轻地下压气动锯,再逐渐地施加力道。

(4)改变锯片的角度并开始切割钢板。

还需注意以下要点：

（1）依钢板的厚度来调整锯片的角度，薄钢片：倾斜，厚钢板：垂直。

（2）在切割复合层构造部位时，需留意锯片的角度和行程，以防止下钢板受到损伤。

（三）滚轮式研磨机和切割研磨片

使用如图4-106所示，具体步骤如下：

（1）将切割研磨片确实地安装于滚轮式研磨机上。

（2）在开始工作前选滴入1~2滴气动工具润滑油，并空转研磨机约30s。

（3）用双手紧握工具抵住钢板。

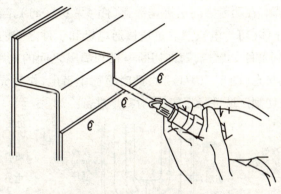

图4-105　切割锯使用

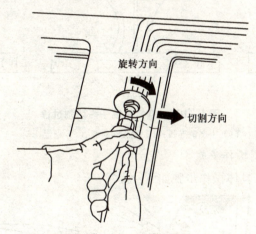

图4-106　砂轮机使用

还需注意以下要点：

（1）开始切割时轻轻地下压研磨机再逐渐地施加力道。

（2）当火化的喷溅量为最大时，切割力道最适当。

（四）等离子弧切割

等离子弧切割的实质是在极小范围内产生一股很强的热气流，这股热气流熔化并带走金属。采用这种方法可以很整齐的切割金属。此外，由于热量非常集中，甚至切割薄金属板时，也不会使金属板弯曲。

等离子弧切割正在取代氧乙炔切割。它可对损坏的金属件进行有效而快速的切割，并且不会破坏母材的属性。

1. 等离子弧的切割原理

常用的是空气等离子弧切割,是利用空气压缩机提供的压缩空气作为工作气体和排除熔化金属的气流。压缩空气在电弧中加热后分解和电离,生成的氧与切割金属产生化学放热反应,提供附加热量,加快了切割速度。充分电离了的空气等离子体,电弧能量大,切割速度快。此法特别适于切割厚度30mm以下的碳钢,也可切割铜、不锈钢和铝及其他材料。但电极受到强烈氧化,其工作寿命较短。

压缩空气从两路进入割炬喷嘴,一路作为切割气体,一路作为屏蔽气体。首先接通电极和喷嘴之间的电源,在两者之间引燃诱导弧(图4-107(a)),当压缩空气到达这里时被电离,形成等离子体(可导电);然后迅速接通电极和工件之间的回路,使该电弧(由等离子体携带)转移到工件上燃烧,随即切断电极和喷嘴之间的电路(图4-107(b))。最后达到稳定的切割状态(图4-107(c)),此时喷嘴不带电,作为屏蔽气体的压缩空气从屏蔽罩内喷出后对切割区域进行冷却,也对割炬进行冷却。

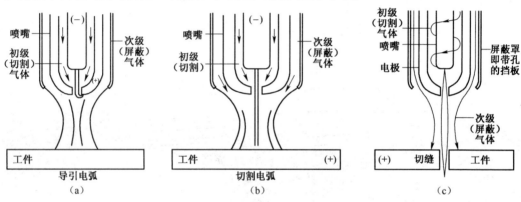

图4-107 空气等离子弧切割过程

(a)引燃诱导弧;(b)生成转移弧;(c)稳定切割

2. 等离子弧的切割操作步骤

如图4-108所示,具体操作步骤如下:

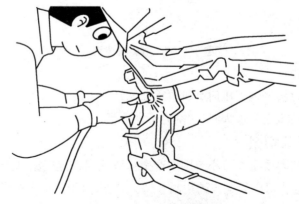

图4-108 等离子弧切割

(1)使用前须检查电极和极头。更换标准如图4-109所示。

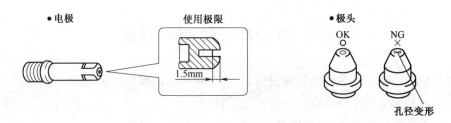

图 4-109　电极和极头使用要求

(2) 调整适合钢板板厚的电流值。

(3) 电极与钢板接触后再启动开关。

(4) 产生电弧后再开始切割钢板,需保持合适的切割速度,切割速度对切割质量的影响如图 4-110 所示。厚钢板:缓慢地移动切割枪;薄钢板:快速地移动切割枪。

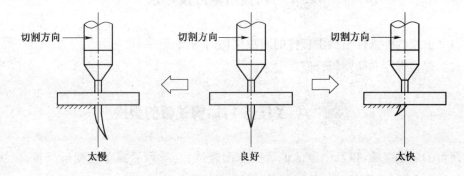

图 4-110　切割速度对切割质量的影响

3. 切割时的安全与防护

等离子弧切割时的有害因素包括有害气体、金属烟尘、弧光(紫外线)辐射、高频电磁场等。危险因素主要是电击,因此,必须十分重视安全与防护工作。

(1) 防电击。等离子弧切割用的电源空载电压较高(直流 250V 以上),尤其在手工操作时,有电击危险。因此,电源在使用时,必须可靠接地,切割工作台和工件也要可靠接地,穿戴上绝缘手套和绝缘鞋,经常检查线路是否老化,严禁带电维修设备。

(2) 防弧光辐射。等离子弧较其他电弧的光辐射强度大,尤其是紫外线,它对皮肤损伤严重。手工切割时,操作者必须穿戴好长筒护手套,能遮盖所有裸露部位的阻燃服装,无翻边的裤子以防火花和熔渣的进入。面罩除用黑色目镜外,最好再加入吸收紫外线的镜片。

(3) 防烟尘。等离子弧切割时伴随大量金属蒸气、臭氧和氮化物等,加上切割时气体流量大,导致工作场地灰尘大量扬起,对操作人员呼吸道和肺有严重影响。故工作场地必须配备良好通风设备,切割含有锌、铅的金属或涂漆的金属时,一定要戴好呼吸设备,并保证良好的通风。

(4) 防火。切割现场应有灭火器,周围 10m 以内不得有可燃物,不切割可能引起爆炸或燃烧的金属材料或容器。

其他安全事项可参见制造商的说明书。

四、设备、工具和材料准备

(1) 承载式轿车车身以及后翼子板、车门中柱和车门槛板外板等配件。
(2) 各种常见的车身维修工具及相关耗材。
(3) 操作场地的供电、供气设备齐全。
(4) 安全防护用品:工作帽、工作服、安全鞋、棉手套、护耳器以及焊接、切割的防护用品。
(5) 对应车型的维修手册。

五、技术标准及要求

(1) 更换的外板件与周围板件的间隙应均匀一致。
(2) 焊接强度和防锈符合原厂要求。

六、子任务 1:后翼子板的更换

严重的后端碰撞,以及中度的偏后的侧面碰撞,会导致后翼子板变形严重,应更换。准备好工具和材料,穿戴好防护用品,按照下述步骤进行。

(一) 相关准备工作

拆除相关部件(如行李厢盖等),并做好车身其他部位的防护工作,对作业可能影响到部位应盖上防火布,防止研磨的颗粒、焊接飞溅损伤其表面。

(二) 后翼子板的拆卸与分割

拆卸与分割前应查阅相关维修手册,确定切割线的位置,图 4-111 为某车型的建议切割线。

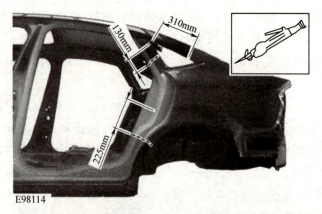

图 4-111 2008 款 Mondeo(4 门)的后翼子板的切割线

具体切割时首先用卷尺按照需要切割部位的尺寸要求在板上划线,经观察比较无误后,用气动锯进行切割(切割位置应参考维修手册,一般选择在车顶侧板接近车顶200mm左右的地方和车门槛板靠近轮眉100mm左右的地方)。切割的断口要比新件安装时的对缝略多20mm左右的余量。接着用点焊切割器去除焊点,移走旧板。

(三)车身侧钢板的准备工作

拆卸损坏的板件以后,待修理的汽车要做好准备以安装新的板件。工作步骤如下:

(1)从点焊区域磨掉焊缝的痕迹。用钢丝刷从连接表面上清除掉油泥、锈斑、油漆、保护层及镀锌层等。不要磨削结构钢板的边缘,否则将磨掉金属,使截面变薄并削弱连接强度。此外,还要清除板件连接表面后面的油漆和底漆,因为这些部位在安装时要点焊,如图4-112所示。

(2)相配合的凸缘上的凹坑和凸起,要用锤子和顶铁敲平,如图4-113所示。

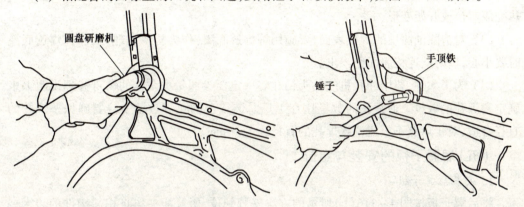

图4-112 磨除毛边、涂膜和锈　　　　图4-113 焊接零件的整形

(3)油漆和腐蚀物已从连接面上清除,基体金属已经暴露的区域应涂上可焊透的底漆。对于连接的表面或在以后加工过程中不可能涂漆的区域,要采用防锈底漆,如图4-114所示。

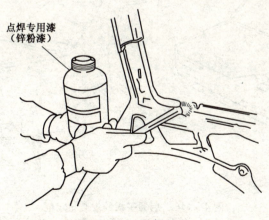

图4-114 防锈处理

(四)新板件的粗切割与准备

(1)测量尺寸贴上遮蔽胶带,沿着胶带边缘粗切割钢板,确保新件和旧件有20~30mm的重叠量,如图4-115所示。如果搭接部分太大,装配时板件的配合调整比较困难。

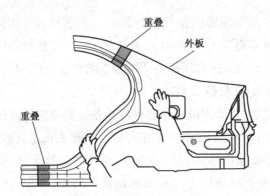

图4-115　新件与旧件接头部分应重叠20~30mm

（2）用圆盘打磨机清除点焊区域两边的油漆，不要磨削到板件，并且不能使板件过热变成蓝色或开始变形。

（3）对清除油漆层的焊接表面，要施用可焊透底漆（作为防锈处理）。涂抹焊透底漆时要小心，以防从连接表面上渗出。

（4）为了塞焊，要用冲孔机或钻头钻孔。一定要参照每类车辆的车身修理说明书来确定塞焊孔的数量。通常孔的数量比在工厂总装线上的点焊数要多。要确保塞焊孔的直径合适，对于后翼子板建议塞焊孔的直径为5~6mm。

（五）后翼子板的安装与定位

1. 安装后翼子板

将后翼子板按图4-116(b)所示的方法安装到位，用万能夹钳将相邻构件的边缘夹紧，以使后翼子板于若干处得到固定。注意：新件落料时的边缘余量不宜留得过大，否则不便于装卡和固定。

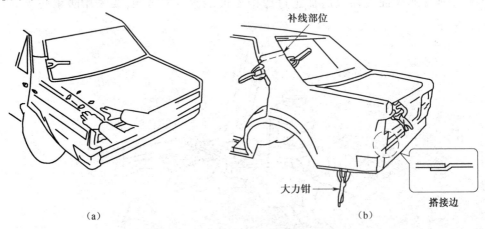

图4-116　后翼子板的安装与定位
(a) 定位目标；(b) 暂装后翼子板

2. 用适配法调整定位

用目测的方法检查：构件的形线是否对齐和后翼子板与车门的间隙是否符合要求（图4-117(a)），并用自攻螺钉将其临时固定（图4-117(b)）。在行李厢盖处于关闭状态下,检视后翼子板与之的间隙和高度是否合适,并用对比法测量、验证窗口的对角线(图4-118),确认无误后也用自攻螺钉临时固定(图4-118(b))。最后装上车身后部的灯具,以验证其适配情况及高度是否与另一侧对称(图4-119)。

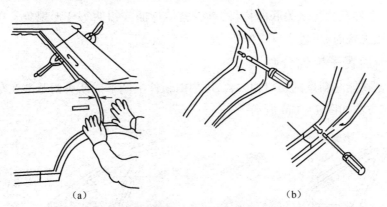

图4-117 调整后翼子板与车门的适配度并加以固定
(a)目测检查;(b)用自攻螺钉固定

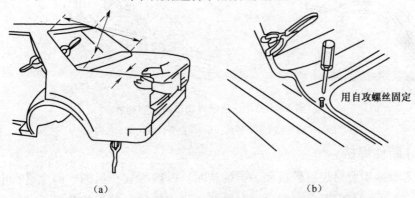

图4-118 调整后翼子板与行李厢盖及后窗的适配度并加以固定
(a)检测后翼子板与行李厢盖以及后窗的适配度;(b)用自攻螺钉固定。

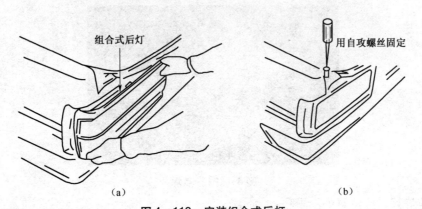

图4-119 安装组合式后灯
(a)安装组合式后灯;(b)用自攻螺钉固定

3. 临时固定

每进行一项适配作业,都应在构件边缘的适当部位钻孔,而后用自攻螺钉将其临时固定。因为用夹具钉固定有时不够可靠,适配度的调整也不够方便。

4. 整体适配状况的检视

全部装配完毕后,再进行一次整体适配状况的检视,查看各部间隙、线形以及对称度等,还要检查新件及其与之关联的构件,有否整体弯曲或扭曲等变形现象。在确认构件的安装与适配无疑时,再进入点焊作业阶段。

(六)新后翼子板的分割

为使切割线能与新件的切口相吻合,可用由新件上割下的断头为基准在车身一侧画线切割,切割方法如图4-120所示。

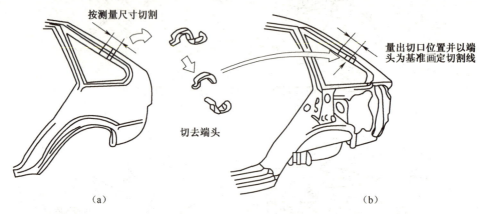

图 4-120 比照新件切口画定切割线

(a) 按测量尺寸割下端头;(b) 比照新件端头画定切割线

(七)新件焊接

要参考维修手册对焊接数目和种类的指示。一般后翼子板的一圈应进行电阻点焊或填孔焊,如图4-121所示。然后对对缝部位采用气体保护焊的薄板无衬板对缝焊技术进行焊接,焊后,应将焊缝磨平,如图4-122所示。

图 4-121 点焊

具体焊接时应注意如下事项:

(1) 焊接顺序:焊接顺序应遵循由中间向两边、先基础件后附属件的原则。

(2) 焊接防护:焊接过程中所产生的火花或热影响,会损坏车身涂层、玻璃、装饰件等,应采取相应的保护措施(如遮盖、拆除等)。

图4-122 对缝部位的焊接与处理

（3）点焊机地线虚接所产生的电动势,有可能击穿车上的微电子设备,故应确保接地可靠并将车上电源回路断开(如:切断总电源或拆下蓄电池的电源线等)。

（八）防锈处理

1. 喷涂底漆

于没有涂膜的部位实施清洁及去脂作业,然后喷涂底漆,如图4-123所示。

2. 涂抹车身密封胶

于涂抹面实施清洁,去脂作业,于钢板接合面涂抹车身密封胶,如图4-124所示。

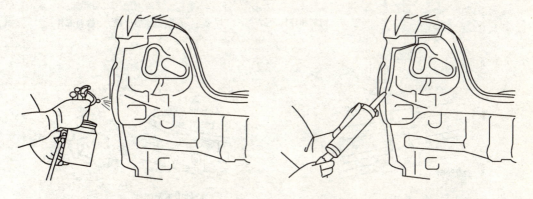

图4-123 喷涂底漆　　　　　图4-124 涂抹车身密封胶

注意:依各车型的车身损伤维修手册,涂抹于更换钢板的背面;明显可看到的部位需加以修饰。

（九）安装相关附件与调整装配间隙

安装行李厢盖、后灯总成等附件,并调整装配间隙,符合原厂要求。

（十）充填氨基甲酸乙酯泡棉

如更换板件时破坏了减振隔音处理的氨基甲酸乙酯泡棉,应重新填充。

七、子任务2:承载式轿车车身车门中柱和门槛外板的更换

侧面中部受到碰撞时,经过矫正作业后,就应根据板件的损坏情况,进行板件的更换

作业,在侧面损坏中如果中柱和车门槛板都是外板变形,此时可将车门槛板和中柱的外板进行分割更换。具体步骤同后翼子板,此处不再赘述,主要将更换的要点进行介绍。

(一) 车门中柱和门槛外板的拆卸与分割

首先用卷尺按照需要切割部位的尺寸要求在板上画线,经观察比较无误后,用气动锯进行切割。切割的断口要比新件安装时的对缝略多20mm左右的余量。接着用电焊切割器去除焊点,移走旧板。切割的推荐位置如图4-125所示。

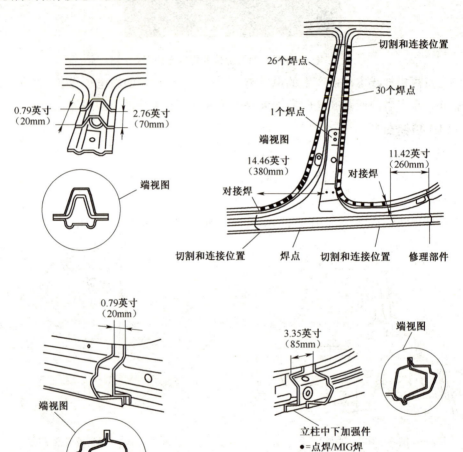

图4-125 某车型车门中柱和车门槛板切割更换的规范

(二) 准备工作

主要工作同后翼子板的更换。切口余量要求如图4-125所示。

(三) 新件的安装与定位

新件安装后,用大力夹钳固定,进行位置的调整,先通过测量尺寸,来判断新件是否安装到位,推荐测量的尺寸如图4-126所示。接着可将后车门暂装上,看后车门是否自由开闭,周围间隙是否均匀,如图4-127所示。

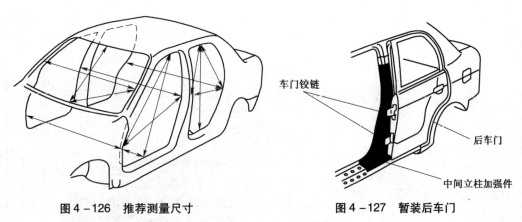

图4-126 推荐测量尺寸　　　　图4-127 暂装后车门

（四）新件的分割

对于能够搭接在一起的简单断面形状构件,其分割方法可参照图4-128所示的方案进行。先沿搭接构件的端头画定分割线(图4-128(a)),然后用风动锯沿切割线将构件分割(图4-128(b)),由此可获得对接质量很好的分割(图4-128(c))。车门槛板处的切割方法与此相同。

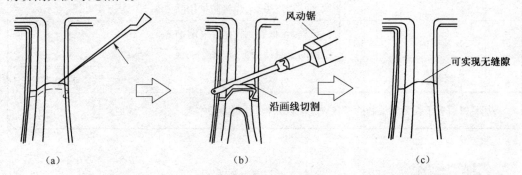

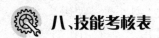

图4-128 画线切割法

(a)比照搭接边缘画切割线;(b)沿画定的线切割;(c)可使接口无缝

（五）新件焊接

焊接的具体要求应参见相应的维修手册,接缝处应进行对接焊,其他地方应进行点焊。

八、技能考核表

序号	考核内容	配分	评分标准	考核记录	扣分	得分
1	后翼子板的拆卸与分割	20	分割部位和尺寸选择不当一次扣10分,切去除焊点失误一点扣3分			
2	安装准备工作	20	待安装的板件未清洁,未修整焊接边,未做防锈处理每项扣3分;新件未清洁,未修整焊接边,未做防锈处理每项扣3分;新件分割不正确扣4分			

(续表)

序号	考核内容	配分	评分标准	考核记录	扣分	得分
3	后翼子板的定位	20	定位过程中,程序不规范一次扣5分;夹具使用不当一次扣2分;定位结果与标准有差距的扣5~10分			
4	后翼子板的焊接	20	焊接顺序不正确一次扣5分;点焊质量不符合标准一个扣2分;对接焊操作要点不当一次扣2分;对接焊缝质量与标准有差距的扣5~10分;焊缝未作处理的扣5分,处理不当的扣3分			
5	焊接后的防锈与防水处理	10	处理不当一次扣5分			
6	安全防护	10	工作服、工作鞋、工作帽、护目镜、耳塞、面罩、皮手套、焊接防护用品			
7	5S及其他	10	全程5S保持、作业结束清洁工具、错误的工具使用方法、操作失误			
	教师签字			年 月 日		

说明:以后翼子板为例编制的考核表,其他板件更换请参照本表

课后练习题

1. 名词术语

弯曲变形、折曲变形、等离子弧。

2. 选择题

(1) 分离点焊时,下列哪种工具不推荐使用?（　　　）

A. 等离子弧切割机　　　B. 点焊专用切割器　　　C. 气动钻　　　D. 砂轮机

(2) 下列有关车身板件的更换说法错误的是(　　　)。

A. 若没有适当技术可确保维修品质则该受损钢板就应该更换

B. 在焊接以前,结构板件必须精确地定位

C. 结构板件的更换工作中有两种情况,即更换一个板件的整体和更换一个零件的局部,后者也称为分割更换

D. 车身板件的拆卸主要作业就是分离焊缝

(3) 下列有关后翼子板切割线的说法错误的是(　　　)。

A. 选择切割位置时,应查找相应车型的资料,最好按照资料的规范要求确定切割

位置

　　B. 切割位置一般选择在车顶侧板接近车顶 200mm 左右的地方和车门槛板靠近轮眉 100mm 左右的地方

　　C. 切割的断口要比新件安装时的对缝略多 20mm 左右的余量

　　D. 钢板切换部位的切割间隙不均匀,不会使焊接品质下降

(4) 拆卸损坏的板件以后,下列对于待修理的汽车准备工作描述不正确的是(　　)。

　　A. 相配合的凸缘上的凹坑和凸起,要用锤子和顶铁敲平

　　B. 基体金属已经暴露的区域应涂上可焊透的底漆

　　C. 不需要从点焊区域磨掉焊缝的痕迹

　　D. 应磨除焊接表面的毛边、涂膜和锈等

(5) 更换后翼子板作业中,有关新板件的准备描述错误的是(　　)。

　　A. 填孔焊时,对清除油漆层的焊接表面,不需作防锈处理

　　B. 为了塞焊,要用冲孔机或钻头钻孔

　　C. 通常孔的数量比在工厂总装线上的点焊数要多

　　D. 用圆盘打磨机清除点焊区域两边的油漆

(6) 更换后翼子板作业中,有关安装定位描述错误的是(　　)。

　　A. 后翼子板定位时,需要用目测的方法检查构件的形线是否对齐和后翼子板与车门的间隙是否符合要求

　　B. 后翼子板定位时,需要装上车身后部的灯具,以验证其适配情况及高度是否与另一侧对称

　　C. 后翼子板定位时,需要认真测量

　　D. 每进行一项适配作业,可以在构件边缘的适当部位钻孔,后用自攻螺钉将其临时固定

(7) 为何将车身密封胶涂在钢板结合部?(　　)

　　A. 提高钢板黏附性　　　　　　　　　　B. 减少振动

　　C. 起焊接区域外壳的作用　　　　　　　D. 防水和防尘

(8) 为何要将锌涂层涂在焊接钢板的背面?(　　)

　　A. 提高钢板黏附性　　　　　　　　　　B. 防锈

　　C. 减少振动　　　　　　　　　　　　　D. 达到防水的效果

(9) 拆分焊点最好的方法是(　　)。

　　A. 用等离子弧焊枪烧熔焊点　　　　　　B. 钻出焊点

　　C. 用氧乙炔焊炬将它们烧熔　　　　　　D. 用高速砂轮机将它们磨掉

(10) 技师甲有时将非结构性的外部板件用肉眼定位,而不做精密测量。但技师乙认为测量是必需的,谁正确?(　　)

　　A. 甲对　　　　　　　　　　　　　　　B. 乙对

　　C. 甲和乙都对　　　　　　　　　　　　D. 甲和乙都不对

(11) 以下对等离子切割机的描述中,不正确的是( )。

A. 与氧乙炔相比,等离子切割产生的热效应较小

B. 熔化的部分被压缩空气驱散、切割

C. 如果空气压力过低时,切割的表面将会产生波纹状

D. 如果切割速度过快时,切割的表面将会产生锯齿状

3. 思考题

(1) 车身焊接的外板件损坏到什么程度需要更换?

(2) 应怎样提高更换焊接板件的质量?

(3) 在车身板件进行焊接作业时应注意哪些问题?

任务 4.5　车身焊接内板件的更换

1. 熟悉结构性板件的整体更换的主要步骤。
2. 熟悉分割部位的选择熟悉分割连接的基本类型。
3. 能正确的更换与处理车身焊接的外板件。

一、结构性板件的整体更换的主要步骤

结构性板件的更换一般程序:拆卸零部件—车身矫正—拆卸损伤板件—新板件的安装准备与防锈处理—新板件的定位—板件的连接(焊接)—防锈处理—涂装作业—安装零部件—完工检查。下面对主要程序进行说明。

(一) 车身板件的定位方法

在修理损坏较严重的汽车时,使新的部件与原有的车身匹配是一个非常重要的步骤。板件不对中,将影响被修理车辆的外观和性能。基本上有两种方法来定位车身板件:一种是参数定位法,即用尺寸测量工具来确定安装位置;另一种适配定位法,即通过新板件与周围板件之间的相互关系来确定位置。例如,汽车挡泥板或前部和后部的边侧部件,其精确度对轮子的对中和驱动性能有直接的影响。因此,在整体式车身中更换结构板件时,应用参数定位的方法,因为这样更准确。新老板件之间的相互配合,对车辆的外形有很大的影响。所以,无论是结构板和装饰板的更换,其侧重点都在于准确的配合。

(二) 防锈处理

为使车辆的质量得到长期的保证,在生产过程提供的防腐保护必须谨慎维护并且在车身维修工作后重新生成防腐保护。

1. 防锈处理的目的

由于焊接前磨除涂膜,所以焊接周围区域较易生锈,且焊接产生的热会使得漆面烧损/钢板氧化。生锈不仅会影响外观品质,亦会降低车身的耐久性和安全性。因此,当锈已经产生时,要完全除掉是不可能的。就车身维修而言,必须做广泛的防锈处理,以确保和新车相同等级的防锈性能。

2. 防锈的种类和目的

防锈的种类和目的如图 4-129 所示和见表 4-6。

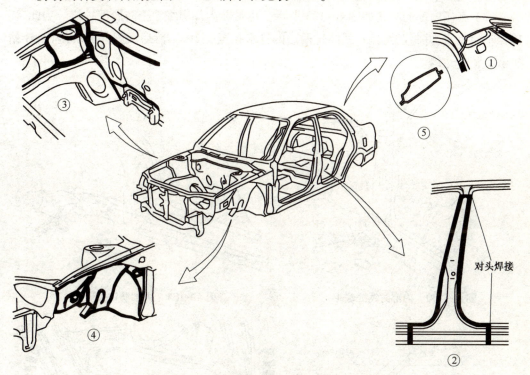

图 4-129 车身维修中需要防锈的常见部位

表 4-6 车身维修中需要防锈的常见部位

涂抹部位	目的	涂抹时间	防锈剂种类
①钢板内侧接合面	防止钢板内侧接合面生锈	新钢板安装前	焊接用防锈锌粉漆
②钢板表面	防止裸露钢板表面生锈	焊接完成后	防锈底漆
③钢板重叠摺角处	防止水分和灰尘渗入	底漆涂抹后	车身密封胶
④下车身	防止跳石损伤漆面,降低噪声	车身密封胶涂抹后	底层漆
⑤内部密闭结构	防止①~④项防锈剂无法涂抹部位的组件生锈	面漆喷涂后	防锈蜡

3. 内部密闭结构防锈处理的常用方法

因为大部分车身构件均为箱型断面,所以侧底梁和车架的内部不可有空气流。此外,由于拉伸和焊接操作,板件内表面的漆层极有可能发生腐蚀或生锈。为防止生锈,应涂以足够数量的防锈剂。考虑到维修性质,涂防锈剂的范围应比维修区域稍大一些。此项操作一般在涂装后进行。

(1) 通过零件安装孔、内部板件开口、扣眼和其他现有的孔进行。如图4-130~图4-132所示。

(2) 当涂抹的范围较大时,为保证内表面上能够涂抹均匀,应采用专用涂抹枪,并从喷嘴组中选用最适合的喷嘴(360°喷嘴、L喷嘴等)。

(3) 车门内部的防锈如图4-133所示。尽量在内部边缘涂上防腐保护蜡。为此,要确保车门垂直,并将防腐保护蜡喷进两边的排水孔至少10s。然后倾斜并旋转组件,让蜡扩散至整个边缘。

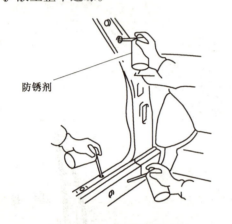

图4-130 内部防锈处理1

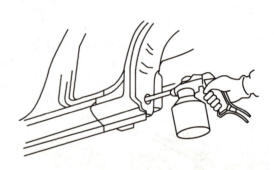

图4-131 内部防锈处理2

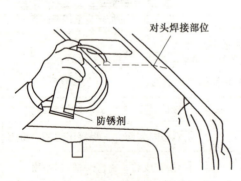

图4-132 内部防锈处理3

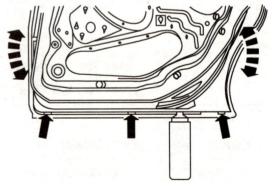

图4-133 车门内部的防锈

(三) 制振与隔音处理

车身上使用了较多种类的制振及隔音材料。就车身维修而言,必须做到和新车相同等级的制振及隔音。图4-134为隔音材料的使用范例。图4-135为福特C195车身车厢内使用发泡材料的位置,元件安装在车身空隙里,用于阻止发动机和行驶噪声传进车内。当作为修理的一部分被取出后,它们必须重新放回原位。

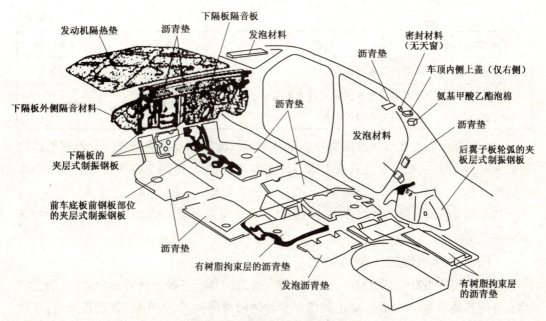

图4-134 隔音材料的使用范例

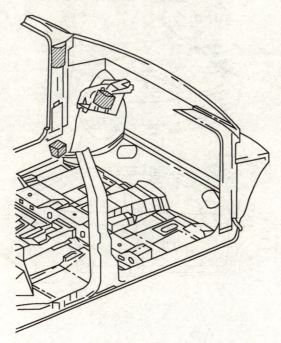

图4-135 C195车身车厢内发泡材料的位置

制振与隔音处理的目的和形式见表4-7。

表4-7 制振与隔音处理的目的和形式

处理部位	目的	处理时机	隔音材料
内部封闭结构	降低来自各柱所传的风声及空气流动的噪声	焊接后	氨基甲酸乙酯泡棉

(续表)

处理部位	目的	处理时机	隔音材料
车底板上部	降低各钢板的振动	涂装前	沥青垫
下隔板 车厢部位	降低来自发动机室及行李厢的振动 抵制钢板本身的振动	正在焊接钢板时	隔音钢板

（1）氨基甲酸乙酯泡棉及沥青垫。氨基甲酸乙酯泡棉及沥青垫在车身维修时已经损坏或被拆下时，必须再铺上氨基甲酸乙酯泡棉及沥青垫；依照车身损伤维修手册中指示处理。

（2）隔音钢板。隔音钢板中间的树脂膜对焊接电流来说是绝缘体，所以要使用特殊的焊接办法。

（四）外部附件的安装与调整

板件更换后要安装外部附件，为保证与车身之间具有正确的间隙和台阶，或为了消除车身与其他附件间的间隙，应正确调整带铰链附件的位置，如车门、发动机罩、行李厢盖或背门，并应保证其开启和关闭功能正常。如图4-136所示。

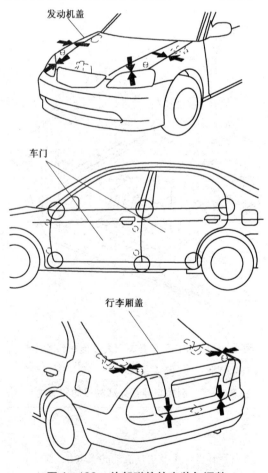

图4-136 外部附件的安装与调整

二、结构件的分割更换技术

受损伤的整体式车身部件,一般在生产时的接缝处进行更换。但当许多必须分离的接缝处于车辆未受损伤的区域内部时,这样做是不现实的。在这样的修理中,如对梁、立柱和车门槛板、地板进行分割,可使昂贵的修理费用降低。分割结构件,使修理区域的强度像撞击以前一样,同时保持了碰撞吸能区。这样,当再到碰撞时就具有吸收碰撞的能力。

切记:随着汽车高强度钢板的大量应用,能够进行分割的结构件正在逐渐减少,所以在决定分割某个结构件时,一定要查看该车型的维修手册,是否允许切割,允许从什么地方切割,如果不允许分割更换,请整体更换。

(一) 分割部位的选择

根据研究可进行分割作业的结构件主要有:车门槛板、后侧围板、地板、前侧梁、后侧梁、行李厢地板、B柱以及A柱,如图4-137所示。

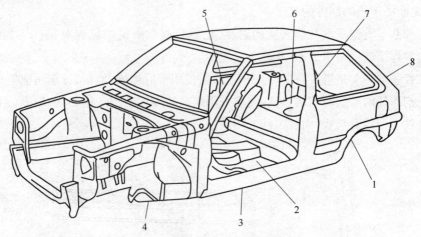

图4-137 车身可分割板件

1—后侧梁;2—地板;3—车门槛板;4—前侧梁;5—A立柱;6—行李厢地板;7—B立柱;8—后侧围板

为了保证分割不危害车辆结构完整性,对切割部位、切口走向、切换范围等都有一定要求,应视车身构件的结构强度、组焊方式、断面形状等因素而定。为此,在进行车身构件的切换作业时,一定要按汽车维修手册中推荐的方案选定切割位置,或在弄清具体构造的基础上,按以下基本原则选位。

1. 避重就轻

所谓避重就轻,就是要求切口位置一定要避开构件的强度支撑点,而选择那些不起重要支撑作用的位置切割。同一构件上强度大小的区别在于,是否有加强板等结构在起辅助增强作用。

2. 易于修整

构件切换后还需要对接口、焊缝等进行修整,如果按修整工作量的大小选择切口,就可以简化构件更换后的作业,如:所选切口正好位于车身内、外装饰件的覆盖范围内,其接口或焊缝的表面处理就显得容易得多。

3. 便于施工

选位应兼顾到切换作业的难易程度,如:需要拆装的关联件的多寡与作业难易程度,以及是否便于切割和所选的切口是否易于对接等。

4. 避免应力集中

应力集中会使构件发生意想不到的损坏,切口的选位应避开车身构件的应力集中区。否则,将影响构件的连接强度并诱发应力集中损伤。

另外还应注意,应尽量避开碰撞吸能区进行切割分离,否则就会改变设计安全目的,应避开支承点,如悬架支承点、座位安全带在地板中的支承点,以及肩带 D 环的支承点。

(二) 分割连接的基本类型

正确的结构件分割工艺和分割技术涉及三种基本的连接类型,一种是用插入物对接(图 4-138)。主要用于封闭截面构件,例如车门槛板、A 立柱、B 立柱以及车身梁。插入物使这些构件容易装配和正确地对中连接,并且使焊接过程比较容易。插入物也是一个立体的、无间断连接的部件的基础。

另一种基本类型是没有插入物的对接,也就是通常所说的偏置对接(4-139(a))。这种类型的焊接连接用于 A 柱、B 柱及前侧梁。

第三种基本类型是搭接(图 4-139(b))搭接用于后侧梁、地板、行李厢地板及 B 柱。

被分割构件的形状和结构,可能要求采用组合的连接类型。例如,分割 B 立柱,可能要求在外件上用偏置对接,而在内件上用搭接。

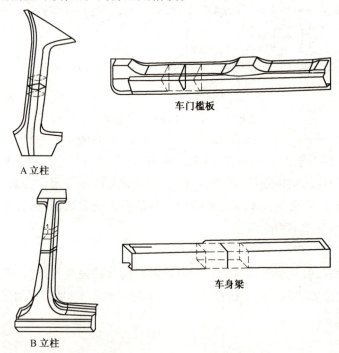

图 4-138 用插入物对接

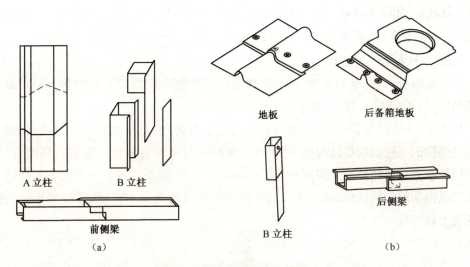

图4-139 偏置对接和搭接
(a) 没有插入物的偏置对接；(b) 搭接

（三）切割车身梁

实际上车身的前侧梁和后侧梁都是封闭截面构件，但封闭截面有两种不同形式。一种叫作自封闭截面，是一种箱型截面结构，如图4-139中的前梁。另一种是开口的、看起来像有边的帽子，靠与其他构件连接而形成封闭截面，如图4-140所示。

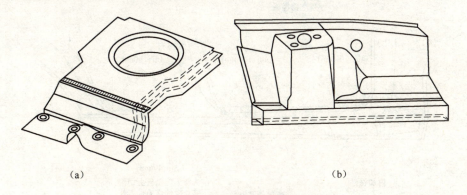

图4-140 典型的帽子式槽板型构件
(a) 后侧梁；(b) 前侧梁

修理封闭截面梁，采用的工艺是用插入件对接，如图4-138所示。大多数的后侧梁以及各种各样的前侧梁，为帽子形槽板结构。它们的封闭件有些是垂直的，例如将前侧梁连接到侧面挡泥板上的构件。有些则是水平的，例如将后侧梁连接到行李厢地板上的构件。

在大多数情况下，当切割开口式（帽子式槽板型）梁时，其焊接工艺是在搭接区域中用塞焊并沿着搭接的边

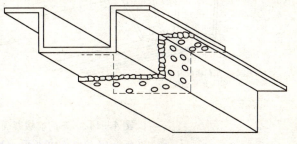

图4-141 连接开口式侧梁

缘连续搭接焊,如图4-141所示。切割前侧梁或后侧梁时,一定要记住它们都肯定有碰撞吸能区。进行切割时,必须避开这些区域。也要记住,切割要避开任何孔和加强件。

(四) 分割车门槛板

车门槛板有二件(老旧车型,已基本淘汰)、三件和四件式结构,是汽车上设计最为复杂的结构,图4-142(a)所示为不同形式的车身槛板。

从图4-142中可以看到,有些车门槛板装有加强件,这些加强件可以是间断的,也可以是连续的。根据损坏情况的不同,可以选择车门槛板与B柱一起进行修理,也可以对车门槛板进行单独修理。根据车门槛板结构的不同,所采用的修理方法也不相同。例如采用纵向切割用插入件对接,或仅对车门槛板的外件进行切割,用搭接或偏置对接的方法装上修理件。

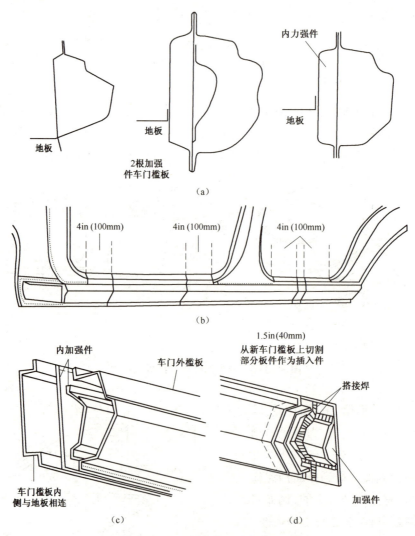

图4-142 车门槛板断面图与分割要点

(a) 几种常见车门槛板的断面图;(b) 车门槛板的切割部位;
(c) 车门槛板的切割剖面图;(d) 加强车门槛板的切割方法

切割车门槛板时,应按照厂家要求的操作过程进行。只要选择的切割区远离车身立柱,就可以采用图 4-141(b)所示的方法进行切割。切割车门槛板总成前,应进行仔细选择切割部位,以便分割板件。应采用搭接连接方式,保持元件修理工作的连续。如果不仅仅是车门外槛板需要更换,而且其他板件也需更换时,不同元件的切割方法如图 4-141(c)所示,采用交错切割方法。

车门槛板的修理应从里向外进行。更换板件从车门内槛板与地板连接处开始。然后,首先安装内板件加强件,接下来安装其他元件,如车门外槛板。车门槛板的嵌入件可以采用新的板件制作,也可以使用好的旧板件。采用对接焊接,按图 4-141(d)所示交错进行,使热量迅速散出。

(五)分割 A 柱

A 柱是由两件或三件组成的,如图 4-143(a)所示。可以在上端或下端或上下两端将它们加固,但不大可能在中间加固。因此 A 柱应在中间附近切割,以避免割掉任何加固件。

对 A 柱切割,可用纵向切割,用插入件对接,或者没有插入件的偏置对接。用插入件对接修理时,采用与已经介绍过的车门槛板相同的方法。A 立柱插入件的长度应是 5~10cm。插入件沿长度方向滑除任何凸缘以后,将插入件轻轻地敲入。用塞焊将插入件固定在适当位置,并用连续对接焊缝封闭立柱所有的周边,如图 4-143(a)所示。

进行偏置对接时,内件的切割位置与其他件不同,形成偏置,见图 4-138 中的 A 立柱。只要有可能,应尽量设法在制造厂的焊接点之间进行切割,以便于钻除焊点。两切割线之间的间距不得小于 5~10cm。将截面对接在一起并将他们的四周连续焊接。

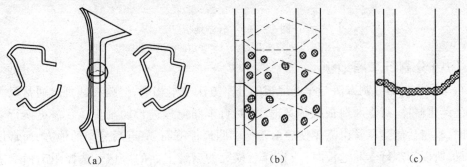

图 4-143 A 柱的截面(由两件或三件构成)与插入件对接
(a) A 柱的截面;(b) 塞焊;(c) 对焊

(六)B 柱

对于 B 柱加强件和内件建议以整体更换为主。

(七)分割地板

切割地板时,不要切穿任何加强件,例如座位安全带的固定装置。要注意使后部地板搭接在前板上,使汽车下部地板的边缘总是指向后方。这样,从前向后运动的道路飞溅物会从底部边缘流出而不会迎面撞击,如图 4-144 所示。具体步骤如下:

(1) 用搭接焊连接所有的地板。

(2) 塞焊搭接,将铆塞从上向下插入,如图4-145(a)所示。

(3) 用焊缝密封材料堵塞上边和前向的边。

(4) 在下边,用连续焊缝搭接焊重叠的边。

(5) 用底漆、焊缝保护层以及外涂层覆盖搭接焊缝,如图4-145(b)所示。这样有助于防止连接缝受到腐蚀,并且保证没有一氧化碳通过接缝进入乘客舱。

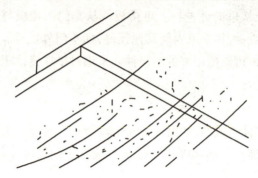

图4-144 地板的搭接保护接缝不受气流影响

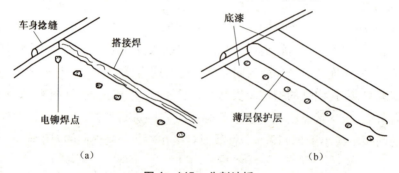

图4-145 分割地板
(a) 上部塞焊和底部搭接焊;(b) 底边的保护层和底漆

(八)分割行李厢地板

行李厢地板的分割方法与车厢地板的分割方法基本相同,但略有区别。通常只有汽车发生严重碰撞,行李厢地板被损坏时,才对行李厢地板进行切割更换。需更换行李厢地板时,车身后侧梁通常也需更换。由于行李厢地板下面、靠近后悬架的地方,通常设置有横梁,所以切割行李厢地板时,应选择后横梁的后缘上面的区域。选择距离横梁适当的位置切割下已损坏的车身梁。把新的地板搭接在横梁的凸缘后部,从顶面开始进行塞焊。然后像地板封焊焊缝那样,对顶面向前的连接缝进行封焊。如果连接缝位于横梁上,由于横梁提供足够的强度,就不用把上面的板件焊接到下部板件上。但是,如果没有横梁,就必须对地板连接缝进行焊接,并采取防腐蚀措施,然后进行密封,防止CO通过接线处进入车厢。

三、设备、工具和材料准备

(1) 承载式轿车车身以及车身内板件等配件。

(2) 各种常见的车身维修工具及相关耗材。

(3) 操作场地的供电、供气设备齐全。

(4) 安全防护用品：工作帽、工作服、安全鞋、棉手套、护耳器以及焊接、切割的防护用品。

(5) 对应车型的维修手册。

四、技术标准及要求

(1) 更换的内板件关键控制点的尺寸误差要求必须在 3mm 以内。

(2) 焊接强度和防锈符合原厂要求。

五、前纵梁更换操作步骤

准备好工具和材料，穿戴好防护用品，按照下述步骤进行。

1. 拆除钢板

如果汽车前端一侧受到较严重的碰撞，一侧的前纵梁、挡泥板等板件严重变形则需要更换这些钢板，在这样的损伤中经常需要更换的板件如图 4-146 所示。

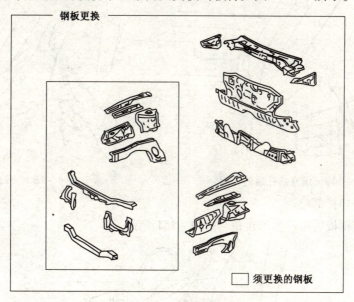

图 4-146 需要更换的钢板

(1) 当焊点位置被底层漆覆盖而无法确认时，使用旋转式刷轮刷除底层漆，如图 4-147 所示。需要依照各车型的车身损伤维修手册确认焊点位置和焊接点数。

(2) 使用气动钻钻除所有焊点，如图 4-148 所示。需要依照各车型的车身损伤维修手册确认钢板的组合形态后，选择钻头直径及钻除方向。使用錾子检查所有焊点的钻除情形，此时不要施力于錾子上面使钢板裂开。

(3) 钻除焊接部位后,由车身上拆下钢板。

2. 车身侧的焊接准备工作

(1) 填充钻孔后的孔洞

1) 使用 MIG 焊填充因钻除焊点后产生的孔洞,如图 4-149 所示。

注意:填充前围板和车底板的孔洞时,须在车室内放置防火毯,以免发生火灾。
将黄铜棒放任焊接钢板的背侧,可使熔接作业较为容易实施。

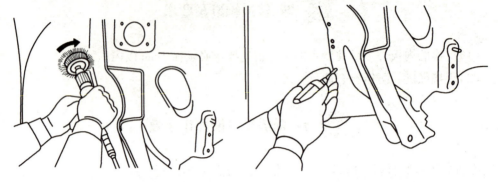

图 4-147　刷除底层漆　　　　　　图 4-148　钻除焊点

2) 焊接后,将焊珠磨平,如图 4-150 所示。

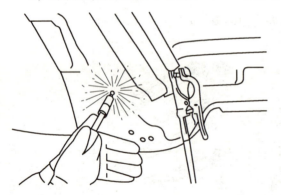
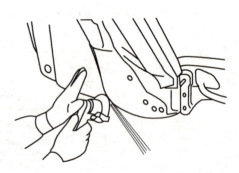

图 4-149　填充钻孔后的孔洞　　　　图 4-150　焊珠磨平

(2) 研磨焊接部位

研磨剥离钢板后所产生的锐角,如图 4-151 所示。

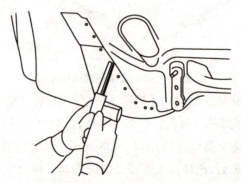

图 4-151　研磨焊接部位

注意:此作业只是研磨钻孔后所产的锐角,不需要将表面磨平,避免钢板变薄。

(1)焊接面初步校正。在暂时固定新钢板时,将变形量修好,如图4-152所示。

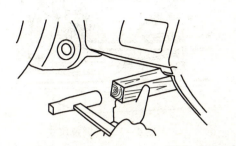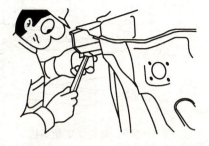

图4-152　焊接面初步校正

(2)清洁焊接面。使用钢刷刷除钢板焊接部位周围的车身密封胶及底层漆。

(3)涂抹点焊专用漆。在清洁和去蜡后,在钢板焊接的接合面涂抹点焊专用漆,涂抹时,不要溢出钢板的表面。

3. 新板件的准备工作

(1)焊点位置定位。

在点焊或填孔焊的位置做不同的记号,以便于辨认,并在新的钢板上做记号,如图4-153所示。需先决定两端的位置,再分配其余的焊点数。

(2)钻孔(填孔焊接用)。依照板厚的钻孔孔径实施钻孔,如图4-154所示。

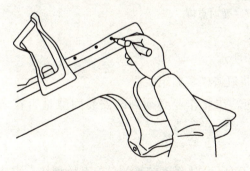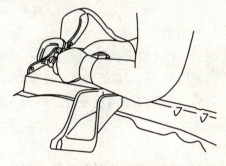

图4-153　焊点位置定位　　　　图4-154　钻孔

(3)磨除涂膜。磨除要实施点焊焊接部位的涂膜。

(4)涂抹点焊专用漆。在磨除涂膜后的表面上涂抹点焊专用漆。

4. 新板件的定位工作

(1)暂时固定新钢板,如图4-155所示。

依标准孔或旧零件的安装痕迹来定位;固定于不妨碍尺寸测量的位置。

(2)调整长、宽、高及对角线的尺寸,如图4-156所示。

不仅要考虑标准尺寸,而且也要考虑左、右尺寸的差异,以使整体平衡。

依照定位的顺序是先实施作为定位基准的前纵梁及前横梁的定位,然后才做挡泥板隔板及其他的定位。

(3)调整尺寸后,实施暂时点焊,如图4-157所示。

必须考量可再次拆卸的情况下实施暂时点焊;选择钢板密合情况良好的部位。

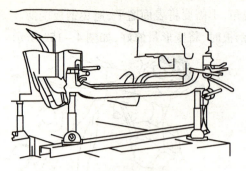
图4-155 暂时固定新钢板

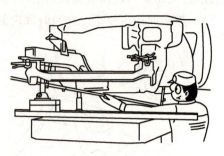
图4-156 调整尺寸

图4-157 暂时点焊

5. 暂时固定零件

组装零件并检查装配间隙,如图4-158所示。

可利用发动机盖铰链和翼子板等的安装痕迹来实施组装。

最后的安装间隙调整是焊接后再实施。在此作业必须判断安装间隙是否在调整范围。

6. 焊接

(1)焊接新钢板,如图4-159、图4-160所示,从强度较高的部位开始焊接。需确保钢板在密合的情况下焊接。不要由单一方向依序焊接,而是要均等的焊接所有的部位。

(2)焊接后拆固定装置,并测量尺寸,如图4-161所示。

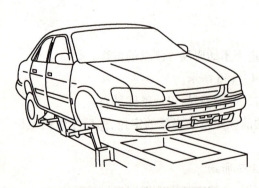
图4-158 暂时固定零件

图4-159 焊接新钢板一

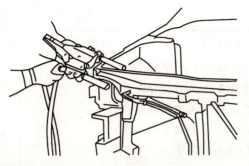
图 4-160 焊接新钢板二

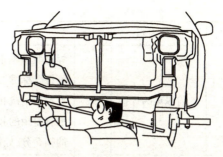
图 4-161 测量尺寸

7. 焊接部位的修饰

研磨填孔焊接部位的焊珠,能明显看到的部位须研磨至平滑,而要喷涂底层漆的部位只要稍微研磨修饰即可。

8. 防锈处理

(1)喷涂底漆。钢板清洁及去脂后于焊接部位或裸钢板上喷涂底漆。

(2)涂抹车身密封胶。在钢板的接合部位涂抹车身密封胶。依各车型的车身损伤维修手册来实施更换钢板内面的涂抹作业。能明显看到的部位需加以修饰。

(3)喷涂底层漆。依各车型的车身损伤维修手册来实施更换钢板内面的喷涂作业。

9. 调整装配间隙

涂装后,由下列顺序来组装零件和实施调整。

(1)发动机盖的前、后方向。对正发动机盖和翼子板的前端。

(2)发动机盖和翼子板的间隙。调整发动机盖和翼子板左、右侧的间隙差和偏差。

(3)发动机盖高度。

(4)车门与翼子板的车身线高度和曲率。

调整时要注意:左、右侧要一样;在螺栓安装孔的范围内调整;在钢板安装后,调整零件的装配间隙。

六、技能考核表

序号	考核内容	配分	评分标准	考核记录	扣分	得分
1	前纵梁的拆卸	10	去除焊点失误一点扣4分			
2	安装准备工作	20	待安装的板件未清洁,未修整焊接边,未做防锈处理每项扣4分;新件未清洁,未修整焊接边,未做防锈处理每项扣4分			
3	前纵梁的定位	20	定位过程中,程序不规范一次扣5分;夹具使用不当一次扣2分;定位结果与标准有差距的扣5~10分			

(续表)

序号	考核内容	配分	评分标准	考核记录	扣分	得分
4	前纵梁的焊接	20	焊接顺序不正确一次扣5分;点焊质量不符合标准一个扣2分;对接焊操作要点不当一次扣2分;对接焊缝质量与标准有差距的扣5~10分;焊缝未作处理的扣5分,处理不当的扣3分			
5	焊接后的防锈与防水处理	10	处理不当一次扣5分			
6	安全防护	10	工作服、工作鞋、工作帽、护目镜、耳塞、面罩、皮手套、焊接防护用品			
7	5S及其他	10	全程5S保持、作业结束清洁工具、错误的工具使用方法、操作失误			
	教师签字			年　　月　　日		

课后练习题

1. 名词术语

参数定位法、适配定位法、插入物对接、偏置对接。

2. 选择题

(1) 对承载式车身的碰撞吸能区,可采用的修理方法有(　　)。

A. 焊接加强筋　　　　B. 拉伸　　　　C. 更换　　　　D. 以上都是

(2) 下列有关车身板件更换概述描述错误的是(　　)。

A. 对于车身结构件,修理很难恢复到事故前的状态,应更换

B. 在焊接板件的更换工作中有两种方式,即一个板件总成的整体更换和一个零件的局部更换,后者也称为分割更换

C. 外板的组装并不会影响车辆的基本功能,所以实施精确的定位

D. 在维修时必须通过维修手册的辅助与专业技巧的结合,使车身获得原有的强度和刚性

(3) 车身梁的封闭结构切割后采用何种连接?(　　)

A. 对接　　　　　　B. 插入件式对接　　C. 错位对接　　　　D. 搭接

(4) 地板切割后采用何种连接?(　　)

A. 对接　　　　　　B. 插入件式对接　　C. 错位对接　　　　D. 搭接

(5) 后备厢地板切割后采用何种连接?(　　)

A. 对接　　　　　　B. 插入件式对接　　C. 错位对接　　　　D. 搭接

(6) 当进行截面的切割时下面哪种情况是应该避免切割的？（　　）
A. 结构件的支架　　　　　　　　B. 组合件的支架
C. 尺寸的基准孔　　　　　　　　D. 上述所有部分
(7) 在进行车身修理作业中，为什么要在车身玻璃覆盖一层特殊材质的布？（　　）
A. 保护车内免受破坏　　　　　　B. 遮挡焊接过程中产生的烟雾
C. 防止玻璃遭受焊接飞溅　　　　D. 遮挡电磁波
(8) 用填孔焊把前侧梁焊接到前围板上时，以下哪项是最合适的填孔孔径？（　　）
A. 4mm　　　　B. 6mm　　　　C. 8mm　　　　D. 12mm
(9) 研磨焊珠后，在钢板表面上发现有小孔，以下哪项措施正确？（　　）
A. 施涂底漆，用原子灰填补小孔　　B. 使用 CO_2 – MIG 焊接补焊
C. 使用防锈蜡　　　　　　　　　　D. 施涂底漆，用车身密封胶填补小孔

3. 思考题

(1) 如何在更换车身板件时保证其相对尺寸的正确？
(2) 切割车身结构件时应注意哪些问题？
(3) 为什么要进行防锈处理？怎样进行防锈处理？

模块 5

塑料件的修理

任务 5.1 塑料保险杠面罩的修复

学习目标

1. 能够正确叙述热塑性塑料和热固性塑料的区别,能够正确鉴别两种塑料。
2. 熟悉塑料在车身中的应用情况。
3. 能够实施塑料保险杠面罩的焊接修理作业。
4. 能够实施塑料保险杠面罩的粘结修理作业。

一、塑料的种类与鉴别

塑料是一种高分子的合成材料,塑料与钢铁相比具有强度高而质量轻、耐腐蚀性极强、易于着色、具有一定的装饰性、容易加工等特点。塑料在现代汽车上的使用量越来越多,如汽车的前后保险杠、内外装饰件、导流板、车身围板及高强度的结构件等。

(一) 塑料的种类

尽管塑料是一种分子结构非常复杂的合成材料,但根据其特性可分为热固性塑料和热塑性塑料两大类。

1. 热塑性塑料

热塑性塑料可通过加热使其软化,冷却后又可硬化成型,且不改变化学结构,可以被反复的变软和重塑形状。因而,利用热塑性塑料的这一特性可制作出各种形状的构件、装饰件等,如保险杠面罩、车身导流板、装饰条、前导风口等。这类塑料件损坏后还可通过粘接和焊接的办法进行修复,其缺点是受热易变形,经不起高温烘烤。

2. 热固性塑料

热固性塑料在受热初期具有一定的可塑性,但随着继续加热,塑料中的树脂与催化剂反应生成新的成分而硬化(膨胀明显)。硬化后再加热,将不再软化。因此,这类塑料用于一次成型而不需修复的零件,且这类塑料也不能进行焊接修理。如玻璃钢车身面板、镀铬装饰板、大灯罩、倒车镜壳等。

图 5-1 说明了热量作用在两种塑料上产生的效果。

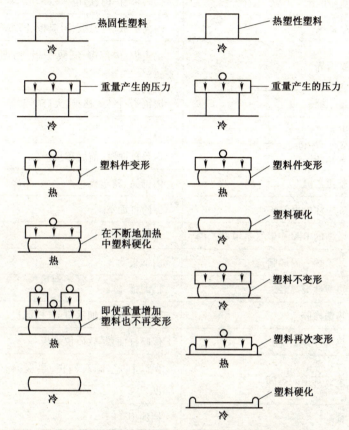

图 5-1 加热对热塑性塑料和热固性塑料的影响

汽车上常用塑料件的 ISO 识别码、化学名称及车身上用途见表 5-1。不同类型塑料件在汽车上的使用部位如图 5-2 所示。

表 5-1 塑料件的 ISO 识别码、化学名称及车身上用途

ISO 识别码	化学名称	应用举例	属性
AAS	丙烯腈—丙乙烯—丙烯酸橡胶	饰板、边灯、车门、外后视镜	热塑
ABS	丙烯腈—丁二烯—苯乙烯	格栅、饰板模压件、车身护板、大灯外罩	热塑
ABS/MAT	玻璃纤维强化硬质丙烯腈—丁二烯—苯乙烯共聚物	车身护板	热固
ABS/PVC	ABS/聚氯乙烯		热塑
AES	丙烯腈—乙烯橡胶—苯乙烯	格栅	热塑
EP	环氧树脂	玻璃纤维车体板	热固
EPDM	乙烯—丙烯压铸单体	保险杠防撞条、内饰板	热固

(续表)

ISO 识别码	化学名称	应用举例	属性
PA	聚酰胺（尼龙）	外部装饰板	热固
PC	聚碳酸酯	仪表板、护栅、透镜	热塑
PE	聚乙烯	内翼子板、内衬板、阻流板、窗帘框架	热塑
PP	聚丙烯	仪表板、内部镶条、翼子板、格栅、膨胀水箱	热塑
PPO	聚苯撑氧	镀镉塑料件如格栅、大灯框架等	热固
PS	聚苯乙烯		热塑
PUR	聚氨酯	保险杠面罩、前后车身板	热固
PVC	聚氯乙烯	内饰品、软垫板	热塑
RIM	反应注模聚氨酯	保险杠面罩	热固
R RIM	增强的 RIM—聚氨基甲酸乙酯	车身外板	热固
SAN	苯乙烯—丙烯腈	内饰板	热塑
TPO	热塑性聚烯烃	挡泥板	热塑
TPR	热塑橡胶	窗帘框架板、加水口盖、挡泥板	热固
TPU	热塑性聚氨酯	保险杠面罩、软质仪表板	热塑
TPUR	聚氨基甲酸乙酯	保险杠盖、砾石挡板、垫板、软仪表玻璃框	热塑
UP	聚酯	挡泥板	热固

（二）塑料的鉴别

在决定采用什么修理方法前,鉴定塑料的种类至关重要,否则修理可能失败。不同品牌的汽车在同一部位使用的塑料可能不同,即使品牌相同但不同年代生产的汽车使用的塑料也可能不同,因此推荐使用下面的鉴别方法。

（1）查看塑料件上的 ISO 识别码（表 5-1）,并与说明书或维修手册的字符进行对照,以确定塑料的种类。ISO 识别码一般模压在塑料件的背面。

（2）如果塑料件上没有 ISO 识别码,应参考制造厂提供的塑料指南或查阅相应车型的维修手册,这些手册通常每年修订,因此需注意其出版年月。

（3）试焊鉴别法。此法只适合于热塑性塑料。采用几种不同的塑料焊条,在零件的损坏或隐蔽处进行试焊。如果焊条能与塑料件焊合,则塑料的类型与焊条相同。

（4）燃烧法或烟测法。不同塑料具有不同的燃烧特性,且有的塑料在燃烧时还会释放出特殊的气味。但这种鉴别塑料的方法通常不提倡,因为既不安全又污染环境。几种通用塑料的燃烧特性见表 5-2。

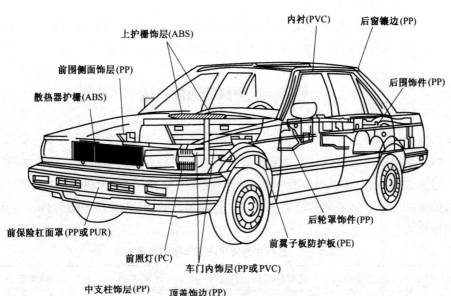
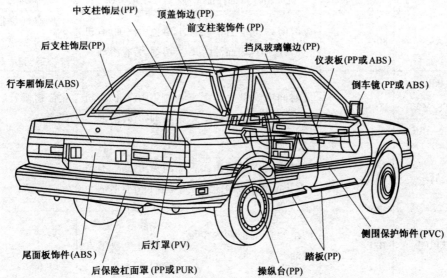

图 5-2 不同类型塑料件在汽车上的使用部位

表 5-2 几种通用塑料的燃烧特性

塑料名称	燃烧特性
PP(聚丙烯)	燃烧时无烟产生,即使火源移开仍继续燃烧,产生类似蜡烛燃烧时的气味,焰心呈蓝色,外焰呈黄色
PE(聚乙烯)	燃烧时有无烟的火焰,即使火源移去,仍继续燃烧,产生类似蜡烛燃烧时的气味,焰心呈蓝色,外焰呈黄色
ABS	燃烧时产生浓重的烟,即使火源移去仍继续燃烧,火焰呈橘黄色
PVC	试图点燃时,只是发黑而不燃烧,产生灰烟及酸味,火焰底部呈蓝色
TPUP(热塑性聚氨酯)	燃烧时产生"啪啪"声,火焰呈橘黄色,并产生黑烟
UPR(热固性聚氨酯)	不产生火焰

如果仅仅是为了区别热固性塑料和热塑性塑料,一个简单的方法:将一加热源放到距塑料件约25mm处约10s时间,如果材料变软则是热塑性塑料。

二、塑料的修理方法

塑料件的修理方法有两种:焊接法和粘接法。塑料焊接只是针对热塑性塑料,而热固性塑料一般是不可焊接的。除少数情况外都可使用黏合剂对塑料进行粘接修理。

一般来说,热固性塑料损坏后不宜进行修理而是更换,但对于小的损坏(如裂纹)也可进行简单的粘接。通常需要修理的是热塑性塑料。表5-3给出了塑料件的使用注意事项和修理方法。

表5-3 塑料件的使用注意事项和修理方法

ISO识别码	耐热温度/℃	抗酒精或汽油性能	注意事项	修理方法
AAS	80	短时间内少量酒精无害(如快速擦拭表面油脂)	避免用汽油、有机溶剂、芳香溶剂	热空气焊接、厌氧(速溶)粘接、玻璃纤维修理、无空气焊接
ABS ABS/MAT ABS/PVC	80	短时间内少量酒精无害(如快速擦拭表面油脂)	避免用汽油、有机溶剂、芳香溶剂	化合物修补、无空气焊接
AES	80	短时间内少量酒精无害(如快速擦拭表面油脂)	避免用汽油、有机溶剂、芳香溶剂	
EPDM	100	酒精无害、短时间内少量汽油无害	大多数溶剂无害,但要避免浸渍在汽油、溶剂里	
PA	80	酒精、汽油无害	避免蓄电池酸	厌氧(速溶)粘接、玻璃纤维修理、无空气焊接
PC	120	酒精无害	避免汽油、制动液、蜡、除蜡剂及有机溶剂	厌氧(速溶)粘接、玻璃纤维修理、无空气焊接
PE	80	酒精、汽油无害	大多数溶剂无害	热空气焊接、无空气焊接
PP	80	酒精、汽油无害	大多数溶剂无害	热空气焊接、无空气焊接
PPO	100	酒精无害	用汽油快速擦拭油脂无害	玻璃纤维修理、无空气焊接

(续表)

ISO 识别码	耐热温度/℃	抗酒精或汽油性能	注意事项	修理方法
PS	60	短时间内少量酒精无害（如快速擦拭表面油脂）	避免浸渍在酒精、汽油和溶剂里	厌氧（速溶）粘接
PUR	80	短时间内少量酒精无害（如快速擦拭表面油脂）	避免浸渍在酒精、汽油和溶剂里	黏合剂修理、无空气焊接
PVC	80	短时间内少量酒精和汽油无害（如快速擦拭表面油脂）	避免浸渍在酒精、汽油和溶剂里	化合物修补、无空气焊接
RIM				黏合剂修理、无空气焊接
R RIM				黏合剂修理、无空气焊接
SAN	80	短时间内少量酒精无害（如快速擦拭表面油脂）	避免浸渍在酒精、汽油和溶剂里	热空气焊接、无空气焊接
TPO	80	酒精无害,短时间内少量汽油无害（如快速擦拭表面油脂）	大多数溶剂无害,但要避免浸渍在汽油和溶剂里	黏合剂修理、无空气焊接
TPR				黏合剂修理、无空气焊接
TPUR	60	短时间内少量酒精无害（如快速擦拭表面油脂）	避免浸渍在酒精、汽油和溶剂里	黏合剂修理、无空气焊接
UP				玻璃纤维修理

塑料在粘接或焊接之前的表面准备工作和清理极为重要,因为塑料制品的特点是结晶度大、表面光滑、张力小、湿润性差,这对塑料件的粘接和焊接都极为不利。

针对不同的塑料类型,可从下列的表面处理方法中选择一种或多种并用：

(1) 对粘接部位进行脱蜡、脱脂处理。将具有脱蜡脱脂功能的溶剂（塑料清洁剂）浸湿在布上进行擦拭,彻底清除粘接部位上的污物。

(2) 对于裂纹、穿孔部位的粘接,应该使用粗砂轮(36#)打磨坡口,增大粘接面积,同时粗糙的表面也有利于粘接。如果在打磨时出现滑腻现象（表面熔化而变的光滑）,可涂粘接促进剂（可将光滑的塑料表面刻蚀成多孔结构或对塑料表面进行火化改性——对塑料表面的化学处理）。

(3) 对需要粘接的部位进行火焰处理。采用富氧火焰如汽油喷灯、煤气氧化焰、气焊中的氧化焰等烧烤塑料表面,通过表面氧化降解反应达到表面改性和活化的目的;另外,热量可消除塑料的内应力。

(一) 塑料的焊接原理及焊接设备

由于塑料的特性与钢铁不同,因此其焊接原理和特点也不同。

塑料焊接是利用热量把塑料基料和焊条加热或单独把焊条加热至熔融状态后使之连接(黏结)在一起。塑料的焊接特点:因塑料的导热性极差,使其在焊接过程中很难保持热量的均匀性。加热时,塑料的表面已经软化而表层下面没有,若继续加热,可使塑料的软化幅度加大,但表层已经烧焦。因此,塑料焊接都是采用非明火加热,如热空气加热焊接、无空气加热焊接、超声波焊接等。

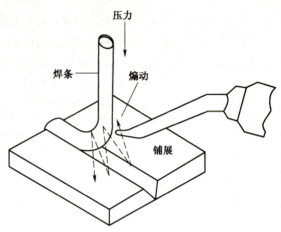

图 5-3 成功的塑料焊接需要热量和压力的正确组合使用

塑料焊接时,为了达到好的结合力,对塑料焊条要施加压力。操作特点是一手加热焊条,另一手给焊条施加压力,如图 5-3 所示。

热空气塑料焊接是利用加热元件把一定压力的空气加热到 230~340℃ 后,通过喷嘴喷到塑料上。典型的热空气塑料焊机及各种焊嘴如图 5-4 所示。焊接时,可根据需要选择不同的焊嘴。

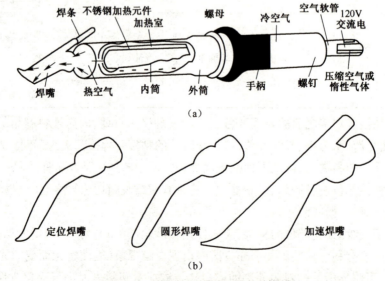

图 5-4 热空气塑料焊机及各种焊嘴
(a) 塑料焊机的组成;(b) 焊嘴的类型

（1）定位焊嘴。主要用于断裂板件或长的焊缝在真正焊接前的定位焊。进行定位焊时，必须将断口对准、固定，不使用焊条，而是将喷嘴头压紧在断口底部，使两侧板件同时熔化形成定位焊点。必要时还可断开重新进行定位。

（2）圆形焊嘴。焊接速度较慢，比较适合小型件和复杂件上短焊缝的焊接，尤其适合焊填小的孔洞，以及尖角部位和难以靠近部位的焊接。

（3）加速焊嘴。主要用于长而直的焊缝。加速焊嘴夹持着焊条，并对焊条和焊件进行预热。一旦开始焊接、焊条自动进入预热管，由焊嘴端部的尖形加压掌（导门板）向焊条施加压力，所以用一只手就可完成操作，热量和压力均衡，而且焊缝更加均匀一致，焊接速度也提高很多，

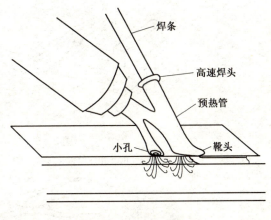

图 5-5　加速焊嘴的使用

平均速度可达 1000mm/min。加速焊嘴的使用如图 5-5 所示。

（二）粘结法

粘结法有氰基丙烯酸酯粘结法和双组分法两种，双组分法最常用。

氰基丙烯酸酯是种单组分快速固化黏合剂，它们经常在涂敷最后的维修材料之前使用，当填料或将各个部分固定在一起。氰基丙烯酸酯黏合剂有时称为"超级胶"，它是一种很有用的塑料件维修工具，可以很快粘合。其主要的缺点是经不起日晒雨淋，因而不能保证修理件耐用。

双组分黏合剂有环氧树脂和氨基甲酸乙酯两种，所谓双组分是指由主料和固化剂混合均匀才能使用的黏合剂。平时主料和固化剂在使用前分别装在两个管中，使用时再按比例混合均匀（混合比例一般为 1∶1）。

无论使用何种黏合剂都应注意以下问题：

（1）制造厂商提供的黏合剂产品系列通常包含两种或更多的类型，适用于不同的塑料种类。

（2）产品系列通常包括粘接促进剂、填料及软涂料。

（3）有些产品系列是为特定基体材料进行配方的，使用前最后查阅相关的说明书。

（4）在产品系列中可能有适合各种塑料的软填，也可能为不同的塑料提供两种或更多的填料。

（三）加热矫正法

许多弯曲、拉伸或变形的塑料件常常可以用加热的方式进行矫正，例如热塑性的保险杠外罩和汽车内部包有聚乙烯的泡沫件，这是因为塑料的记忆性，也就是，塑料件总是想保持或恢复至原来的形状。如果塑料轻微地弯曲或变形，对它进行加热可以使其恢复到原来的形状。

热塑性塑料如有变形,可以用红外灯或电热吹风机加热变形部位及其周围,如图5-6所示,然后用手将变形部位修正回原形即可,如图5-7所示。

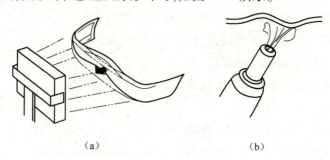

图5-6 加热变形部位

(a)用红外灯加热变形部位;(b)用电热吹风机加热变形部位

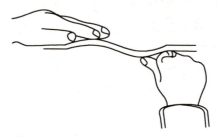

图5-7 用手修正变形

三、设备、工具和材料准备

(1)材料:塑料清洁剂、粘接促进剂、黏合剂、固化剂、清洁布、铝箔胶带、稀释剂、胶带、玻璃纤维布。

(2)工具:吹尘枪、电热吹风机、肥皂、塑料刮板、夹子、剪刀、塑料焊机。

(3)设备:单作用打磨机、砂轮机、氧乙炔设备、烤灯。

四、技术标准及要求

采用焊接修理的,焊缝均匀、无脱焊、无焊接不牢、焊缝高度合适;粘结修理后的部位应粘接牢固。

五、子任务1:塑料保险杠面罩的粘结修理

(1)准备要维修的区域。在保险杠裂纹末端钻孔,防止裂纹进一步扩展,然后使用专用清洁剂清洁要维修区域的内部和外部,使用干净的布擦拭干净,并等待清洁剂完全蒸发,约5min左右,如图5-8所示。

将砂轮机低速旋转,打磨要维修区的内部和外部,宽度1~2cm,如图5-9所示。

再使用专用清洁剂清洁要维修区域的内部和外部,要求同上,如图 5-10 所示。

在要维修的区域内部和外部涂抹底漆(仅一薄层),在环境温度下,让其干燥 10min 左右,如图 5-11 所示。

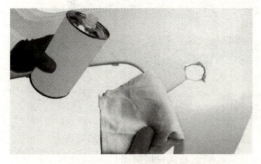

图 5-8 清洁要维修的区域

图 5-9 打磨要维修区域

图 5-10 专用清洁剂清洁

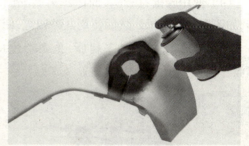

图 5-11 涂抹底漆

(2)准备玻璃纤维加强条,重叠维修区域,留出较宽边缘,如图 5-12 所示。在维修区域内表面涂抹一层树脂,与玻璃纤维加强条相同尺寸,如图 5-13 所示。

图 5-12 准备玻璃纤维加强条

图 5-13 涂抹一层树脂

（3）使用塑料刮刀定位玻璃纤维加强条，如图5-14所示。使用胶枪在玻璃纤维加强条上涂抹一层树脂，如图5-15所示。使用塑料刮刀磨平树脂，如图5-16所示。

图5-14 塑料刮刀定位玻璃纤维加强条

图5-15 用胶枪在玻璃纤维加强条上涂抹一层树脂

（4）使用胶枪，在外表面涂抹树脂如图5-17所示。使用塑料刮刀磨平外表面树脂，如图5-18所示。然后使用红外线灯，使粘接剂聚合干燥。

（5）磨平以去除过多树脂，重新产生部件的原形，如图5-19所示，然后对部件喷漆。

图5-16 用塑料刮刀磨平树脂

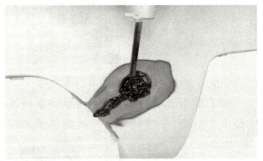
图5-17 在外表面涂抹树脂

图5-18 刮刀磨平外表面树脂

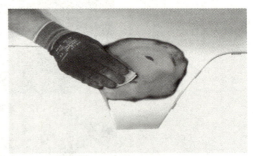
图5-19 磨平以去除过多树脂

六、子任务2：塑料保险杠面罩的焊接修理

（1）准备要维修的区域。在保险杠裂纹末端钻孔，防止裂纹进一步扩展；然后使用刮刀沿开裂的长度刮擦喷漆直到内部和外部可见裸露塑料，如图5-20所示；最后使用

专用清洁剂清洁要维修区域的内部和外部,如图 5-21 所示。

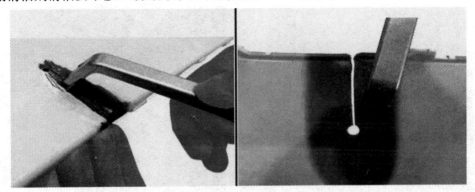

图 5-20 保险杠裂纹末端钻孔并刮去裂纹周围的涂料

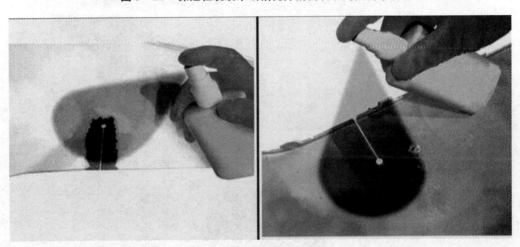

图 5-21 专用清洁剂清洁

(2) 识别要维修塑料的性质,本案例通过查看塑件上的 ISO 识别码确定维修的塑料为 P/E,如图 5-22 所示,通过查表为热塑性塑料;然后,使用锋利的工具将要维修材料对应的焊接条的一端切成斜面,如图 5-23 所示。

图 5-22 塑料件上的 ISO 识别码　　　　图 5-23 焊接条的一端切成斜面

(3) 用热空气焊枪进行焊接,首先预热塑料,如图 5-24 所示;然后将焊接条定位在焊接喷嘴内(斜面处于前部),当焊接条开始在支架上熔化时保持走枪,执行焊接,如图 5-25 所示。

图 5-24 预热塑料

图 5-25 进行焊接

（4）使用打磨机，磨平维修表面，如图 5-26 所示；然后清洁，再施涂密封胶，如图 5-27 所示，打磨以重新产生部件的原形，如图 5-28 所示；最后对部件喷漆。

图 5-26 磨平维修表面

图 5-27 施涂密封胶

图 5-28 打磨以重新产生部件的原形

七、技能考核表

考核项目	序号	考核内容	配分	评分标准	考核记录	扣分	得分
塑料件粘接	1	安全防护	4	错误1次扣1分			
	2	工具设备的正确使用	4	使用一次不正确扣2分			
	3	操作流程正确与否	10	一处不正确扣5分			
	4	操作要领是否正确	6	出现一处错误扣2分			
	5	粘接表面无针孔、气泡	10	一处针孔或气泡扣5分			
	6	粘接表面无脱胶	16	一处脱胶扣4分			

（续表）

考核项目	序号	考核内容	配分	评分标准	考核记录	扣分	得分
塑料件焊接	1	安全防护	4	错误1次扣1分			
	2	工具设备的正确使用	4	使用一次不正确扣2分			
	3	操作流程正确与否	10	一处不正确扣5分			
	4	操作要领是否正确	6	出现一处错误扣2分			
	5	焊缝均匀,直线度＜2mm	10	超标1mm扣5分			
	6	无脱焊	10	一处脱焊扣5分			
	7	焊缝高度合适＜2mm	10	超标1mm扣5分			
教师签名					年　月　日		

课后练习题

1. 名词术语

塑料、热塑性塑料、热固性塑料。

2. 思考题

(1) 塑料件修理时,怎样判断塑料的类型?

(2) 塑料焊接的一般程序是什么?要想提高焊接质量应注意哪些要点?

(3) 塑料件有裂纹,用粘结法修理一般程序是什么?要想提高粘结质量应注意哪些要点?

任务5.2　加强型塑料板件的修理

学习目标

1. 能够完成车身加强型塑料板件的修理作业。
2. 熟悉玻璃纤维板和SMC板的区别。
3. 熟悉玻璃纤维填料、双组分黏合剂配合玻璃纤维布的使用方法。

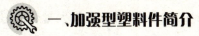

一、加强型塑料件简介

加强型塑料通常包括片状模塑料(简称SMC)、玻璃纤维增强型材料(简称GFRP)、碳纤维增强材料(简称CFRP)和增强型反应喷射模注聚氨基甲酸乙酯(简称RRIM)制成的部件。目前在汽车车身板件中用得较多的是玻璃纤维板和SMC板。图5-29为法国雷诺汽车公司生产的MPV车型,其外板件主要采用SMC塑料板,SMC板件粘接在车身金属骨架上,它们有助于提高汽车的刚性和耐腐蚀性能。

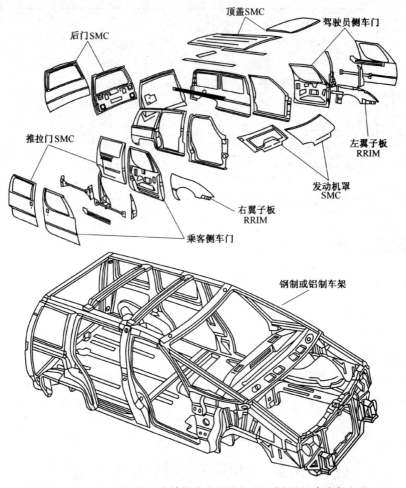

图 5-29 SMC 板件通常粘接在空间式钢制(或铝制)车身框架上

(一)玻璃纤维板

玻璃纤维板又称玻璃钢,传统的玻璃纤维板件是由70%聚酯树脂和30%玻璃纤维制成。一种常用的玻璃纤维板件是由40%聚酯树脂、20%玻璃纤维、33%碳酸钙及7%其他材料制成。玻璃纤维板用手工制造(手糊成型)或在模子中喷射成型。

玻璃钢具有下列特性:

(1)密度小、强度高。其比强度(强度与密度之比)超过钢材。

(2)导热率小,是优良的绝热材料。

(3)玻璃钢在超高温时产生大量气体,吸收大量热量,是一种良好的热防护和耐烧蚀材料。

(4)具有优良的耐磨损性能。又有良好的绝缘性能,能透过高频电波,非磁性。

(5)弹件低,一般只有钢的1/10~1/20。

(6)长期耐高温性能较差,一般不超过200℃。

(7)抗剪强度及长期循环负荷强度较低。

(二) SMC 板

SMC 板是用纤维加强的合成塑料板,又称片状模塑料,它采用氨基甲酸乙酯化合物及板料模压化合物制成。SMC 的化学成分很像玻璃纤维,其重大差别在于制造方法及制造所用的材料。SMC 是把预成形并经过局部硬化处理的板料放在阳模与阴模之间压制而成,在压力和温度的作用下进行硬化处理,得出刚强而致密的板件,厚度可以控制,两面光滑平整。

二、加强型塑料件的修理

(一) 修理用工具和材料

一般来说,不要使用传统的玻璃纤维树脂来修理 SMC 板件。理由很简单,对玻璃纤维修理有良好作用的聚酯树脂,使用在 SMC 上并不具备同样的性能,因此一定要注意两者的修理材料完全不同。

1. 工具

包括一些通用工具和专用工具,通用工具如砂轮机、清洁工具等。专用工具有双管胶枪,其作用是把黏合剂和固化剂以恒定的速度挤出并混合在一起。胶枪有气动和手动两种,气动胶枪使用压缩空气把材料挤出。手动胶枪用手施加压力把材料从管中挤出,如图 5-30 所示。

图 5-30 双管胶枪

使用这两种胶枪时,注意下列一些简单准则:

(1) 遵守制造厂商的使用说明。

(2) 检查物料流动是否正确。

(3) 检查双组分黏合剂是否混合均匀。

(4) 换筒时,要进行新的颗粒试验。

(5) 如果仅用了筒内一部分物料,不要拆下静压混合喷嘴。

2. 黏合剂

用于玻璃纤维和 SMC 修理的材料通常是双组分的黏合剂,即由树脂与硬化剂组成,两者必须按适当比例充分混合后才能使用。修理玻璃纤维的黏合剂是聚酯树脂,而修理

SMC板件的黏合剂需使用环氧基材料,两种不能混用。

黏合剂的两种成分混合以后有一个使用限定时间即间隔时间。在此时间内黏合剂可正常使用,超出此时间则黏合剂已开始固化因而不能使用。使用限定时间由制造厂商给出。

粘接工作完成后,黏合剂有一个硬化时间,此时不要挪动板件以免影响粘接质量,某些采用SMC板件的硬化时间可通过加热来缩短。

温度和湿度会对修理工作和硬化处理时间产生影响。制造厂商会提供产品的使用温度范围及加热硬化处理的准则。湿度过高则会使硬化速度慢下来。

3. 填料和玻璃纤维布

在SMC上使用的填料和辅助材料有:

(1) 装饰填料。典型的是双组分环氧树脂填料或聚酯填料,用来覆盖小缺陷。不要在SMC上使用为金属板调制的车身填料。

(2) 结构填料。用来填补板件上较大的缺口。这种填料可提高部件的结构刚性。

(3) 有几种不同类型的玻璃布可供使用。可选用单向织布、机织玻璃布或尼龙网。布必须编织的较为松散,能使黏合剂可以完全浸透,使织纹周围不留空隙。

(二) 安全事项

对SMC和玻璃纤维修理时必须经常想到安全问题。修理用树脂和硬化剂会产生有害的蒸气,对人的皮肤、肺和胃产生刺激。在修理中应阅读和了解下列安全事项:

(1) 细心阅读各种材料的说明和警告。

(2) 使用玻璃纤维、树脂或硬化剂时戴上橡皮手套。穿上规定的工作服,扣好领扣和袖口,防止磨屑接触皮肤。

(3) 在身体的暴露部分涂上护肤膏。

(4) 如果树脂或硬化剂与皮肤接触,要迅速用硼砂皂水或变性酒精清洗。

(5) 戴上防毒面具以免吸进磨屑和树脂蒸气。

(6) 戴好护目镜防止溶剂或树脂的溅入,同时也可防止树脂蒸气对眼睛的刺激。

(7) 保证车间通风良好。

(8) 用玻璃纤维修理时,把周围区域罩好,以免溅上树脂。

(9) 工具和设备在使用后立即用挥发性涂料的稀释剂清洗。在安全容器中处理剩余的混合材料。

(三) 维修工艺

1. 判断损伤类型

在SMC和玻璃纤维板件中常见的损伤有以下几方面。

(1) 单面损伤如图5-31(a)所示,是指表面损伤或不穿透板件背面和不致造成板件背面断裂的损伤,例如创伤和擦伤。对于较浅的单面损伤如不太深的划痕,通常使用玻璃纤维填料进行填充,而对于较深较大的单面损伤,需使用树脂配合玻璃纤维布来进行修补。

(2) 双面损伤如图 5-31(b) 所示,指贯穿性损伤,如塑料板件被刺穿或断裂,要对两面进行玻璃纤维布的填补修理,有时还要制作补板对结构进行加强。

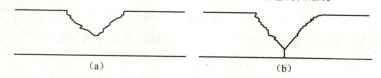

图 5-31 单面损伤和双面损伤
(a) 单面损伤;(b) 双面损伤

(3) 脱胶,塑料板件从车身框架上脱开。
(4) 严重损伤,需要整块更换或局部更换塑料板件。
(5) 车身金属框架发生弯曲和扭曲,可用拉直和矫直来修理。
(6) 与车架结合的塑料板件发生扭转和弯曲,需要更换。可沿着出厂时的焊接处重新焊接或采取结构分割的方法修理。

需要注意的是,在同一辆汽车上很可能兼有上述的各种损伤类型。

2. 制订维修方法

根据损伤部位和损伤程度,采用四种修理方法,即单面修理、两面修理、板件分割更换、整块板件更换。这些修理方法有许多共同点,如采用的工具和材料、预处理和后处理程序等。

三、设备、工具和材料准备

(1) 材料:塑料清洁剂、树脂、肥皂、黏合剂、固化剂、清洁布、稀释剂、玻璃纤维填料、比例纤维布;
(2) 工具:吹尘枪、塑料刮板、注胶枪、毛刷、气动錾、滚筒;
(3) 设备:单作用打磨机、砂轮机、切割砂轮机、电钻、烤灯。

四、技术标准及要求

粘接部位牢固、无气孔、填充表面均匀无气泡、更换的板件尺寸正确。

五、子任务1:单面修理

对于较浅、面积不大的划痕,使用玻璃纤维填料进行单面修理就足够了。修理程序如下:
(1) 参照维修手册判断塑料件类型,是玻璃纤维板件还是 SMC 板。
(2) 用肥皂水清洗修理部位。
(3) 用优质去蜡除油剂清洁损伤部位的周围区域,不要让清洁剂接触到断裂区域,否则失去黏附力。

（4）用 P60 号砂纸除去修理部位的油漆，超出损伤部位 70mm 左右。

（5）用 P120 号砂纸打磨羽状边以便有足够的面积来粘合，打磨结束后吹去灰尘。

（6）按制造厂商的使用说明把双组分玻璃纤维填料混合好（图 5-32），注意玻璃纤维板件和 SMC 是否可以使用同样的填料。

（7）使用塑料刮板将混合好的玻璃纤维填料填充到划痕中（图 5-33）。

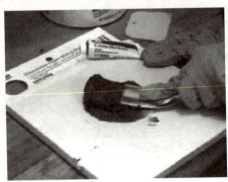
图 5-32　混合玻璃纤维填料

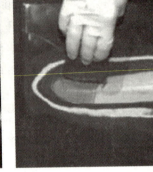
图 5-33　填充玻璃纤维填料

（8）迅速使用稀释剂清洁工具，一旦填料干燥在工具上将很难清除。

（9）按制造厂商的使用说明对填料进行硬化处理。

（10）依次使用 P80、P120、P240 号砂纸将填充区域打磨平整。

（11）进入涂装修理。

六、子任务 2：两面修理

有些单面损伤的面积较大、深度较深伴有裂纹，但是没有崩开，所有增强纤维都在原位，修理时需使用玻璃纤维布对受损的一面进行强化。

对于双面损伤，需要对正反两个表面进行同样的修理，有时还要加上背垫条或衬板以恢复所需的强度。

在 SMC 或玻璃纤维板料上进行单面或双面修理的程序如下：

（1）用优质去蜡除油剂清理损伤处周围的表面至少距离修理部位 70mm 处所有的面漆和底漆。

（2）从修理部位的里边和外边，把孔中的所有裂片和碎屑磨去、锉去或用弓锯锯去。

（3）把修理部位内表面的任何污物、隔音材料等除去。用还原剂、挥发性漆稀释剂及类似的溶剂清洗。

（4）用 P80 号砂纸打磨损伤部位以获得良好的结合表面。

（5）打磨 30°的坡口，以获得良好的补料粘合面。

（6）如有必要，在裂纹的末端用电钻钻一个小孔，防止裂纹进一步扩大。最后用还原剂或稀释剂彻底清洁修理的表面。

(7) 剪几片玻璃纤维布或足够大的衬垫,用来覆盖孔和打磨好的部位。确切片数取决于原来板件的厚度。补在坡口深处的布要小,而补在上面的布要大。

(8) 按照包装上的说明配制树脂和硬化剂的混合物,搅拌均匀,如图5-34所示。用小油漆刷把混合好的树脂涂敷在打磨处,如图5-35所示。

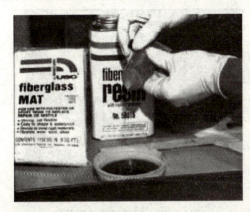 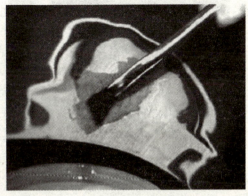

图5-34 配制树脂和硬化剂的混合物　　　图5-35 在打磨处涂敷树脂

(9) 将玻璃纤维布在树脂混合物中浸透,如图5-36所示。然后取出摊铺在修理部位的表面上或反面上,如图5-37所示。必须与损伤周围已磨好的部位完全接触,如图5-38所示。

 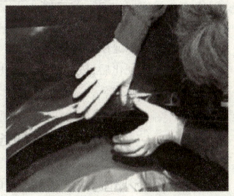

图5-36 浸透玻璃纤维布　　　图5-37 摊铺玻璃纤维布

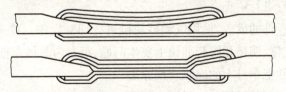

图5-38 摊铺的多层玻璃纤维布与打磨部位接触

(10) 重复步骤(9),在损伤部位摊铺多层玻璃纤维布,如图5-38所示,注意铺在外层的布要大于底层的布。

(11) 玻璃纤维布层形成一个碟状凹陷。用塑料刮板将玻璃纤维布刮平,并要挤出其中的任何气泡,如图5-39所示。

（12）所有工具使用后立即用挥发性稀释剂清洗。

（13）等待玻璃纤维布硬化，可用红外线加热灯加速其硬化。该加热灯的距离控制在 300～380mm 处，加热温度不要超过 90℃，因为太热会使材料变形。

（14）等待树脂硬化后，用 P80 号砂轮轻磨玻璃纤维补块，如图 5-40 所示。

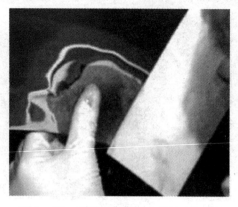

图 5-39 刮平玻璃纤维布并挤出气泡　　图 5-40 轻磨玻璃纤维补块

（15）配制更多的玻璃纤维树脂填料，将其填补到修理部位的凹陷处。要使填料略高于原有表面，为后序打磨留下余量（图 5-41）。

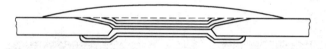

图 5-41 填料高于原有表面

（16）用红外灯加速填料的硬化。

（17）填料完全硬化后，依次使用 P80、P180、P240 号砂纸将其磨平。

（18）进入涂装修理。

七、子任务 3：板件分割更换

使用 SMC 板件制造的车身在受到严重的损伤时，需要部分或全部更换板件，对于部分更换面板应正确地选择分割的部位。程序如下：

（1）首先对车身进行矫正。

（2）分割除去板件的废段，使用气动砂轮机进行切割操作。首先了解最适合分割的部位，避免在水平支撑、铆接和隐蔽部位上发生问题，可参考具体车型的维修手册。

（3）使用气动錾把车身上的旧黏合剂除去。

（4）把车身上留用的板件的正反两面打磨出 20°的坡口，然后清洁干净。

（5）使用与原车身形状相同的废料制作背条（图 5-42），将背条粘接到车身板件的反面，并向外延伸 50mm 左右，以便更换的面板也能与其粘接到一起（图 5-43）。

（6）安装新板件。量好新板件的尺寸并打磨与现有板件相同的坡口以便配合（图 5-44）。安装时在现有板件和新板料之间留出 10mm 左右的间隙（图 5-45）。

图5-42 用废料制作背条

图5-43 在反面粘接背条

图5-44 配上新板件

（7）制作补条或补板。制作补条时,将蜡纸平铺在桌面上,在蜡纸上涂一层黏合剂,其宽度大致与图5-45的间隙相等,把一条与间隙的顶部等宽的玻璃纤维布放在该层黏合剂上,加上更多的黏合剂,再放上一条与空隙的底部等宽的玻璃纤维布(图5-46),最后在补条上再铺一层蜡纸,用滚筒将补条压平并挤出气泡(图5-47)。

（8）安装补条或补板。在车身板件的坡口处涂抹黏合剂,揭去较窄一面的蜡纸,对准两块板的间隙,将补条压入,然后滚筒压紧(图5-48)。

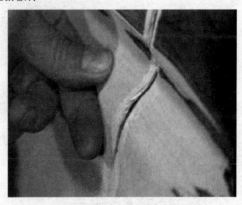
图5-45 现有板件与新板件的间隙

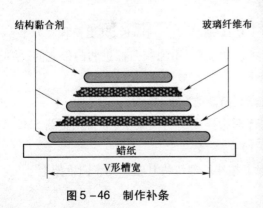
图5-46 制作补条

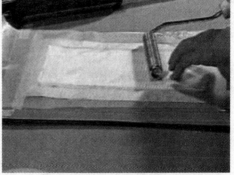
图5-47 用滚筒压平补条

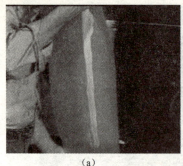 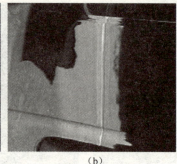 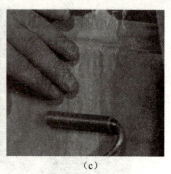

(a) (b) (c)

图5-48 安装补条的步骤

(a)准备安装补条；(b)安装补条；(c)用滚筒压紧补条

(9)配制玻璃纤维树脂填料,将其填补到补条及周围的部位(图5-49)。要使填料略高于原有表面,为后序打磨留下余量。

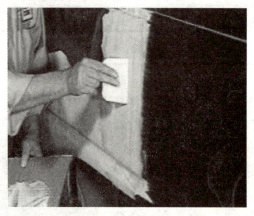

图5-49 使用玻璃纤维填料填平

(10)用红外灯加速填料的硬化。

(11)填料完全硬化后,依次使用P80、P180、P240号砂纸将其磨平。

(12)进入涂装修理。

八、子任务4：整块板件更换

整块板件的更换是相对简单的工作,对于粘接的SMC车门面板,其更换程序如下：

(1)用气动砂轮机磨去门板上的凸缘,把门边加热,用油灰刀插进两门板之间,使粘合处分开,或使用气动剪将整块门面板剪下。

(2)使用气动錾把车门框架上的旧黏合剂、松散的SMC除去。

(3)清洁车门框架,用胶枪将双组分黏合剂涂抹到车门框架上,准备粘接新SMC车门板。

(4)清洁SMC车门板待粘接的表面,对准粘接的部位将其粘接到车门框架上。

(5)等待黏合剂硬化。

（6）进行其他修理工作。

九、技能考核表

序号	考核内容	配分	评分标准	考核记录	扣分	得分
1	安全防护	10	错误1次扣2分			
2	工具设备的正确使用	10	使用一次不正确扣2分			
3	操作流程正确与否	20	一处不正确扣5分			
4	操作要领是否正确	10	出现一处错误扣2分			
5	粘接牢固	20	一处不牢固扣5分			
6	填充均匀	15	一处不均匀扣5分			
7	去气泡、气孔	15	一处气孔扣5分			
教师签名				年　月　日		

课后练习题

1. 名词术语

SMC、GFRP、CFRP、RRIM。

2. 思考题

（1）简述SMC板单面修理的程序。

（2）简述SMC板双面修理的程序。

（3）为了提高加强型塑料件的修理质量，应注意哪些要点？

模块 6

铝合金车身的修理

任务 6.1　铝合金面板的修理

学习目标

1. 熟悉金属铝及其合金在车身中的应用的目的和意义。
2. 熟悉金属铝及其合金的性能及类型。
3. 熟悉铝合金面板的修复步骤和方法。
4. 能够完成铝合金面板的修理作业。

一、铝合金简介

（一）汽车上使用铝材的意义

随着汽车技术的飞速发展，汽车制造企业在汽车的结构设计、制造技术、材料选用等方面进行了大量的研究工作，希望能够研发出安全可靠、节能环保的新型汽车。而在通常情况下，车身的自重大约会消耗70%的燃油，所以，降低汽车油耗研究的首要问题便是如何使汽车轻型化。使汽车轻型化应首先从材料轻量化入手，这样不但可以减轻车身自重、增加装载质量、降低发动机负载，同时还可以大幅度减小底盘部件所受的合力，使整车的操控性、经济性更加出色。而有"轻金属"之称的铝合金材料，由于其质轻、耐磨、耐腐蚀、弹性好、刚度和强度高、抗冲击性能优、加工成型性好和再生性高等特点，成为使汽车轻型化的首选材料。铝合金车身汽车也因其节能低耗、安全舒适及相对载重能力强等优点而备受关注。

铝在汽车上的使用呈逐年递增的趋势。局部或整体使用铝材的车型有很多。车身所使用的铝材基本都是合金铝，通过增减合金元素的配比和采用适当的热处理工艺等，使其达到所需性能。对于车身的不同部位、不同构件，所使用铝材的合金成分、种类和热处理工艺也并不相同。如车辆的保险杠骨架、加强梁或侧防撞梁等,所使用的铝材都应具有足够的强度和韧度,在发生碰撞时要有良好的吸能特性;车辆传动系统使用铝合金构件,不但具有足够的强度和韧度,同时还具备良好的导热能力。事实证明,汽车使用铝材确实取得了良好的社会效益和经济效益。

但使用铝合金车身主要也存在如下缺点:

(1) 发生交通事故,铝合金车身的维修费用较高。

(2) 铝材的熔点较低、可修复性差,维修技师需要使用专用铝车身修复工具及特殊的工艺方法进行修复。

(二)铝合金的特性和分类

1. 铝合金的基本特性

(1) 铝合金的比重小,仅为钢铁材料的1/3左右,纯铝的比重为$2.68g/cm^3$。

(2) 强度高、延性、塑性好,且可以通过热处理改变其力学性能,并具有良好的低温性能。

(3) 加工工艺性能好,可铸造、锻造、焊接、轧制、冲压成型,类同于钢。

(4) 具有良好的抗蚀性,可以生成致密的氧化膜,即使在酸性介质中也具有良好的耐蚀性。

(5) 具有高的弹性,并且无磁、无毒、无火花放电。

(6) 易于涂装且表面可以精饰。

(7) 可以回收,循环使用,是很好的绿色材料。

(8) 具有高的弹性变形性能。

2. 铝合金的分类

汽车用铝材皆以铝合金的形式出现,主要类型为传统铝合金和泡沫铝合金。

传统铝合金根据合金元素的含量和加工工艺性能特征可分为铸造铝合金和变形铝合金。

(1) 铸造铝合金

铸造铝合金是指那些通过铸造成型可直接制成零件而使用的合金,但使用之前需经过机械加工。铸造铝合金主要用于制造壳体类零件(离合器壳体、变速箱壳体、后桥壳、转向器壳体等)和发动机部件以及保险杠、轮辋、发动机框架、制动钳、制动盘等非发动机部件。

(2) 变形铝合金

又可称为加工铝合金,必须先铸成锭然后热轧成带坯或用双辊式连续铸轧机制成带坯,再冷轧成板、带、箔,也可以用铸造锭挤压成管、棒、型材或锻压成锻件,用户用这些半成品材料制成各种各样的零部件。变形铝合金主要用于制造保险杠、发动机罩、车门行李厢盖等车身面板和车身框架、座椅骨架、车厢底板等结构件。

(3) 泡沫铝材

泡沫铝材是一种在金属基体中分布有无数气泡的多孔材料,它可以通过去除夹在铝中的其他物质来获得,如烧结、电镀、铸态渗流法等,也可以在熔融态的铝中产生气泡来制造,如发泡法和气泡法等。这种材料的质量更小、强重比更高,并具有高的吸能特性、高的阻尼特性和吸振特性;将泡沫铝填充于两个高强度外板之间制成的三明治板材,在用于车身顶盖板时,可提高刚度、轻量化并改善保温性能,用在保险杠、纵梁和一些支柱零件上时,可以增加撞击吸能的能力,在轻量化的同时,提高了撞击安全性;因此,泡沫铝材也是特殊的轻量化材料。

(4) 按合金元素的分类

铝合金是根据日本的 JISH4000 标准来划分的,从 1000 到 7000 进行分类(表 6-1)。

表 6-1 铝合金的种类和特性

	合金	主要合金成分	抗拉强度/MPa	特性	用途
非热处理型合金	1000 系	Fe、Si、Cu(99% 为铝,即纯铝)	50~200	导电性佳,但强度弱	日用品、散热片、罩盖、铭牌、包装、建材、印制板、电线、装饰品、反射板
	3000 系	Mn(锰)	100~300	改善了纯铝的强度	日用品、散热片、罐、建材、彩铝
	4000 系	Si(硅)	—	因为加入硅,所以抗磨损性佳	活塞、汽缸盖、热交换器、焊条、建材
	5000 系	Mg(镁)	100~400	所有非热处理型合金中,强度最强,且焊接性及耐腐蚀性都很好	建材、车辆、船舶、照相机、扣钉、低温油箱、压力容器
热处理型合金	2000 系	Cu、Mg(铜、镁)	300~500	强度像钢一样	飞机、汽缸盖、活塞、电位器、油压部件
	6000 系	Mn、Si	150~400	强度强、耐腐蚀性佳且具有抗压性	建材、车辆、家具、船舶、家电、照相机、电线、网球拍
	7000 系	Zn(锌)、Mn	350~700	强度最强	飞机、车辆、船舶、散热片、垒球棒

3. 车身上常用铝合金简介

用于汽车车身板的铝合金主要有 Al - Cu - Mg(2000 系)、Al - Mg(5000 系)、Al - Mg - Si(6000 系)以及铝基复合材料。

(1) Al - Cu - Mg 系(2000 系列)合金

2000 系列铝合金具有良好的锻造性、高的强度、良好的焊接性能、可热处理强化等特点,但它的抗腐蚀性比其他铝合金差。2000 系列铝合金中,2036 合金已广泛用于生产车身板。

2036—T4合金板广泛用于轿车车身外板,如车顶、底板等,取代钢板时,可使外覆盖件减轻55%~60%。

(2) Al-Mg系(5000系列)铝合金

5182—O合金板特别适合于要求用延展方法成型的零部件,有好的冲压成型性能,适合于制造汽车车身内板,使用部位可以在车顶、行李厢盖、地板、空气过滤器和车门等处。

(3) Al-Mg-Si系(6000系列)合金

6009—T4的合金板材可成型为汽车覆盖件,成型性能与5182-O合金板相近。使用部位包括车顶、行李厢盖、车门、侧围板、挡泥板等。6010-T4的成型性能与2036-T4相似,能提供更高的强度,它的使用部位如车顶、行李厢盖、挡泥板等。

(4) 铝基复合材料

金属基复合材料(MMC)是20世纪60年代诞生的一种材料,它是在连续的金属基体上分布着其他金属或陶瓷等增强体的一种物质。这种材料综合了基体金属和增强体的性能,因而具有单一材料难以达到的优良性能。铝基复合材料质量轻,比强度和比模量高,抗热疲劳性能好,耐磨性好,是金属基复合材料中应用最为广泛的一种。

日本住友轻金属工业公司与美国雷诺尔兹铝制品公司共同开发出一种代号为SG112—T4 A的车身铝合金复合材料板材,硬度比普通铝板高1.5倍,同时也具有良好的冲压加工性。

二、铝合金车身修理应具备的条件和注意事项

(一) 铝合金车身修理的硬件需求

(1) 铝车身专用气体保护焊和介子机。

由于铝的熔点低,易变形,焊接要求电流低,所以必须采用专用的铝车身气体保护焊。介子机也不能像普通介子机一样去点击拉伸,只能采用专用的铝车身介子机焊接介子钉,使用介子钉拉伸器进行拉伸。

(2) 专用的铝车身维修工具、强力铆钉枪。

与传统事故车维修不同的是,修铝车身大部分采用铆接的维修方法,这就必须要有强力铆钉枪。而且修铝车身的工具一定要专用,不能与修铁材质车的工具混用。因为修完铁材质车工具上会留有铁屑,如再用来修铝车身,铁屑会嵌入铝表面,对铝造成腐蚀。

(3) 防爆集尘吸尘系统。

在打磨铝车身过程中,会产生很多铝粉,铝粉不但对人体有害,而且易燃易爆,所以要有防爆炸的集尘吸尘系统及时吸收铝粉(图6-1)。

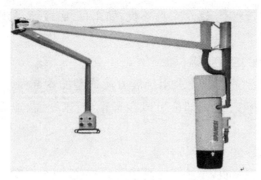

图6-1 多功能供气供电防爆集尘吸尘系统

(4) 带定位夹具的大梁矫正仪。

铝车身修复常使用换件修理,维修过程中需要粘接、粘接铆接和焊接,首先需要对部件进行定位,如果没有定位,车身技术尺寸很难保证准确(图6-2)。

图6-2 带定位夹具的大梁矫正仪

(5) 独立的维修空间。

由于铝车身修复工艺要求严格,保证汽车维修质量和维修操作安全,避免铝粉对车间的污染和爆炸,要设立独立的全封闭铝车身维修工位。

(6) 应对铝车身的维修人员要进行专业的培训,掌握维修铝车身的维修工艺,如何定位拉伸、焊接、铆接、粘接等。

(二) 维修操作中的注意事项

(1) 铝合金板材的局部拉伸性不好,容易产生裂纹。如发动机罩内板因为形状比较复杂,在车身制造时为了提高其拉延变形性能采用高强铝合金,延伸率已超过30%。所以在维修时要尽可能地保证形状不突变,以避免产生裂纹。

(2) 尺寸精度不容易掌握,回弹难以控制,在维修时要尽可能采用定位固定和加热释放应力等方法使其稳固不会产生回弹等二次变形现象。

(3) 因为铝比钢软,在维修中的碰撞和各种粉尘附着等原因使零件表面产生碰伤、划伤等缺陷,所以要对模具的清洁、设备的清洁、环境的粉尘、空气污染等方面采取措施,确保零件的完好。

三、设备、工具和材料准备

(1) 铝合金车门面板有凹陷的车门若干。
(2) 直尺、手锤、铝车身专用介子机、单作用打磨机、车身防锈剂。
(3) 安全防护用品:工作帽、工作服、安全鞋、护目镜、口罩、棉手套、皮手套。

四、技术标准及要求

为了保证铝合金面板的修理质量,原子灰的厚度应不超过2mm,这就要求在对外部铝合金面板修复时,应最大程度地使其接近原始形状和状态。同时还需保证铝合金面板具有一定的强度,并且没有高点(即压缩区)。

五、操作步骤

铝合金板的修理方法基本上和在修理钢板时使用锤和顶铁作业和焊接介子拉拔作业是一样的。修理流程也与钢板基本相同,与钢板维修相比我们应在以下几个方面改进我们的修理工艺和方法。

(1) 铝合金热传导性是普通钢板的4倍,因此我们在钢板维修中使用的铜极缩火作业在铝合金板上无法实施,应用碳棒对其进行缩火作业。

(2) 修理钢板时,必须尽量避免加热,以免降低钢的强度。而修理铝合金板时,必须利用加热的方法来恢复加工硬化时降低的可塑性。如果不加热或温度不到位,当矫正力施加到铝板上时,便会引起受力部位开裂。

注意:加热时,应避免加热过度,导致铝合金钢板融化。铝合金板合理的加热维修温度范围为200℃~300℃。

(3) 打磨铝合金表面时,应特别小心操作。不仅要防止高速旋转的砂轮烧穿柔软的铝合金,还要防止打磨过程中产生的热量会迅速使铝合金弯曲。要降低磨削设备的转速,转速过高时会产生润滑效应;并且要注意不得使用粗的磨削颗粒,应使用≥80号的砂纸。

(4) 要防止铝合金板的电化学腐蚀。作业时,应选用新砂纸,避免旧砂纸表面的铁屑残留于铝合金钢板表面;敲击修理前,须彻底清洁手锤和顶铁表面,或将一套工具单独留作铝合金板专用。

(一) 损伤分析

注意:如有破裂、穿孔、凹陷在线条上且应力集中、扭曲严重、板与内架分离等情形之一,需更换。确认损伤范围方法与钢板类似,利用视觉、手感直尺测量等方式。

(二)用锤和顶铁进行锤击修复

使用手锤和顶铁矫平铝合金变形,与前面介绍过的修复钢板的方法基本相同。但也有一些针对铝合金特点的不同操作要求。

(1)锤和顶铁敲平操作时一般采用错位敲击,如果采用对位敲击,因铝合金板的可延展性及钢板,打击所导致的表面变形就不容易恢复。而错位敲击对铝板的变形较缓和。为了降低隆起处的高度而用手锤和顶铁敲击时,应避免加重局部的损坏程度。

(2)手锤在顶铁上敲击时,优先使用木锤和橡皮锤,同时注意手锤的力度和次数,敲击太重或次数太多都会使铝合金板受到加工损伤。应该尽量轻敲,循序渐进。

(3)用于修复钢板的收缩锤和收缩顶铁不可用于铝合金板的修复,否则容易使铝合金开裂和表面受损。

(4)对于铝合金板上出现的小范围凹陷,用尖形锤或杠杆撬起效果很好。但是,应注意不能使凹陷处升高太多,也不能用力过度而拉伸柔软的铝板。

(5)对于面积较大的弹性变形,可使用手锤和匙形铁进行弹性敲击,用以释放隆起变形处的应力。匙形铁将敲击产生的力分散到一个较大的范围,使坚硬的折损处发生弯曲的可能性大为减小。

(6)进行修理时,弯曲变形部位很容易破裂,所以用热风枪加热变形部位是个有效的方法。

(三)焊接介子拉拔法修复

方法与钢板相同,但必须使用专用的铝整形机焊接铝介子对损伤部位进行整形(图6-3),使用铝整形机在修复到位后使用专用工具将介子栽焊螺杆齐根剪下,打磨平整即可。具体焊接介子要注意如下要点:

(1)彻底去除铝合金板上将要焊接铝焊钉部位的涂层。

(2)需要试焊。

(3)铝介子头部的小触点(图6-4)用于在焊接时产生电弧,因此不能损坏。

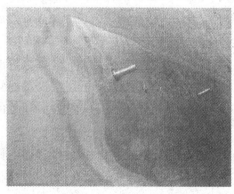

图6-3 铝介子

图6-4 铝介子头部的小触点

(4)将焊枪垂直于铝板焊接(图6-5)。

(5)由于铝板质软、韧性差,拉拔时应施加缓和的拉力且不宜过大,配备的专用拉拔器如图6-6所示,拉拔方法如图6-7和图6-8所示。

（6）拉拔前对损伤部位做好适当加热。

图6-5　垂直焊接

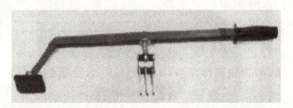

图6-6　专用拉拔器

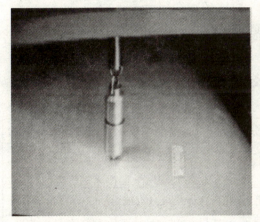

图6-7　单点拉拔

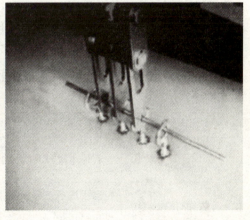

图6-8　穿轴整体拉拔

（四）铝合金板的热收缩

1. 加热收缩

在开始矫正前,先用焊炬对受损坏的铝合金板加热。但要注意:由于铝在高温下不会改变颜色,操作不当往往会因加热过度(达到650℃以上时)熔化,因此对火焰加热的控制十分重要。可以使用加热到120℃时能改变颜色的热敏涂料或热敏"笔"来观察和控制加热的温度。具体步骤如下:

（1）磨除旧漆膜。机械打磨加工时,更应特别小心操作。不仅要防止高速旋转的砂轮烧穿柔软的铝合金,还要防止打磨过程中产生的热量会迅速使铝合金弯曲。进行表面打磨时要注意,只能将油漆和底层涂料磨掉,不可磨到金属。打磨2~3遍后,用一块湿布使金属冷却再重复操作,以降低打磨温度和防止因热量增加而变形。

（2）加热温度控制。如果铝合金加热至超过200℃,其特性即会大大改善,但同时其熔化温度仍然保持在640℃的较低水平。铝合金的另一特性是,即使其温度提高,颜色仍然保持不变,因此容易加热过度。由于上述原因,不得将温度提高到不必要的水平。

用120℃的热敏涂料或热敏"笔"在加热区域周围,画一个半径20~30mm的环状标志,然后开始在加热区域均匀地加热(图6-9)。

当热敏涂料或热敏"笔"画的标志改变颜色时,应及时停止加热。这时,受热处中心位置的温度在400~450℃之间,离铝的熔点还有相当的余量。如果加热温度太高,就可能造成铝板的熔化。

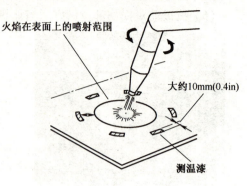

图6-9 测温漆的位置

(3)冷却。对于热收缩部位应尽量缓慢冷却,因为快速冷却、收缩会造成铝合金板的变形。

铝合金板修复后表面容易留下粗糙的加工痕迹,一般需要通过锉修使之平滑。由于铝合金较柔软,锉修时应使用柔性锉并轻轻施压,以免刮伤铝合金表面。

2. 碳棒收缩

具体方法同钢板维修,要注意铝板容易烧穿,所以需要小心。

六、技能考核表

序号	考核内容	配分	评分标准	考核记录	扣分	得分
1	修理程序的规范性	10	程序不规范一次扣2分			
2	表面打磨	10	打磨手法不正确及打磨不彻底、打磨区域过大或过小、打磨区域形状不良等,每项扣2分			
3	介子焊接与拉拔操作	30	参数调整不当扣5分;根据凹陷状况焊接介子部位不当扣5分;焊接强度不够扣5分;凹陷拉拔整形操作方法不正确扣5分;焊接垫圈次数过多扣5分			
4	热收缩操作	10	加热点的选择不当扣2分;介子机调整及炭棒磨削不好扣2分;加热操作不当、加热面积控制不好、加热温度掌握不好等,每项扣2分;烧穿扣10分			
5	修理结果	20	凹陷基本被恢复;没有高点;刚性恢复;表面美观;有一项不符的扣5分			
6	安全防护	10	工作服、工作鞋、工作帽、护目镜、耳塞、面罩、皮手套			
7	5S及其他	10	全程5S保持、作业结束清洁工具、错误的工具使用方法、操作失误			
	教师签字			年 月 日		

课后练习题

1. 名词术语

传统铝合金、泡沫铝合金、铸造铝合金、变形铝合金、2000 系铝合金、5000 系铝合金、6000 系铝合金、铝基复合材料。

2. 选择题

(1) 下列有关铝合金的基本特性描述错误的是(　　)。

A. 铝合金的比重轻,仅为钢铁材料的 1/3 左右,纯铝的比重为 $2.68g/cm^3$

B. 具有良好的抗蚀性,可以生成致密的氧化膜

C. 表面易于涂装

D. 具有低的弹性变形性能

(2) 以下对铝合金板修理方法的叙述中,不正确的是(　　)。

A. 与普通钢板一样,可以使用锤子及手顶铁作业

B. 在对铝合金钢板进行加热维修时,加热温度为 400℃～500℃

C. 因为铝合金导热比较好,因此最适合使用碳棒缩火

D. 铝合金的熔点是 650℃左右

(3) 以下对铝合金板磨除旧漆膜的叙述中,不正确的是(　　)。

A. 不能使用含铁的磨削工具

B. 降低磨削设备的转速

C. 砂纸粒度应不小于 60 号

D. 应使用不锈钢刷子

3. 思考题

(1) 铝材与钢材相比,特性怎样?

(2) 铝合金板与钢板修理相比有何异同?

任务 6.2　铝合金内板的矫正与更换

学习目标

1. 熟悉铝合金在车身上的应用情况。
2. 熟悉铝合金内板件的连接方式。
3. 熟悉铝合金车身严重损伤的修理方法。
4. 能够完成铝合金内板件的更换作业。

一、铝合金车身结构简介

铝合金材料刚开始,主要用于高档车辆的外板件,随着铝合金材料相关技术的不断完善,现用于内板件,甚至出现了全铝车身。奥迪 A8 的全铝车身结构如图 6-10 所示。

图 6-10 奥迪 A8 的全铝车身结构

有部分车型采用前铝后钢的车身结构,比如宝马 5 系车身,如图 6-11 所示。宝马制造了铝钢材料混用的车身结构,其首要原因是基于平衡车身前后配重以提升操控性。宝马 5 系即是钢制车身和铝制车首(主要在发动机舱)的结合体实例,而宝马 X5 仅在车身前半部用上了少数铝合金零件,其整体结构仍为钢制。

图 6-11 宝马 5 系前铝(发动机舱)后钢车身结构

二、铝合金内板件的粘结和铆接

由于铝合金具有高导热率,由电流和接触电阻产生的热量迅速分散。这意味着点焊不适合用于铝合金板件的焊接,点焊铝合金时,要求有一万安培以上的极大电流,因此必须采用 MIG 焊来焊接铝合金车身板件。

由于在焊接过程中的退火作用,焊接处的强度损失较大。修复后,车辆自身振动和行驶的颠簸会造成焊接处产生裂纹。所以,铝合金车身修复中一般很少采用焊接的方式,而通常是采用粘接或粘接铆接共用的方式。粘接和铆接方法如图 6-12 所示,铆接工艺的基本流程:定位→夹紧→确定孔位→制孔→去毛刺→清除切削→涂胶→放铆钉→施铆。

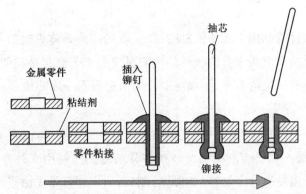

图6-12 铝合金板粘接和铆接的方法

实施铝板粘接和铆接作业时,除了车身修理作业常用工具外还需要相应的专用工具,见表6-2。

表6-2 铝板粘接和铆接的专用工具

名称	作用	图例
气动拉铆接枪	原厂铆钉的拉铆	
电动胶枪	用于施涂黏合剂	
黏合剂及粘接工具组件	粘接工具组件用于板件施涂黏合剂之前的清洁处理	

三、铝合金内板件的更换工艺

铝合金车身板件受到撞击无法恢复时,应采取局部或整体更换的方法进行修复。铝合金内板的切割更换与钢质车身内板件的切割更换的工艺流程是类似的,只是因为板件的连接方式不同而有一定的差异,下面主要介绍与钢板不一致的地方。

(一)分离

分离铝质板件时,可使用切割锯、切割砂轮、錾子等工具,与钢质车身的板件分离没有太大区别,但乙炔—氧气切割在铝合金板件分离时禁止使用。另外,由于铝质车身的铆钉通常是由高强度特殊合金材料(如硼钢)制成,所以铆钉是无法采取传统钻除方法去除的。正确的方法是,在铆钉顶部使用专用焊机焊接介子销钉(不可重复使用),然后用专门的拉拔工具将铆钉拔出。介子销钉焊接前,应对铆钉顶部的漆面进行打磨,在拉拔时,专用工具应与铆钉呈垂直状态。

(二)连接

铝合金车身的构件大部分是通过粘接或粘结铆接共用的方式连接在一起的。所以,更换铝合金板件应严格按照厂家的技术要求,选用原厂提供的零部件或总成,正确选择切接位置和连接方式。我们知道,在进行钢质车身修复时,常用的连接方式可分为平接、插入件平接和搭接三种方式。在更换铝质板件时,这三种方式依然适用。不过只有少数的厂家允许采用平接(焊接)方式。

铝合金板件更多的是采用插入件平接和搭接。进行插入件平接时(如纵梁的梁头、下边梁、门立柱),一般也可分为两种方法。一种是板件分离后,将插入件(厂家提供或自制)轻轻敲入,对更换部件精确定位后,在切割线的两侧钻出与铆钉相匹配的孔,然后将插入件取出,在去除毛刺、清洁、除潮湿等准备工作后,使用特制胶枪在外侧均匀涂抹专用粘接剂,再次将插入件放入,测量无误后按照已经打好的孔,使用专用铆钉进行拉铆即可。另一种方法是在准备切割的直线上间隔钻出铆钉的备用孔,然后沿此直线进行切割分离。将插入件放入并与所要更换板件定位,在已经钻好孔的位置进行重新钻孔,将插入件取出,做好所有的准备工作后打胶,再次将插入件放入,定位后拉铆即可。

在采用搭接方式更换板件时,除常规的方法外,有时为获得足够的强度和满意的视觉效果,特别是一些不适合采用插入件平接的部位,可采用厂家提供并做好预先处理的零部件进行搭接。这种方式在一些比较直观的部位使用较多,如车身的后翼子板等处。

(三)固化

相对于钢质车身修复,铝合金车身板件更换的定位工作更为重要。铝合金车身粘接部位的粘接胶需要较长的固化时间。如果胶在固化后车身尺寸发生了位移或变动,那可以说是灾难性的。所以,测量后必须使用定位夹或通用夹具对更换部件进行定位。

四、设备、工具和材料准备

（1）供矫正用的承载式铝合金车身，以及车身内板件等配件。

（2）轻便型液压矫正设备 2 套测距尺、带定位夹具的车身矫正仪 1 台，并配套拉伸工具和量具、机械式米桥三维测量系统 1 套及配套车身尺寸图和测量附件（或车身电子测量系统一套）、测距尺、钢卷尺、必要的拆装工具、氧-乙炔焊接设备 1 套。

（3）各种常见的车身维修工具及相关耗材，铝合金车身粘结和铆接的专用工具及耗材。

（4）操作场地的供电、供气设备齐全。

（5）安全防护用品：工作帽、工作服、安全鞋、棉手套、护耳器、防溶剂口罩、气焊保护镜、焊接手套等。

（6）对应车型的维修手册。

五、技术标准及要求

车身外形应矫正到位，对于关键控制点要确保误差在 3mm 以内，另外还应消除所有由于碰撞变形和修理工作引起的应力。

更换的内板件关键控制点的尺寸误差要求必须在 3mm 以内，粘接和铆接强度和防锈符合原厂要求。

六、子任务 1：铝合金车身的矫正作业

铝合金车身的矫正作业方法和步骤与钢质车身类似，主要不同点是目前对于钢质车身由于高强度钢板的使用，一般不建议加热，而铝合金板件矫正之前应先加热，以防开裂。具体步骤如下：

（1）在火焰喷射范围之外约 25mm 处涂测温漆，涂漆部分的宽度为 10mm，如图 6-13 所示。

（2）使用喷燃器加热，加热时，采用还原火焰。火焰尖应不断移动，不得固定在某一点，如图 6-14 所示。

（3）当测温漆的四周改变颜色时，应停止加热。

（4）进行矫正作业，并重复直至车身回复至原始形状，如图 6-15 所示。

（5）碰撞部位回复形状后，进行裂纹检验，裂纹检验方法是应通过渗透剂式或着色渗透式缺陷检测试验进行，具体原理如下：

渗透剂式缺陷检测试验：利用液体的毛细管作用和一种具有极强渗透力的液体，检查肉眼无法检查到的细小缺陷。

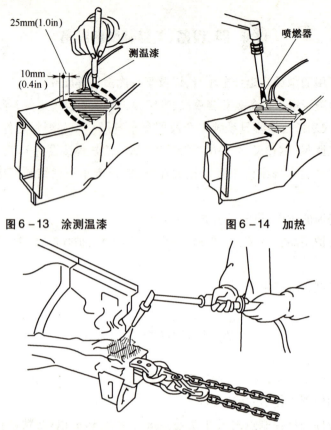

图6-13 涂测温漆　　　　图6-14 加热

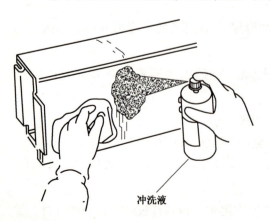

图6-15 矫正作业

采用彩色渗透液:利用这种液体,可以在明亮处清楚看到缺陷部位,这是因为基液具有清晰的对比度。

具体检验步骤如下:

① 准备好渗透液、显影液和冲洗液。

② 用冲洗液冲洗受检表面(图6-16)。

③ 在受检表面上喷洒渗透液,然后等待其充分渗透至受检部位,如图6-17所示。

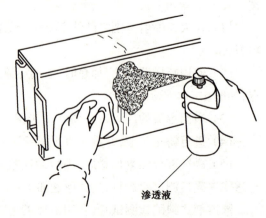

图6-16 用冲洗液冲洗受检表面　　　图6-17 喷洒渗透液

④ 洗去粘在受检表面的多余冲洗液。
⑤ 涂显影液至受检表面,然后通过颜色变化识别缺陷,如图6-18所示。

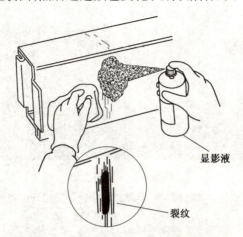

图6-18　涂显影液

(6) 如果矫正过程中或矫正后出现裂纹,则应更换整个零件,不得焊接修补。

七、子任务2:铝合金内板的切割与更换

下面以某铝合金车身前纵梁前端部分割更换为例,介绍其主要更换步骤。

(1) 查找维修手册确定分割线,并用气动锯切割,如图6-19所示。

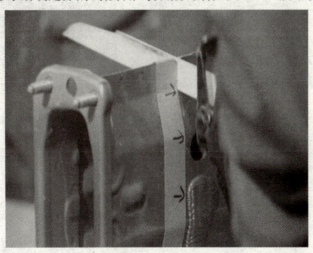

图6-19　确定分割线并切割

(2) 将切割后的车身侧板件进行敲平、打磨、清洁,做好连接前的准备工作。
(3) 在新件上确定好分割线并切割,如图6-20所示。
(4) 装入插入件(图6-21)、新件并做好定位工作,并标记定位线。
(5) 拆下新件、插入件,做好清洁工作。在插入件的每个面施涂黏合剂(图6-22),并刮平(图6-23)。

图 6-20 新件分割

图 6-21 装入插入件

图 6-22 插入件施涂黏合剂　　　　图 6-23 黏合剂刮平

(6) 插入插入件、新件,如图 6-24 所示,并按照的前面定位标志做好定位工作。

(7) 松开插入件固定螺栓(图 6-25),使插入件膨胀与四周接触。

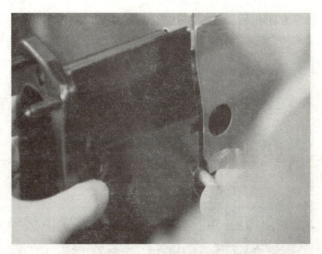

图 6-24　插入插入件和新件并定位

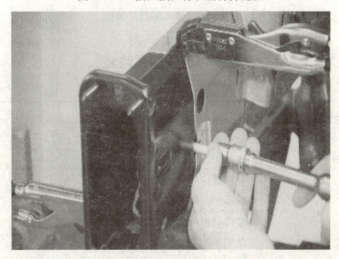

图 6-25　松开插入件固定螺栓

(8) 将接缝处溢出的黏合剂刮平。

(9) 在接缝两侧钻用于铆接的孔(图 6-26),并插入铆钉进行铆接(图 6-27)。

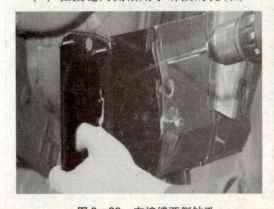 

图 6-26　在接缝两侧钻孔　　　　图 6-27　插入铆钉并铆接

(10) 拆除插入件上的定位螺钉(图 6-28)。

(11) 等黏合剂完全固化后,在进行防腐涂装等作业。

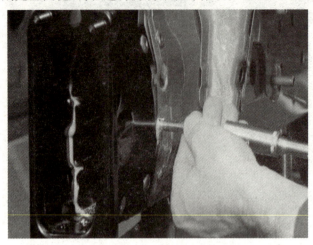

图 6-28 插入铆钉并铆接

八、技能考核表

序号	考核内容	配分	评分标准	考核记录	扣分	得分
1	前纵梁前端的拆卸与分割	10	分割部位和尺寸选择不当扣5分;切口不整齐扣5分			
2	新件的分割	10	分割部位和尺寸选择不当一次扣10分;切口不整齐扣5~10分			
3	定位工作	10	定位过程中,程序不规范一次扣5分;夹具使用不当一次扣2分;定位结果与标准有差距的扣2~5分			
4	粘接前的准备工作	15	车身侧板件未打磨、清洁扣5分;插入件未清洁扣5分;待安装的板件未打磨、清洁扣5分			
5	插入件施涂黏合剂	10	施涂不到位扣5分;未抹平扣5分			
6	铆接作业	25	钻孔不规范扣5分;铆接不规范一次扣5分;未将接缝处黏合剂刮平扣5分			
7	安全防护	10	工作服、工作鞋、工作帽、护目镜、耳塞、面罩、防溶剂口罩、皮手套、防溶剂手套			
8	5S 及其他	10	全程5S 保持、作业结束清洁工具、错误的工具使用方法、操作失误			
	教师签字			年 月 日		
说明:以前纵梁为例编制的考核表,其他板件更换请参照上表						

课后练习题

1. 选择题

(1) 下列有关铝合金车身的连接描述错误的是(　　)。

A. 铝合金车身修复需要焊接时,可用 MIG 焊

B. 铝合金车身内板件多用粘接和铆接共用的连接方式

C. 铝合金车身修复需要焊接时,可用电阻点焊

D. 铝合金车身外板件可用紧固件连接

(2) 以下有关铝合金车身矫正作业描述错误的是(　　)。

A. 铝合金梁矫正时,应多加热

B. 修理钢质车身的平台式矫正器完全适用铝合金车身的矫正

C. 铝合金车身和钢质车身的矫正基本原理和方法是相同的

D. 铝合金车身梁矫正后需要进行裂纹检验

(3) 以下有关铝合金车身内板件切割更换描述错误的是(　　)。

A. 铝合金车身内板件分割后主要采用插入件平接和搭接两种方式

B. 铝合金内板件更换后,应等黏合剂固化后,再拆除夹紧工具

C. 乙炔—氧气切割在铝合金板件分离时禁止使用

D. 铝合金内板件的铆钉拆卸主要采用钻除的方式

2. 思考题

(1) 为什么铝合金车身内板件多选择粘接和铆接的方式?

(2) 铝合金车身与钢质车身矫正有何异同?

(3) 简述铝合金车身内板件的更换步骤。

参考文献

[1] 陈勇.车身结构与附属设备[M].北京:国防工业出版社,2014.
[2] James E Duffy Robert Scharff.汽车车身维修技术[M].吴有生,译.北京:高等教育出版社,2006.
[3] 李新起.汽车车身修复技术[M].北京:中央广播电视大学出版社,2006.
[4] 丰田车身修理技术员培训教材.
[5] 本田钣金修复培训教材广州本田技术培训教材 钣金修复基础.
[6] 宝马车身修复培训教材.
[7] 日本自动车技术会.汽车工程手册3 造型与车身设计篇[M].中国汽车工程学会,译.北京:北京理工大学出版社,2010.
[8] 顾建国.汽车钣金维修技师培训教材[M].北京:人民交通出版社,2003.
[9] 谷正气.轿车车身[M].北京:人民交通出版社,2007.
[10] 陈勇.汽车中控门锁及防盗系统结构原理与维修[M].南京:江苏科技出版社,2007.